basic MANAGEMENT

Joan Magretta

basic MANAGEMENT

[Alles, was man wissen muss]

Unter Mitarbeit von
Nan Stone

Aus dem Amerikanischen
von Martin Bauer

Deutsche Verlags-Anstalt
Stuttgart München

Die Originalausgabe erscheint im Mai 2002 unter dem Titel *What Management Is and Why It's Everyone's Business* bei Free Press, New York

ISBN 3-421-05611-0

Die Deutsche Bibliothek –
CIP-Einheitsaufnahme

Ein Titeldatensatz für diese Publikation ist bei Der Deutschen Bibliothek erhältlich

Typografie & Satz:
schack verlagsherstellung, Dortmund

Druck & Bindearbeit:
Friedrich Pustet, Regensburg

Inhalt

Einleitung
Die universelle Disziplin

Von außen sieht das Geschäftsleben leicht aus »wie ein scheinbar sinnloses Glücksspiel, bei dem jeder Trottel gewinnen kann – vorausgesetzt, er ist skrupellos genug. Aber natürlich sieht jede menschliche Tätigkeit für den Außenseiter sinnlos aus, bis man ihm gezeigt hat, dass sie in Wirklichkeit zielgerichtet, organisiert und systematisch ist.«

Peter F. Drucker

Einleitung: Die Managementlehre – eine universelle Disziplin

Was waren die wichtigsten Neuerungen des letzten Jahrhunderts? Antibiotika und Impfstoffe, die die Lebensspanne der Menschen verdoppelt oder gar verdreifacht haben? Autos und Flugzeuge, die unsere Wahrnehmung von Entfernung verändert haben? Neue Kommunikationsmittel wie das Telefon? Das Fernsehen? Chips, Computer und Computernetze, die uns die New Economy gegeben haben?

All diese Neuerungen haben unser Leben verändert, und doch hätte keine sich so schnell durchsetzen können, wenn es nicht noch eine weitere Innovation gegeben hätte: die Managementlehre. Darunter versteht man das sich anhäufende theoretische und praktische Wissen darüber, wie Unternehmen funktionieren. Üblicherweise werden all die Produktivitätszuwächse, die Quelle unseres Wohlstands, dem Fortschritt der Technik zugeschrieben. Doch dem Management gebührt auch ein gewichtiger Anteil daran.

Die menschliche Fähigkeit zu managen, d.h. zielgerichtet zu organisieren, gehört ebenso sehr zu den Charakteristika unserer Spezies wie der aufrechte Gang. Doch die Managementlehre als Wissensdisziplin ist neu. Ihre Wurzeln reichen zurück in die Mitte des 19. Jahrhunderts. Doch richtig herangereift ist die Managementlehre erst in unserer Generation. In den vergangenen Jahrzehnten hat das Management seine wahre Begabung erkannt: Komplexität und Spezialisierung in Leistung zu verwandeln. Selbst Freelancer und Telearbeiter verdanken ihre Freiheit der Leistung der Manager, die ihre speziellen Beiträge produktiv gemacht haben.

Die explodierende Zahl derjenigen, die jedes Jahr einen MBA

machen, ist ein Zeichen dafür, dass die Managementlehre in die Reifephase gekommen ist. In den USA wuchs die Zahl der Absolventen von Business Schools von 5000 in den 1960ern auf etwa 100 000 im Jahr 2000. Im gleichen Zeitraum schwoll die Zahl der Veröffentlichungen über Management-Themen von einem Rinnsal zu einem reißenden Fluss an. Trotz des ungeheuren Ausstoßes an Wörtern – oder vielleicht gerade deswegen – haben die meisten Leute weniger denn je eine klare Vorstellung davon, was Management überhaupt ist. Die Wahrnehmung der Öffentlichkeit hat mit der rasanten Entwicklung der Disziplin nicht Schritt gehalten.

Als Herausgeber der *Harvard Business Review* saßen wir direkt an den Schleusen des reißenden Flusses. Unsere Aufgabe bei der Zeitschrift bestand darin, dem breiten Publikum von Managern und Praktikern die Ideen von Spezialisten vorzustellen, die sich normalerweise nur in engen Insiderkreisen äußerten. Wir fragten jeden Autor, wen er überhaupt ansprechen wolle und inwiefern der Leser von der Lektüre des Artikels profitieren könne. Wir verlangten immer nach einer Pointe oder, in unserem Jargon, nach einem »Na und?«. Jetzt ist es an uns, die Frage nach dem »Na und?« für dieses Buch zu beantworten.

Die meisten Managementbücher richten sich nur an Manager; im Gegensatz dazu versuchen wir, jedermann anzusprechen. Denn unser aller Wohlfahrt hängt von der Leistung der Manager ab, ob uns das jetzt bewusst ist oder nicht. Wir müssen genau wissen, was Management ist, um bei der Wahl der Organisationen, denen wir beitreten, die wir unterstützen, in die wir investieren oder die wir gründen, bessere Entscheidungen zu treffen. Wir müssen beurteilen können, wann Management gut oder schlecht arbeitet. Wir müssen uns auch selbst managen, wenn wir in unseren Karrieren vorankommen wollen, und uns fragen, wie wir unsere Talente in Leistung umwandeln können, und aus welchen Gründen wir Erfolg oder Misserfolg haben.

Wenn wir die Gesellschaft verbessern und unseren Kindern eine lebenswerte Welt hinterlassen wollen, brauchen wir ein genaues Verständnis davon, wie das Management von gemeinnützigen Institutionen funktioniert. Denn die Managementlehre lässt sich im Erziehungs- oder Gesundheitswesen ebenso gut anwenden wie in Unternehmen.

Wir brauchen immer dann Management, wenn unsere Bedürfnisse die verfügbaren Ressourcen übersteigen. Wo immer wir – freiwillige oder bezahlte – Arbeit leisten, benötigen wir Anleitung, Koordination. Wer in der heutigen Welt Erfolg haben oder nur Gutes tun will, muss lernen, wie ein Manager zu denken – auch wenn er eigentlich keine Führungsposition bekleidet.

Ein Manager braucht, im Gegensatz zu Anwälten, Ärzten oder Buchhaltern keinen Abschluss, um seinen Beruf ausüben zu dürfen. Bei Managern läuft die Ausbildung genau umgekehrt ab wie bei allen anderen Berufsgruppen: Erst arbeitet man in der Praxis und absolviert dann im Anschluss eine theoretische Ausbildung. Die Harvard Business School beispielsweise nimmt traditionell nur Studenten auf, die zuvor schon Praxiserfahrung gesammelt haben. Die Theorie dahinter lautet: Was man aus dem Studium mitnimmt, hängt zum Teil davon ab, welche Erfahrung man in den Kurs eingebracht hat.

Das gleiche gilt für dieses Buch.

Neulingen auf dem Gebiet bietet dieses Buch eine gut zugängliche, jargonfreie Einführung in die Grundlagen des Managements. Dieses Buch stellt einige außerordentlich nützliche Konzepte vor und vermittelt sie anhand von konkreten Beispielen, von Geschichten über echte Leute und echte Organisationen. Wenn Sie – wie wir – die Beispielfälle interessant finden, werden Sie nach der Lektüre zu schätzen wissen, wie vielfältig und schwierig die Arbeit des Managers zuweilen ist. Aus der Ferne betrachtet, scheint Management sich nur um Geld und Technik zu drehen. Doch von Nahem sieht man, dass es vor allem um Leute geht. Management gehört, richtig aufgefasst, zu den Geisteswissenschaften und nimmt unbekümmert Anleihen bei all den Fachrichtungen, die den Sinn unserer Existenz und der Welt zu ergründen suchen. Und darin liegt letztlich der Grund, warum Management eine so wichtige und schwierige Aufgabe ist.

Leser mit größerer Erfahrung werden ein anderes »Na und?« finden. Ihnen bietet das Buch eine geraffte Zusammenfassung wichtiger Ideen und Praktiken, zum Beispiel über die Schaffung von Wert, über Geschäftsmodelle, Wettbewerbsstrategien, die 80/20-Regel, Leistungsmessung und Entscheidungsanalyse. Wir finden, dass diese Konzepte – ebenso wie viele andere, die den Kern unserer Disziplin ausmachen – auch wirklich angewandt werden sollten. Wir stellen sie auf eine Weise vor, die dem Leser erlaubt, sie auf eine breite Palette von Aufgaben anzuwenden, egal ob man als Manager oder normaler Angestellter arbeitet, in einem Unternehmen oder einer gemeinnützigen Institution. All jenen, die die Fachausdrücke der Management-Sprache eher als Barriere denn als Verständnishilfe auffassen, raten wir: Betrachten Sie dieses Buch als Antwort auf all das, was Sie schon immer über Management wissen wollten, aber nicht zu fragen wagten.

Leute mit reicher Erfahrung im Management werden aus diesem Buch etwas Anderes ziehen: Das Buch zeigt ihnen auf, wie man einen Schritt zurücktritt und sich ein umfassendes Bild der Lage verschafft. Darüber hinaus formuliert das Buch einige wichtige – oft ungeschriebene – Regeln des Managements. Möglicherweise hilft das Buch erfahrenen Führungskräften auch, die Leistung des eigenen Unternehmens und ihr eigene Leistung klarer zu sehen. Vielleicht – hoffentlich – kommen sie zu der Erkenntnis, dass dieses Buch zwar die Grundlagen des Fachs behandelt, doch auch das ganz Grundlegende nicht immer offensichtlich ist.

Eine oft verkannte Disziplin

Jeder Bereich profitiert davon, wenn die Menschen beginnen, ihn wissenschaftlich zu untersuchen. Wenn man den Begriff weit genug interpretiert, hat es schon immer Manager gegeben, auch wenn sie anders hießen. Aber Großgrundbesitzer oder Vorarbeiter – Leute, die mit institutioneller Macht ausgestattet waren – hatten schon immer die Aufgabe, ihre »Untergebenen« zu motivieren und ihren Einsatz zu koordinieren. Auch Ärzte hat es schon immer gegeben, wenn man den Begriff nur weit genug fasst. Früher gab es Quacksalber und Wundheiler, denen man nicht viel zutraute, doch dann etablierte sich die Medizin als eigene Fachrichtung. Das Wissen der Zunft wurde gesammelt, an Studenten weitergegeben und in die Praxis umgesetzt. Dies erlaubte, die Methoden allmählich zu verbessern. Natürlich gibt es auch heute gute und weniger gute Mediziner, doch insgesamt hat sich die Kompetenz der Ärzteschaft dramatisch erhöht, seit die Medizin sich als Fachrichtung etabliert hat. Heute leistet ein durchschnittlicher Arzt deutlich mehr als vor hundert Jahren noch der talentierteste Mediziner. Analog hat auch die Erfindung der Managementlehre erst ermöglicht, dass Unternehmen sich so fugenlos in unser Leben einfügen, wie sie es tun. Selbst riesige Konzerne gehören heute selbstverständlich zu unserem Leben.

Obwohl enorme Fortschritte erzielt wurden, wird der Beruf des Managers immer noch viel stärker verkannt als die anderen Berufe, die das moderne Leben prägen. Für viele Leute ist Management etwas, das man tolerieren muss. Zyniker meinen, wir hätten eine Gesellschaft geerbt, die von Unternehmen und Organisationen geprägt sei, und deswegen brauche man auch Manager, um diese Moloche zu zähmen. Diese Leute verwechseln aber Ursache und Wirkung. In Wirklichkeit verhält es sich genau umgekehrt: Deswegen, *weil* wir im Managen inzwischen so gut sind, haben wir komplexe Organisationen geschaffen, um eine breite Palette von Aufgaben zu erledigen, an denen ein Einzelner scheitern würde.

Nur *weil* das Management immer effektiver arbeitet, haben wir die Organisationsform des Unternehmens bzw. der gemeinnützigen Institution dazu bestimmt, einen Großteil der Aufgaben zu erledigen, die in einer modernen Gesellschaft anfallen. Von Abenteuerurlaub-Veranstalter bis Zoo, von Abbruchunternehmen bis Zucker-Raffinerie – Unternehmen und Institutionen erfüllen Aufgaben, die so vielfältig sind wie das Leben selbst. Erst Management ermöglicht komplexe Organisationen, und gutes Management sorgt dafür, dass diese gut funktionieren. Im Lauf des letzten Jahrhunderts hat die Managementlehre die Arbeitswelt völlig verändert und die Produktivität vervielfacht.

Und doch betrachten wir Management nur selten aus diesem Blickwinkel. Unternehmer werden bewundert, doch auf Manager blickt man herab. Wann hat Ihnen zum letzten Mal ein vielversprechender junger Mensch gesagt, er wolle Manager werden? Unternehmer – ja. Unternehmensberater, Investment-Banker oder Wagniskapitalgeber – ja. Aber Manager? Wohl kaum.

Paradoxerweise ist der weltweit am meisten bewunderte Manager, der legendäre CEO von General Electric, Jack Welch, Teil des Problems. In den 1980er Jahren, als GE beim Schlafittchen gepackt und kräftig durchgeschüttelt werden musste, lehnte Welch die Bezeichnung *Manager* bewusst ab. Der Begriff schleppte einfach zu viel altes Gepäck mit sich herum, er klang nach Überwachung und Bürokratie. Welch befand sich auf einem Kreuzzug. Deswegen verlangte er nicht nach Managern, sondern nach *Anführern* – und traf damit einen Nerv. Etwa zur gleichen Zeit rückte auch Peter Drucker, der weltweit meistgelesene Autor zu Managementthemen, von der Bezeichnung Manager ab und verwendete stattdessen *Executive* (etwa: Führungskraft).

Welch, Drucker und andere hatten gute Gründe: Der Begriffwechsel ermöglichte einen neuen Blickwinkel; man konzentrierte sich auf die Beantwortung der Frage, was Leistung ist und unter welchen Bedingungen sie in einer modernen Gesellschaft erbracht wird. Gleichzeitig stiftete die neue Bezeichnung aber auch zusätzliche Verwirrung. Es wurde immer unklarer, was Management überhaupt ist – was zum Ansehen der Disziplin nicht gerade beigetragen hat.

Die meisten Menschen erleben ihre Zeit als Untergebene nicht gerade als den Höhepunkt ihres Berufslebens. Es gibt massenweise schlechte Chefs, und es liegt nahe, *Management* und *Chef* gleichzusetzen. Doch aus dem Verhalten *eines* Chefs lassen sich kaum Erkenntnisse über Management *an sich* gewinnen. Von Einzelfällen auf das Allgemeine zu schließen führt in die Irre. Dennoch begehen viele Menschen diesen Denkfehler. Deshalb begreifen sie Management nicht als eine wichtige Innovation, die die moderne Zivilisation entscheidend mitgestaltet hat.

Tatsächlich sehen viele Leute einen der positivsten Aspekte der New Economy darin, dass sie mit Managern und althergebrachten Strukturen aufzuräumen verspricht. Die Propheten der New Economy verkünden, dass neue Technik und virtuelle Organisationen Manager und Management überflüssig machen werden. Selbstorganisierte Arbeitsgruppen werden an Stelle von Managementhierarchien treten, jeder Einzelne managt sich selbst. Immer mehr Leute werden unabhängig arbeiten, selbstständig statt angestellt.

Dieses Szenario klingt deswegen so verführerisch, weil es gerade noch genug Realitätsbezug aufweist. Trotzdem ist bei diesem Szenario der Wunsch der Vater des Gedankens, und außerdem geht es von einer völlig verqueren Auffassung von Management aus. Vielleicht werden Beschäftigte in Zukunft tatsächlich weniger beaufsichtigt, doch Manager sind keine peitscheschwingenden Sklavenaufseher. Die Hierarchien in Unternehmen werden zwar vielleicht wirklich flacher, aber Management bedeutet auch nicht, Befehle von oben entgegen zu nehmen und nach unten weiter zu geben. Die wahre Aufgabe des Managers besteht darin, Komplexität und Spezialisierung in Leistung zu verwandeln. Die Weltwirtschaft wächst immer weiter zusammen und basiert immer stärker auf Wissen. Die Arbeit des Einzelnen wird dadurch immer spezialisierter, immer komplexer – und muss immer *mehr* mit der Arbeit der anderen koordiniert werden. Das Management wird in Zukunft also eine *größere* Rolle in unserem Leben spielen, keine kleinere.

Darin liegt ein fundamentales Paradox moderner Volkswirtschaften: Je besser ausgebildet und spezialisierter wir sind, desto mehr sind wir auf andere Leute angewiesen, um Leistung erbringen zu können. Durch das Internet hat sich der Grad der gegenseitigen Abhängigkeit *erhöht*, denn es erlaubt vielen Leuten, individuelle Beiträge zu einem Projekt zu leisten und sich als Selbstständige zu betrachten. Gleichzeitig verschleiert das Internet aber auch, dass all die »Selbstständigen« auf die Beiträge der Anderen angewiesen sind. Jeder Mensch glaubt, in seiner eigenen Welt zu leben und einen eigenständigen Beitrag zur Wertschöpfung leisten zu können. Doch das ist nur möglich, weil irgendeine Art von Organisation dafür sorgt, dass unsere spezialisierte Arbeit auch produktiv eingesetzt wird.

Die Aufgabe des Managements besteht darin, funktionierende Strukturen aufzubauen. Hinter all der Theorie und den Management-Tools, hinter allem Spezialwissen steckt letztlich Eines: die Verpflichtung, Leistung aus einer Organisation herauszuholen. Diese Verpflichtung hat unsere Wirtschaft und unser Leben massiv beeinflusst. Und deswegen geht Management jeden etwas an.

Die Struktur von Organisationen ändert sich dramatisch, Organisationen nehmen ständig neue Formen an, doch ohne eine ordnende Hand würde nichts Produktives herauskommen. Der Wettbewerb zwingt Unternehmen, flexibler zu werden.

Dank neuer Technik können sie das auch – doch das geschieht nicht ohne massive Nebeneffekte. Zum Beispiel geht dem Arbeitnehmer Rahmen und Halt im Leben verloren. Früher vertrauten wir darauf, dass »unser« Unternehmen uns richtig einsetzte, sich um unsere Karriere kümmerte, unser Arbeitsleben strukturierte. Diese Zeiten sind vorbei. Heute verlangen Organisationen, egal welcher Form, vom Einzelnen größere Initiative und Eigenverantwortung. Kurz, sie zwingen jeden, wie ein Manager zu denken. Genauso, wie wir uns heutzutage um unsere Gesundheit selbst kümmern und z. B. joggen, das Rauchen aufgeben und uns gesund ernähren, anstatt uns völlig auf die Medizin zu verlassen, genauso müssen wir in der wissensbasierten Wirtschaft selbst die Verantwortung für unsere Leistung übernehmen.

Es steht völlig außer Zweifel, dass man zumindest Grundkenntnisse über den Gebrauch von Computern braucht, um am Leben und der Arbeitswelt des 21. Jahrhunderts effektiv teilzuhaben. Wir sind überzeugt, dass man darüber hinaus auch ebenso sehr ein Grundwissen über Managementmethoden benötigt. Damit meinen wir nicht, jeder müsse einen Kanon der wichtigsten Management-Literatur lesen oder einen MBA machen. Die Managementlehre ist eine Fachrichtung, die jedem offen steht, der sich daran versuchen will. Einige der prominentesten und effektivsten Manager der Welt haben sich alles selbst beigebracht. Ohnehin stammt ein Großteil des anerkannten Management-Wissens direkt aus der Praxis, aus der täglichen Beobachtung darüber, was funktioniert und was nicht. (Umgekehrt gilt auch, dass niemand notwendigerweise ein guter Manager ist, nur weil er einen MBA hat.)

Wir werden alle lernen müssen, wie Führungskräfte zu denken, auch wenn wir nicht im Management arbeiten. Das bedeutet, wir benötigen zumindest eine grundlegende Vorstellung davon, was Management ist.

1954 veröffentlichte Peter Drucker ein Buch, das oft als die beste Einführung in die Kunst des Managens gelobt wurde, die je geschrieben wurde. Vor *The Practice of Management* (dt.: Die Praxis des Managements) gab es Bücher über Bilanzen, Verkauf, Mitarbeiterführung – Bücher über einzelne Teilfunktionen. Doch Druckers Buch stellte Management zum ersten Mal als eine eigenständige Disziplin und als kohärentes Ganzes dar.

Als junger Mann jobbte Drucker in den verschiedensten Berufen, unter anderem im Journalismus, der ihn für sein späteres Leben prägte. Während seines gesamten Schaffens als Autor, Dozent und Unternehmensberater verlor er nie seinen Riecher für eine gute Story. Als im Zuge des wirtschaftlichen Aufschwungs nach dem Zweiten Weltkrieg die Konzerne immer mehr Macht erlangten, erkannte Drucker: Wer die moderne Welt verstehen wollte, musste verstehen, wie Unternehmen funktionierten. Drucker begann mit einer Studie über General Motors. Daraus entwickelte sich sein Lebenswerk: zu erklären, was Management ist, und zwar nicht nur der Öffentlichkeit, sondern auch den Führungskräften selbst.

In den folgenden Jahrzehnten wuchs die Zahl derjenigen, die das Management erforschten und darüber schrieben, exponentiell. Selbst Wissenschaftler, die früher auf die Management-Lehre herabgesehen hatten, begannen die Disziplin allmählich ernst zu nehmen. Unternehmensberater entdeckten, dass sie durch Veröffentlichung ihrer Ideen auf sich aufmerksam machen konnten. Die meiste Popularität erlangten diejenigen, die einen neuen Trend prägten und ihren Namen untrennbar mit einem Management-Konzept zu verbinden verstanden. Dies führte allein in den 1990ern zu einer schrecklichen Flut von »neuen und noch besseren« Konzepten; allein über *Reengineering* erschienen Tausende Bücher.

Inzwischen ist die Zahl der Bücher und längeren Artikel über

Management auf über 2000 pro Jahr angewachsen. Die meisten Veröffentlichungen konzentrieren sich auf einen winzigen Aspekt der Disziplin. Sie untersuchen ein einzelnes Stück des Management-Puzzles ganz genau, allerdings isoliert und ohne Blick auf das Gesamtbild. Weil der Leser zurecht nach sofort umsetzbaren Konzepten verlangt, wimmelt es in der Literatur nur so von To-do-Listen, die einem sagen, welche zehn Dinge man heute noch unternehmen kann, um eine effektive Führungskraft oder ein gewitzter Verhandler zu werden.

Was stimmt hier nicht? Rechnen Sie nur nach: Multiplizieren Sie die zehn Verhaltenstipps pro Artikel mit 2000 Veröffentlichungen und plötzlich ist die To-do-Liste auf erschreckende 20 000 Punkte angeschwollen. Und das ist nur die Ernte eines Jahres! Je beschäftigter wir alle werden, desto verführerischer scheinen prägnante To-do-Listen. Aber welche Liste von zehn Tipps passt zu Ihrer Situation? Woher wissen Sie, dass Sie die richtige Liste gewählt haben? Darin besteht das Problem isolierter Problemlösungen. Die gesamte Disziplin ist in 1000 Teilbereiche zersplittert – wie sollen Sie all die Scherben wieder zusammenkleben?

Hier liegt das Ziel unseres Buches: einen zusammenhängenden Überblick über das Ganze zu bieten. Wir wollten kein How-to-Buch schreiben, sondern zeigen, wie Management *ganz allgemein* funktioniert. Das Buch soll einem breiten Publikum die grundlegenden Prinzipien hinter Theorie und Praxis der Betriebsführung erklären. Denn die moderne Betriebsführung macht moderne Organisationen – und unseren aktuellen Wohlstand – erst möglich. Sie werden auch nach Lektüre des Buchs noch über Dilbert-Cartoons lachen können, denn es ist einfacher, gutes Management zu beschreiben als diese Lehren praktisch umzusetzen. Die Mehrzahl der Manager wird es nie hinbekommen. Aber Sie werden sehen, was Management *idealerweise* leisten könnte. Und wenn es nicht ideal läuft, werden Sie mit viel höherer Wahrscheinlichkeit erkennen, woran es hapert.

Wir verwenden das Wort *Theorie* nur ungern. Bei der Erfüllung der Aufgabe eines Managers – Leute und Organisationen dazu zu bringen, etwas zu leisten – geht es nicht geordnet zu. Betriebsführung ist keine Quantenphysik. Wenn Sie nach abstrakten Formeln suchen, halten Sie das falsche Buch in der Hand. Doch andererseits ist es schwierig, ohne jede Theorie Ordnung in die Welt zu bringen. Sie brauchen eine brauchbare Management-Theorie, wenn Sie beurteilen wollen, ob Sie in einer gut geführten Organisation arbeiten. Dies gilt auch, wenn Ihre Aufgabe darin besteht, Manager einzustellen oder zu befördern.

Eine gute Theorie gibt einem keine Tagesbefehle im Sinn von To-do-Listen aus. Statt dessen erlaubt sie, den Zusammenhang hinter den Dingen zu sehen. Sie hilft dabei, Regelmäßigkeiten zu erkennen, das Wichtige vom Nebensächlichen zu unterscheiden, die richtigen Fragen zu stellen. Das ist immer wertvoll, vor allem wenn die Dinge sich ändern – und das tun sie heutzutage ganz entschieden. Alte Faustregeln oder radikal neue Rezepte helfen Ihnen vielleicht, ein genau definiertes Problem zu lösen. Leider klebt aber nur auf den wenigsten Schwierigkeiten, die uns plagen, ein eindeutiges Etikett. Den Wandel beherrscht nur, wer versteht, warum die Welt so funktioniert, wie sie es tut. Je mehr Dinge sich verändern, desto wichtiger werden die fundamentalen Prinzipien.

In den letzten zwei Jahrzehnten haben sich das Management als Disziplin und das Umfeld, in dem es operiert, mindestens ebenso sehr geändert wie in der Ära, als Drucker das moderne Unternehmen erstmals untersuchte. Heutzutage hat sich die Machtbalance von den Hauptstädten in die Finanzzentren und dann in die Technologiezentren verschoben, jetzt scheint sie sich in die Finanzzentren und die Hauptstädte zurück zu verlagern. Die Politik musste an die Wirtschaft Macht abgeben, Politiker und Zentralbankpräsidenten verloren Macht an Neuerer, Unternehmer und die Größen der Finanzwelt. Journalisten haben, ihrem Auftrag gemäß, diese Entwicklung verfolgt und neue Blätter herausgebracht oder den Schwerpunkt bestehender Veröffentlichungen verschoben. Selbst Kulturmagazine bringen jetzt regelmäßig Beiträge über Management.

Manchmal enthüllt der Blick der Journalisten unsere Kultur und zeigt uns klar und deutlich, was wir vorher nicht sahen. Doch oft hat man bei der Lektüre eines Artikels das Gefühl, in einen Zerrspiegel zu blicken. Oft werden Nebenaspekte, zum Beispiel die Rolle des Geldes, auf groteske Weise aufgeblasen. Natürlich lesen viele Leute gern Geschichten über sagenhaften Reichtum, der in einem Wimpernschlag erworben oder verloren wurde, über Megadeals, über die Milliarden, die täglich an der Börse gewonnen und verloren werden. Doch lassen sich daraus irgendwelche Lehren ziehen? Die Massenmedien wissen auch, dass man für gute Geschichten schillernde Persönlichkeiten braucht; daher auch die Prominenz der berühmten Bosse und die nie nachlassende Gier nach Neuigkeiten aus dem Leben der Mächtigen.

Wir verneigen uns dankbar vor Peter Drucker und nehmen uns für dieses Buch vor, das Management als Disziplin vorzustellen und in seiner Gesamtheit abzubilden. Anhand der Erfolge und Fehlschläge echter Organisationen werden wir herausarbeiten, was den Kern von *Management* ausmacht. Dabei untersuchen wir die Organisationen in ihrer natürlichen Umgebung – bei der Arbeit. Unser Ziel ist, den Wald zu betrachten, nicht die Bäume, und komplexe Ideen möglichst einfach darzustellen, ohne sie zu vereinfachen. Wir vermitteln Ihnen ein Gefühl dafür, wie sich die Management-Theorie entwickelt hat und wie die großen Konzepte miteinander verbunden sind. Dabei versuchen wir nicht, die Konzepte als praktische Tools zu beschreiben (viele Lehrbücher tun das viel besser, als wir es könnten), sondern als Ansätze, wie man sich den täglich vorkommenden Problemen im Leben eines Managers nähert. Und wir alle werden immer mehr zu Managern.

Der Aufbau dieses Buchs

Dieses Buch ist in zwei Teile gegliedert. Der erste, *Planung*, vermittelt einen Gesamtüberblick. Die ersten vier Kapitel beantworten die alles übergreifende Frage, *wie und warum arbeiten Leute zusammen?* Wir schaffen Organisationen, um gemeinsam Ziele zu erreichen, die wir allein nicht erreichen könnten. Die Ideen, die in Teil 1 zum Aufbau von Organisationen vorgestellt werden, helfen dabei, systematisch über diese Ziele nachzudenken und Wege zu ermitteln, wie man dorthin gelangt.

Die Geschichte beginnt in Kapitel 1 mit *Value Creation* (der Schaffung von Wert), einer der am meisten missbrauchten Phrasen in der Management-Sprache. Doch *Value Creation* ist alles andere als eine sinnlose Plattitüde, ganz im Gegenteil besteht die oberste, wichtigste Aufgabe des Managers darin, Wert zu schaffen. Das Prinzip der Value Creation ist das, was den Manager überhaupt antreibt. In der Schaffung von Wert findet sich die Antwort auf die Frage, warum es überhaupt Manager gibt – und auf die noch grundsätzlicheren Fragen, welche Mission eine Organisation überhaupt verfolgt und warum es die betreffende Organisation überhaupt gibt. Das Geschäftsmodell einer Organisation (Kapitel 2) legt fest, wie die Organisation ein gegebenes Ziel erreichen will und welche »Mitspieler« sie dafür braucht. Denn erst in einem System – dem Zusammenspiel von mehreren Beteiligten – entsteht Wert. In Kapitel 3 (Strategie) geht es darum, inwiefern sich dieses System von anderen, konkurrierenden Systemen unterscheiden muss, um genügend Wert für die Eigentümer zu schaffen. Denn nur dann kann es sich selbst erhalten. Kapitel 4 vervollständigt die Antwort auf diese Frage, indem es zeigt, wer innerhalb und außerhalb des Unternehmens zusammen arbeiten, und welche Regeln man diesem Zusammenspiel geben muss, damit die Beteiligten alle am gleichen Strang ziehen.

Die meisten Managementbücher streifen die Schaffung von Wert und Geschäftsmodelle nur kurz – von den Themenfeldern *Strategie* und *Organisation* kann man das nicht behaupten. Diese Gebiete sind die Schlachtfelder, auf denen sich die Management-Theoretiker schon so manches Wortgefecht geliefert haben. An Strategiefragen entzünden sich ideologische Kriege, die Theoretiker diskutieren heftig über die Henne-und-Ei-Frage, was zuerst da war, Strategie oder Organisation. Diese Debatten sind vielleicht für die Wissenschaftler interessant, die sich immer weiter spezialisieren. Doch wie alle Kriege fordern auch die Ideologiekriege Opfer in der Zivilbevölkerung, nämlich die Leute in den Organisationen, die trotz der durch widersprüchliche Behauptungen und Theorien verursachten Verwirrung versuchen, ihre tägliche Arbeit zu verrichten.

Nachdem wir in den vergangenen Jahrzehnten einigen der einflussreichsten Denkern dabei geholfen haben, ihre Ideen der Öffentlichkeit vorzustellen, kennen wir die Hauptstreitpunkte unserer Fachrichtung ganz genau. Unser Ansatz lässt sich am besten mit einer Metapher beschreiben: Wenn Sie ein Loch in den Boden graben, stoßen Sie auf eine Gesteinsschicht nach der anderen, wobei sich alle Schichten deutlich voneinander unterscheiden. Doch irgendwann treffen Sie auf das Grundgestein, die gemeinsame Schicht unter allem, das solide Fundament.

In Teil 1 versuchen wir, dieses Grundgestein zu erreichen und das Fundament von Management heraus zu arbeiten. Jeder, der schon einmal in einer Organisation beliebiger Größe gearbeitet hat, wird dieses Grundkonzept sofort mit dem jährlich wiederkehrenden Ereignis namens *Planung* assoziieren. Bei den meisten Organisationen läuft die Planung nach einem eigenen Ritual ab. Oft ist es mit anderen wichtigen Managementprozessen verbunden, etwa mit der Budgetplanung oder der Ernennung von Führungsmannschaften. Rituale geben unserem Leben Form und Struktur, können sich aber auch verselbständigen und von ihrem ursprünglichen Zweck lösen. Dies trifft vor allem für den Planungsprozess zu, der – wie viele Rituale in Organisationen – ein Eigenleben entwickelt hat.

Teil 1 schaufelt die Rituale und Prozesse zur Seite, um den dahinter liegenden Sinn freizulegen. Denn Planung schlägt sich nicht in Meetings oder Strategieberichten nieder. Planung zeigt idealerweise, welche Ziele eine Organisation verfolgt und was sie tun muss, um sie zu erreichen. Die Kernprinzipien des Managements können und sollten – wenn sie richtig angewendet werden – zu bedeutenden Einsichten für die Praxis führen.

Teil 2, *Umsetzung*, behandelt die Umsetzung der Pläne in Aktionen. Der Plan, wie man die Leistung einer Organisation steigern will, heißt *Strategie*. Doch ein Plan ist zunächst nur ein theoretisches Konzept. Um es zu erarbeiten, bedarf es einer rigorosen Analyse und neuer Ideen. Die Verwirklichung des Plans aber geschieht nicht einfach dadurch, dass man ihn ausführt. Die Umsetzung von Plänen ist sehr, sehr schwierig – und hat überhaupt keinen Glamour. Wenn Tiger Woods zum Golfschläger greift, geht es nicht allein um die Umsetzung eines Plans in einen Schlag. Welchen Plan er hat, ist ja offensichtlich: den Ball ins Loch zu treffen. Die Kunst liegt in der Umsetzung.

Auch im Wirtschaftsleben ist die Umsetzung von Plänen viel schwieriger als angenommen. Die Begriffe *Durchführung* oder *Ausführung* implizieren, dass es beim Managen allein darum gehe, ein Rezept zu befolgen und Schritt für Schritt vorzugehen. In Wirklichkeit benötigt jedes Mitglied der Organisation Disziplin und Urteilsvermögen, damit Pläne erfolgreich umgesetzt werden können. Manager haben zwar offiziell das Sagen, doch normalerweise können sie nur die Leistung einer einzigen Person kontrollieren: ihre eigene. Damit sich jedermann so verhalten kann, dass er zum Erfolg der Organisation beiträgt, muss er verstehen, wie Erfolg definiert ist und welchen persönlichen Beitrag er leisten kann.

Zuallererst muss man sich in der Organisation auf eine gemeinsame Sicht der Wirklichkeit verständigen, auch wenn es vielleicht nicht jedem klar ist, was *Wirklichkeit* ist. Um das zu erreichen, braucht das Management unbedingt Zahlen. Kapitel 5 zeigt, wie gute Manager erkennen, auf welche Kennzahlen sie sich konzentrieren müssen. Diese Kennzahlen helfen dabei, das Ziel des Unternehmens konkret zu formulieren. Dies hilft allen Beteiligten, am selben Strang zu ziehen. Dadurch werden die Einzelanstrengungen erfolgreich koordiniert. Kapitel 6 beschreibt, wie geeignete Maßstäbe zur Leistungsmessung dies schaffen und gleichzeitig den wirklichen Zweck der Organisation klar herausarbeiten.

Kapitel 7 beleuchtet, wie Führungskräfte die richtige Balance zwischen kurz- und langfristigem Erfolg eines Unternehmens finden. Jeder Manager muss heute Ressourcen verplanen, um die unbekannte Zukunft zu gestalten. In anderen Worten: Er muss investieren und Neuerungen einführen – Aktivitäten, bei denen das Management ein gewichtiges Wort mitredet. Gleichzeitig muss der Manager sicherstellen, dass die Beschäftigten (und er selbst) sich auf alle wichtigen aktuellen Aufgaben konzentrieren, die Ressourcen genau dort eingesetzt werden, wo sie gebraucht werden, und die Organisation sich stetig weiter entwickelt. Davon handelt Kapitel 8. Zu guter Letzt muss ein Manager die Energien und Talente von Individuen freisetzen, die genau das sind: individuell, einzigartig. Kapitel 9 untersucht, warum Werte in der Arbeit eines Managers eine so wichtige Rolle spielen. Wir werden zeigen, dass eine gute Führungskraft Werte zwar ge-, aber niemals missbraucht.

Auf die eine oder andere Weise geht einem jedes »Muss«, das ich oben erwähnt habe, gegen den Strich. Jedes »Muss« verlangt, dass man sich auf eine Art verhält, die der Intuition zuwider läuft. Organisationen sind selten so konstruiert, dass man sich in ihnen automatisch richtig verhält – und genau deswegen gibt es die Managementlehre überhaupt: um einen Leitfaden für diejenigen Situationen zu geben, in denen man Entscheidungen gegen die eigene Intuition treffen muss. Teil 2 handelt von diesem Praxiswissen, das sich in Jahrzehnten herauskristallisiert hat und dabei hilft, die universellen und konstant hohen Leistungsanforderungen zu erfüllen, die an jede Organisation gestellt werden. Die meisten guten Management-Seminare und Fortbildungsprogramme für Manager sprechen zumindest kurz die Theorie hinter den wichtigen Unternehmenskonzepten an, die in Teil 1 vorgestellt wurden. Doch die Fähigkeiten, die in Teil 2 behandelt werden, lernt man meistens *on the job*, wie ein Lehrling.

Warum Fallbeispiele nützlich sind

Soweit man das Wissen über allgemeines Management überhaupt in Lehrveranstaltungen und durch Bücher vermitteln kann, tut man das am besten mit Hilfe ausführlicher Fallbeispiele. Nicht nur, dass konkrete Beispiele aus der Praxis einfach interessanter sind als reine Theorie, das sowieso. Fallbeispiele schaffen es am ehesten, die Vielschichtigkeit der Arbeit von Managern zu verdeutlichen. Sie zeigen, wie wichtig es ist, Konzepte nicht nur in der Theorie zu verstehen, sondern auch in einem konkreten Praxisfall.

An dieser Stelle möchten wir auf eine Gefahr hinweisen, der jeder ausgesetzt ist, der über lebendige Organisationen schreibt. Menschen führen ein Unternehmen in Echtzeit, ohne Netz und doppelten Boden, in einer Gegenwart, die stetig vergeht. Das Management bleibt nie stehen oder blickt zurück. Organisationen verändern sich unabänderlich, der Trottel von heute ist der Held von morgen – und umgekehrt. Viele Leser glauben zu Unrecht, ein Autor halte alles für prima, was ein Unternehmen gemacht hat und zukünftig machen wird, nur weil er es für eine positive Fallstudie verwendet. Das stimmt aber nicht. Der Autor sagt mit der Fallstudie lediglich aus, dass sich aus dem gewählten Beispiel eine nützliche Lektion lernen lässt.

Nur anhand von Beispielen lässt sich zeigen, dass für Henry Ford 1910 die gleichen Prinzipien galten, die auch für den *Manager des Jahres* 2010 gelten werden. Einige der im Text beschriebenen Unternehmen sind noch sehr jung und existieren vielleicht gar nicht mehr, wenn Sie dieses Buch lesen. Doch die meisten Firmen, die wir als Studienobjekte ausgewählt haben, blicken auf mindestens ein Jahrzehnt überragender Leistungen zurück, ihr Erfolg beruht also nicht auf Zufall und Glück. Und trotzdem: in Zukunft werden einige der beschriebenen Unternehmen weiterhin überdurchschnittlich erfolgreich sein, während andere abrutschen werden.

Doch das ändert nichts an den grundsätzlichen Prinzipien, die die Fallbeispiele illustrieren. Die Wirtschaftsnachrichten berichten unablässig darüber, wer gerade *in* und wer *out* ist. Die Konzepte, die dieses Buch behandelt, haben eine längere Halbwertszeit. Henry Ford revolutionierte das Wirtschaftsleben, schoss aber auch gewaltige Böcke. In späteren Jahren produzierte er spektakuläre Misserfolge und führte sich unmöglich auf. Trotzdem lässt sich an seinen Taten hervorragend zeigen, was Strategie ist und wie sie mit der Organisation des Unternehmens zusammenhängt. Analog ziehen wir die Geschäftsmodelle von Dell oder eBay nicht deswegen als Beispiele heran, weil wir glauben, die Firmen würden jetzt eine tausendjährige Herrschaft antreten, sondern weil die Geschäftsmodelle dieser Unternehmen Ihnen dabei helfen werden, das dahinter liegende Prinzip zu verstehen und zu beurteilen. Die vielen Beispielfälle über gemeinnützige Institutionen – vom Roten Kreuz bis The Nature Conservancy – sollen illustrieren, dass die Gültigkeit von Managementkonzepten sich keineswegs auf Unternehmen beschränkt.

Teil I Planung
Warum Menschen zusammen arbeiten und wie sie es tun

Eine Gruppe von Menschen vereinigt sich zu einem Gebilde, das wir Unternehmen nennen, um gemeinsam etwas zu erreichen, das der Einzelne nicht hätte erreichen hätte können. Diese Menschen leisten einen Beitrag zu unserem Gemeinwesen – diese Phrase klingt zwar abgedroschen, ist aber fundamental.

DAVID PACKARD, MIT-BEGRÜNDER VON HEWLETT-PACKARD

Kapitel 1
So wird Wert geschaffen: Der Blick von außen nach innen

Man bezahlt den Preis. Und bekommt den Wert.
WARREN BUFFETT

Value Creation (»Schaffung von Wert«) taucht als Begriff so oft und in so vielen verschiedenen Zusammenhängen auf, dass man versucht sein könnte, ihn als weitere Worthülse abzutun, von denen es im Wirtschaftsleben nur so wimmelt. Doch der Begriff ist alles andere als eine leere Hülse: Die vordringlichste Aufgabe des modernen Managements besteht darin, Wert zu schaffen.

Die Auffassung davon, was »Unternehmensführung« bedeutet, hat sich dramatisch verändert. »Führen« heißt heute nicht mehr, die Ressourcen zu managen, die in den Produktionsprozess fließen (die Inputs), sondern die ökonomische Leistung zu optimieren (den Output). Hinter dem Begriff *Value Creation* steht eine ganz bestimmte Auffassung darüber, was Leistung bedeutet und wie Organisationen Leistung erbringen.

Doch was bedeutet »Schaffung von Wert« eigentlich? Warum redet man davon, »für die Anteilseigner Werte zu schaffen«, wenn man im Grunde nur meint, dass man hohe Dividenden für die Investoren erwirtschaften will? Warum verrenkt man sich mit Phrasen wie »einen zusätzlichen Wert für die Kunden generieren«, anstatt einfach zu sagen, man wolle dem Kunden einen guten Gegenwert für sein Geld bieten? Angesichts der Bodenständigkeit der meisten Führungskräfte muss man sich über solch abstrakte Formulierungen wundern. Wenn wir darüber nachdenken, was Unternehmen denn wirklich *tun*, dann denken wir doch an konkrete Produkte oder Dienstleistungen, nicht an abstrakte Dinge wie *Wert*.

Und doch besteht die vordringlichste Aufgabe jedes Managers darin, Wert zu schaffen. In diesem Kapitel erörtern wir, was das bedeutet, wie sich der Begriff der *Value Creation* überhaupt im Vokabular der Management-Theorie einbürgerte, und warum die Abstraktheit des Begriffs sogar von Vorteil ist.

Was ist Wert?

OnTimeAuditor.com ist ein einfaches und repräsentatives Unternehmen der New Economy. Michael Harris gründete die Firma im Jahr 2000, doch ihre Wurzeln reichen zurück bis in die 1980er. Damals arbeitete Harris als Software-Entwickler und war frustriert. Denn obwohl er mit Zustelldiensten arbeitete, die »Pünktliche Lieferung oder Geld zurück« versprachen, beklagten sich seine Kunden oft über die verspätete Zustellung von Sendungen. Wieder und wieder beschwerten sich verärgerte Kunden bei ihm, doch die Paketdienste selbst verschwiegen die Verspätungen.

Aus Ärger schrieb Harris ein Tracking-Programm, das den Absender automatisch informiert, wenn eine Lieferung nicht innerhalb der vereinbarten Frist zugestellt wird. Diese Software wurde das Fundament für OnTimeAuditor.com (OTA): Die Kunden bezahlen monatlich 9,95 Dollar für die Benutzung der Software und erfahren sofort, wenn eine ihrer Lieferungen verspätet zugestellt wird. Mit dieser Information gerüstet, verlangen Sie vom Zustelldienst ihr Geld zurück, durchschnittlich zehn bis zwanzig Dollar pro Paket. Als OTA im Frühjahr 2000 auf den Markt ging, funktionierte die Software für FedEx und UPS; weitere Paketdienste sollen folgen.

Welchen Wert generiert OnTimeAuditor.com für seine Kunden? Das hängt natürlich unter anderem davon ab, wie viele Pakete sie verschicken. Die Branche schätzt, so Robert Morse, der Mitbegründer von OTA, dass etwa fünf Prozent der 16

Millionen Sendungen, die FedEx und UPS täglich befördern, zu spät ankommen. Es geht also um täglich ungefähr 800 000 Sendungen, für die man sein Geld zurück verlangen könnte! Bei einem durchschnittlichen Porto von zwölf Dollar summieren sich die möglichen Rückerstattungen auf etwa zehn Millionen Dollar – pro Tag. Ein Unternehmen, das monatlich beispielsweise 100 Sendungen mit Paketdiensten verschickt, würde im Jahr grob gerechnet 720 Dollar an Porto-Rückerstattungen bekommen. Wenn das System also einfach zu benutzen ist und dem Kunden keine weiteren Kosten verursacht (das sind zwei wichtige Annnahmen), ergibt sich der Wert der Software für den Kunden unmittelbar: Für knapp 120 Dollar »kauft« der Kunde konkrete und messbare Kostenersparnisse in Höhe von 720 Dollar. Für unseren Beispielkunden generiert die Software von OTA einen Wert von jährlich 600 Dollar.

Im Investitionsgütergeschäft – heute gerne auch B2B genannt – lässt sich der ökonomische Wert eines Guts oder einer Dienstleistung oft recht einfach ermitteln. Der Wert für den Kunden schlägt sich normalerweise in Zeit-, Arbeits- oder Materialersparnissen nieder, die unmittelbar zu Kostensenkungen führen. Wie bei den meisten Herstellern von Investitionsgütern hängt auch bei OTA der Umsatz unmittelbar mit dem ökonomischen Wert zusammen, den das Produkt erbringt. OTA stellt seinen Kunden sogar ein Online-Rechenprogramm zur Verfügung, mit dem sie verfolgen können, wie viel Porto sie schon gespart haben. Doch die Software von OTA generiert möglicherweise auch auf eine weitere Weise Wert. Erinnern Sie sich daran, warum Michael Harris seine Software überhaupt geschrieben hat: Wenn Sie rechtzeitig erfahren, dass eine Sendung an einen Kunden zu spät ankommen wird, können Sie den Kunden wenigstens warnen oder besänftigen. Für manche Kunden von OTA macht dies eventuell den Hauptvorteil der Software aus. Und auch wenn man diesen Vorteil nicht direkt in Dollar ausdrücken kann, existiert er doch.

Im Konsumgütergeschäft, das zwei Drittel der Wirtschaft ausmacht, besteht zwischen dem gelieferten Gut bzw. der erbrachten Dienstleistung und dem ökonomischen Wert für den Kunden nur ein vager Zusammenhang. Charles Revson, ein Manager in der Kosmetikbranche, scherzte einmal, seine Branche verkaufe »Hoffnung in Tiegeln«. Für den Kunden ergibt sich der Wert eines Gut oft aus nicht-materiellen Aspekten; für ihn ist es wichtig, wie ein Produkt aussieht und sich anfühlt (zum Beispiel der bunte iMac oder ein Anzug von Armani), welche Gefühle es hervorruft (z.B. Nostalgie), wie hohen Status, wie viel Prestige es vermittelt. Wenn man Leute fragt, welche Gegenstände sie zuerst aus ihrem brennenden Haus retten würden, antworten die meisten: ihre Fotoalben. Was macht Familienfotos wertvoller als alle Wertgegenstände im Haus? Der Begriff *Wert* scheint hier völlig ungreifbar – und doch lassen sich auch anhand dieses Beispiels die wichtigsten Bestandteile des Wertbegriffs herausarbeiten.

Bevor George Eastman es in den 1880ern jedermann ermöglichte, eigene Fotos zu machen, war die Fotografie ausschließlich Profis vorbehalten. Der Prozess war mühselig und aufwändig: Flüssige Chemikalien mussten auf Glasplatten geschüttet werden, dann mussten die Porträtierten eine Ewigkeit bewegungslos ausharren, bis die nassen Platten lange genug belichtet waren.

Eastman fand heraus, wie man das Fotografieren vereinfachen konnte. Er brachte die nötigen Chemikalien auf einen leichten Papierfilm auf und konstruierte dann eine Kamera, die so einfach war, dass jeder sie benutzen konnte. Doch der Apparat kostete 25 Dollar – 1888 entsprach das drei Monatslöhnen. Das überstieg die Möglichkeiten der meisten Leute. Deshalb setzte sich Eastman wieder an den Zeichentisch. Zwölf Jahre später wurde der Brownie fertig, ein simpler Apparat, der so einfach zu produzieren war, dass Eastman ihn für einen Dollar anbieten konnte. Erst jetzt waren alle Komponenten für einen Massenerfolg zusammen gekommen; dank der einfachen Bedienung und des günstigen Preises konnte jetzt jedermann seine eigenen Fotos schießen. Aus Eastman, dem Unternehmer, wurde Eastman, der Industrielle. Das Unternehmen, das er gründete, florierte über ein Jahrhundert lang.

Der Kunde legt den Wert fest

Wert tritt nicht nur in vielen Formen auf, er stammt auch aus vielen möglichen Quellen: aus der Nützlichkeit eines Produkts, dem Image, das man damit verbindet (von Werbung und Öffentlichkeitsarbeit gesteuert), der Erhältlichkeit (wie leicht man es bekommt, wo es verkauft bzw. vertrieben wird) und dem Service. Je weniger greifbar der Wert eines Produkts erscheint, desto wichtiger ist es, sich klarzumachen, dass der Wert sich allein beim Kunden bestimmt – und zwar bei jedem einzelnen gesondert. Viele Leute mögen Fastfood, andere verabscheuen es. Der eine schwört auf sein Handy, den anderen bringen die Leute zur Raserei, die in aller Öffentlichkeit telefonieren müssen. Für den einen stellt ein zweiwöchiger Urlaub in einem Naturreservat einen Traum dar, für den anderen wäre er der reinste Alptraum.

Selbst bei unserem Beispiel aus der Industrie, wo der Wert leicht zu quantifizieren schien, unterscheidet sich der Wert der OTA-Software von Kunde zu Kunde. Die identische Dienstleistung generiert bei einem Kunden, der im Monat 10 000 statt 100 Sendungen verschickt, einen vielfach höheren Wert. Auch schafft die Software einen umso höheren Wert, je empfindlicher die Kundschaft eines Unternehmens auf verspätete Lieferungen reagiert. Daraus folgt eine Erkenntnis, die gleichzeitig tiefsinnig und offensichtlich ist: Der Wert eines Guts für ein Unternehmen hängt nicht davon ab, was dieses Unternehmen macht, sondern von den Kunden, die dessen Produkte und Dienstleistungen kaufen.

Wenn eine Unternehmensführung sich die Maxime gibt, einen Wert für den Kunden zu schaffen (anstatt sich das Ziel zu setzen, Software zu verkaufen oder Filme herzustellen), dann wird sie durch diese Formulierung immer wieder an den zentralen Grundgedanken erinnert: Jedes Unternehmen ist nur Mittel zum Zweck, nicht Zweck an sich. Unternehmen existieren, um die Bedürfnisse von Menschen außerhalb dieses Unternehmens zu befriedigen. Darin unterscheiden sich Unternehmen von Volksstämmen, Vereinen, Familien und allen anderen Vereinigungen, die sich allein darauf konzentrieren, dass es ihren Mitgliedern gut geht. Daher gehört es auch zu den wichtigsten Aufgaben des Managements, sich diese Orientierung *nach außen* vor Augen zu halten und alle Mitarbeiter des Unternehmens ständig daran zu erinnern.

Diese ständige Erinnerung ist deswegen nötig, weil die Menschen innerhalb jeder Organisation ganz automatisch dazu tendieren, in ihrem Arbeitsbereich aufzugehen. Sie konzentrieren sich allein auf ihre Tätigkeit und die von ihnen geforderte Arbeit. Mit anderen Worten: Man konzentriert sich ganz unwillkürlich auf das, was Ökonomen *Inputs* nennen. Inputs, das sind alle Elemente, die benötigt werden, um eine Aufgabe gut zu erledigen. Doch in Wirklichkeit gibt es nur einen Test, der zeigt, ob eine Aufgabe erledigt wurde – den Test am Markt. Nur wenn ein Kunde bereit ist, für das Ergebnis der Anstrengungen eines Unternehmens Geld zu bezahlen, hat das Unternehmen gut gearbeitet. Diese Erkenntnis gehört zu den bedeutendsten Ideen modernen Managements.

Den Kunden kümmert es nicht, wie viel Arbeit und Einfälle notwendig waren, um ein neues Produkt zu entwickeln. Oft lassen sie sich auch von revolutionär neuen Produkten überhaupt nicht beeindrucken – eine Erkenntnis, die jede neue Generation von Unternehmern aufs Neue machen muss.

In den späten 1990ern arbeiteten einige der besten Ingenieure des Silicon Valley für Silicon Graphics. Das Unternehmen steckte Millionen Dollar in die Entwicklung des interaktiven Fernsehens – eine Technik, die die Ingenieure zurecht für revolutionär hielten. Doch dann stellte sich heraus, dass sich kein Mensch für das fertige Produkt interessierte. Kittu Kolliri, einer der leitenden Ingenieure, erklärt den kolossalen Flop so: »Die Technik zog uns total in ihren Bann. Wir dachten alle: ›Verdammt, diese Technik ist so cool, irgendjemand wird sie schon brauchen.« Doch niemand brauchte sie. Es genügt einfach nicht, für irgendeinen vage definierten Kundenkreis Wert zu schaffen. Nur Kunden aus Fleisch und Blut stellen auch Schecks aus. Ein Unternehmen kann also nur Erfolg haben, wenn es die Bedürfnisse seiner Kunden erfüllt. Und welche Bedürfnisse sie haben, definieren die Kunden selbst.

Die Perspektive der Produktion: Effizienz bedeutet Wert

Heutzutage wird so viel über Kundenorientierung geredet, dass man meinen könnte, diese Denkweise sei die einzig mögliche. Doch ganz im Gegenteil ist die Einsicht relativ neu, dass der Kunde und nicht das Unternehmen bestimmt, was Wert ist. Früher definierten sich Unternehmen über ihr Produkt: Eine Firma arbeitete in der Stahlbranche, im Kaffeegeschäft oder auf dem Automobilsektor. Und Erfolg hatte man dann, wenn man herausfand, wie man mit dem gleichen Ressourceneinsatz mehr Stahl, Kaffee oder Autos produziert.

In anderen Worten: Die Herausforderung bestand darin, die Produktivität zu steigern. Und das erreichte man, indem man den Produktionsprozess so effizient wie möglich gestaltete. Diese Fixierung auf Effizienz war in der Frühzeit der Industrialisierung absolut vernünftig, denn das Warenangebot hinkte chronisch hinter der Nachfrage her. Die Mission des Managements lautete, mehr und billiger zu produzieren. Von der Kamera, die George Eastman 1888 für 25 Dollar auf den Markt brachte, verkaufte er gerade einmal 13 000 Stück. Doch von der billigeren Brownie brachte er allein im ersten Jahr, 1900, 150 000 Stück an den Mann! Indem Eastman sein Produkt erschwinglich machte, schuf er einen riesigen neuen Markt.

Der Prophet des Effizienzgedankens hieß Frederick Winslow Taylor. Er wurde 1856 in eine wohlhabende Familie in Pennsylvania geboren und hätte später in Harvard studieren können, nahm aber lieber eine körperliche Arbeit an. Nach einer Lehre als Modellmacher und Maschinist heuerte er als einfacher Arbeiter bei Midvale Steel an, einem der größten Unternehmen der Branche. Innerhalb von sechs Jahren stieg Taylor über praktisch alle Posten in der Fabrik zum Chefingenieur auf.

Taylor ging die Aufgabe der Effizienzsteigerung mit der Disziplin eines Wissenschaftlers an; er beobachtete, maß und notierte noch die offensichtlich scheinenden Handgriffe. 1898 wurde er auf Betreiben von Joseph Wharton als Berater bei Bethlehem Steel engagiert. (Wharton war Miteigentümer des Unternehmens und Gründer der ersten amerikanischen Business School an der University of Pennsylvania.) Dort führte Taylor zahlreiche der Experimente durch, die er später in *The Principles of Scientific Management* (1911, dt.: Die Grundsätze wissenschaftlicher Betriebsführung) beschrieb. Seine Aussage war einfach: Wie simpel eine Aufgabe auch schien, musste man sie doch systematisch untersuchen, um die »eine, beste Methode« für ihre Erfüllung zu ermitteln.

Wenn Taylor vor 100 Jahren durch die Hallen von Bethlehem Steel lief, sah er eine Armee von 600 Männern, die Schaufeln schwangen. Anleitungen gab es kaum, die Männer benutzten die gleichen Schaufeln für Erz (eine Schippe voll wog etwa 15 Kilo) und für Kohle (die Schippe zu zwei Kilo). Für Taylor bestand die »Wissenschaft vom Schaufeln« darin zu ermitteln, bei welchem Ladungsgewicht pro Schaufel ein »erstklassiger Arbeiter« (jemand, der sowohl willens als auch fähig war zu schaufeln) die größte Tagesleistung bringen kann. Nach ausführlichen Versuchen fand Taylor die Antwort: zehn Kilo. Als Konsequenz verteilte das Unternehmen spezielle Schaufeln für die unterschiedlichen Aufgaben, »beispielsweise eine kleine Schaufel für Erz und eine große für Asche«.

Taylor behauptete, dass aufgrund solcher Änderungen die Produktivität in die Höhe geschossen und die Kosten gefallen seien, selbst wenn man den Männern höhere Löhne bezahlte. Das waren die Parameter, mit denen Taylor *Wert* maß – und all diese Parameter lagen innerhalb der Fabrikwände. Wissenschaftliches Management, die erste echte Management-Disziplin, konzentrierte sich darauf, zu messen und zu analysieren. Es basierte auf dem Grundsatz: Nimm nie an, dass die Methode, mit der etwas schon immer gemacht wurde, auch die beste ist. Mit anderen Worten: Nimm nie einen Handgriff als gottgegeben.

Heutzutage genießen weder Taylor noch das wissenschaftliche Management einen guten Ruf, obwohl die weitverbreitete Suche nach der »best practice« eine direkte Folge seiner Arbeit ist. Schon zu Lebzeiten wurde Taylor von Arbeiterrechtlern angegriffen, Taylorismus wurde zum Synonym für Dequalifizierung der Arbeiter und Entmenschlichung der Arbeit. Dennoch schulden die Industrienationen einen Großteil ihres Wohlstands Taylor und seinen Jüngern. Während des 20. Jahrhunderts haben wir Effizienzexperten ausgelacht und das Streben nach Effizienz verdammt, gleichzeitig badeten wir aber in dem Reichtum, den uns die Produktivitätssteigerung beschert hatte. Es mag ein Faustscher Handel gewesen sein, die Ideen von Taylor zu übernehmen, doch die Konsequenzen sind aus dem modernen Leben kaum mehr weg zu denken.

Der einzige Makel an Taylors Ansatz bestand in seiner einseitigen Beschränkung auf Effizienz in der Produktion. Taylor nahm an, dass Wert entstehe, indem man effizienter produzierte – egal, was man jetzt herstellte. Damit hatte er auch recht, erfasste aber nicht das ganze Bild. Er kam nie auf die Idee sich zu fragen, ob man überhaupt die richtigen Dinge produzierte oder ob man vielleicht einen größeren Wert schaffen könnte, indem man sein Aufgabengebiet erweiterte.

Anfang des 20. Jahrhunderts war es vernünftig, so zu denken wie Taylor: Es wurden nur wenige Dinge industriell hergestellt, und das Hauptproblem bestand darin, mehr Güter zu geringeren Kosten herzustellen. Doch gegen Mitte des Jahrhunderts begann die Ära des Massenkonsums. Die Frage »Was ist Wert?« benötigte eine neue Antwort.

Die Perspektive des Marketing: Worauf legt der Kunde Wert?

1943 beschloss der in Wien gebürtige Peter Drucker, General Motors zwei Jahre lang von innen zu untersuchen. Damit setzte er seine Karriere aufs Spiel, denn damals hielt man es in Akademikerkreisen für unziemlich, sich mit so profanen Dingen wie gewinnorientierten Unternehmen zu beschäftigen. Heute, da selbst die Oxford University eine Business School hat, scheint eine solche Einstellung unvorstellbar. Doch am Ende des Zweiten Weltkriegs war die Welt der Unternehmen *terra incognita* und die Arbeit von Managern weitgehend unerforschtes Gebiet.

In seinem bahnbrechenden Buch *The Practice of Management* (1954, dt.: Die Praxis des Managements) stellte Drucker eine kritische Neudefinition des Begriffs *Wert* vor: Effizienz ist eine notwendige, aber keine hinreichende Bedingung für Wert. Drucker hatte erkannt, dass Kunden keine Dinge kaufen, sondern Bedürfnisse befriedigen. Daraus folgt, dass der Kunde oft etwas ganz anderes schätzt und kauft, als der Hersteller zu verkaufen glaubt.

Die Taylorsche Definition von Wert im Sinne von Effizienz richtete den Blick der Manager nach *innen*, auf die Produkte und die Produktionsweise. Dies wurde als die *Perspektive der Produktion* (»manufacturing mindset«) bekannt: Man geht von dem aus, was man herstellt, verlangt einen Preis in Abhängigkeit von den Herstellungskosten und verkauft seine Produkte an die Kunden. Dieses Geschäftsmodell lautet einfach »erst produzieren, dann verkaufen«.

Drucker plädierte für eine völlig neue, andere Sichtweise. Wenn man Wert verstehen wolle, dürfe man nicht nach innen blicken, wie die Ingenieure von Silicon Graphics es beim interaktiven Fernsehen taten. Statt dessen müsse man sich in den Kunden hinein versetzen und von seinem Standpunkt auf das Unternehmen blicken, von *außen*. Diese neue, von Drucker und anderen propagierte Sichtweise wurde unter dem Namen *Perspektive des Marketing* (»marketing mindset«) bekannt. Bei diesem Geschäftsmodell geht man davon aus, was der Kunde will und wie viel er dafür zu zahlen bereit ist. Daraus ergibt sich, was man produziert und wie hohe Kosten bei der Produktion maximal entstehen dürfen. Dieser Wechsel des Blickwinkels veränderte die Denkweise von Managern von Grund auf; er stellt das betriebswirtschaftliche Gegenstück zur Entdeckung dar, dass die Erde eine Kugel ist.

Der Perspektivwechsel führte zu der wichtigen Differenzierung zwischen *Verkauf* – bei dem man den Kunden dazu überredet, das zu kaufen, was man produziert – und *Marketing* – bei dem man erkundet, was die Kunden wollen, und dann nach Möglichkeit versucht, ihre Bedürfnisse zu befriedigen. Um den Managern dabei zu helfen, diese Perspektive von *außen* zu übernehmen, formulierte Drucker eine Reihe scheinbar einfacher Fragen: »Worin besteht unser Geschäft?«, »Wer ist der Kunde?«, »Was schätzt der Kunde?« Diese Fragen haben den Managern beigebracht, die Arbeit ihrer Unternehmen durch die Augen der Kunden wahrzunehmen, und werden inzwischen von Führungskräften weltweit gebetsmühlenartig wiederholt.

Heute muss jeder Beschäftigte sich diese Fragen stellen, nicht nur jeder Manager. Besonders hilfreich sind die Fragen für die Wissensarbeiter, also für Analysten, System-Ingenieure oder Logistik-Experten, deren Arbeit sich nicht direkt im Produkt niederschlägt. Sie müssen sich fragen: »Wer ist auf meine Arbeit angewiesen?«, »Wie benutzen diese Leute die Ergebnisse meiner Arbeit?«, »Warum ist meine Arbeit für sie wichtig?«. Auch wenn man keinen direkten Kontakt mit externen Kunden hat, kann man seine internen Kunden (im Unternehmen) ermitteln und sie direkt fragen, wie man für sie noch nützlicher werden kann.

Der gleiche Ansatz gilt auch für Selbstständige. Anwälte und Unternehmensberater beispielsweise sind in der Vergangenheit auch in die Falle des *manufacturing mindset* getappt und haben »Beraterstunden« oder »Berichte« für ihr Produkt gehalten. Doch worauf legt der Kunde eigentlich Wert? Die Unternehmensberatung Bain & Co. wurde von einigen Leuten gegründet, die scharf über diese Frage nachgedacht hatten. Sie kamen zu folgender Antwort: Unsere Kunden wollen bessere Ergebnisse, keine Berichte. Sie kaufen nicht Beraterstunden, sondern höhere Profitabilität – Gewinne zu einem Schnäppchenpreis.

Erfolgreiche Unternehmer generieren immer einen Wert für ihre Kunden, auch wenn das anfänglich eher instinktiv und zufällig passiert, nicht absichtlich. Doch vor allem große Unternehmen tendieren im Zeitverlauf dazu, ein Eigenleben zu entwickeln, und verlieren manchmal erstaunlich schnell das Gefühl für den Markt. Deswegen bleiben Druckers Fragen so ein wichtiges Gegengift gegen die natürliche Tendenz, den Blick nach innen zu richten, auf das, was man tut und herstellt.

Darüber hinaus wird man feststellen, dass die Antworten, die man auf diese einfachen und naheliegenden Fragen findet, weder einfach noch naheliegend sind. Wahrscheinlich könnte fast jedes Unternehmen sein Geschäft auf mehrere Weisen definieren. Hätte beispielsweise McDonald's sich als Hamburger-Brater definiert, dann hätte man alle Mühe darauf verwendet, die weltbesten Hamburger zu entwickeln. Als Ergebnis wäre vielleicht ein besser schmeckender und teurerer Hamburger heraus gekommen, aber dann wäre eine Mahlzeit bei McDonald's keine schnelle, günstige Angelegenheit mehr gewesen. Manager, die ihr Geschäft richtig definieren, können sich systematisch darauf konzentrieren, das zu liefern, was ihre Kunden wirklich schätzen – im Fall von McDonald's schnelle Bedienung. Hätte McDonald's sich als Hamburger-Brater gesehen, hätten wir vielleicht nie von dem Unternehmen gehört.

Auch ist nicht immer offensichtlich, wer denn überhaupt der Kunde ist. Die ausführlichere Version von George Eastmans Geschichte zeigt einige wichtige Umwege und Wendungen auf. Letztendlich gründete Eastman ein Konsumgüterunternehmen (mit einer der breitesten Kundenschichten aller Zeiten). Doch ursprünglich hatte Eastman eigentlich einen ganz anderen Kundenkreis im Auge:

Eastmans erste Firma stellte Fotoplatten her (Glasplatten, die mit einer Chemikalienschicht überzogen waren). Diese Innovation ersparte es Berufsfotografen, selbst Chemikalien zu mischen und auf Glasplatten aufzubringen. Sie erleichterte ihnen das Leben und machte sie mobiler; trotzdem schleppten sie sich mit den Glasplatten noch ganz schön ab. Als der Wettbewerb im Fotoplattengeschäft in den 1880ern immer stärker zunahm, forschte Eastman fieberhaft nach einem völlig neuen Produkt: Er plante, die schweren Glasplatten durch Filme aus leichtem Papier zu ersetzen, das mit Chemikalien beschichtet und auf eine Spule aufgezogen war. 1885 war Eastman so weit, seine großartige Neuerung auf den Markt werfen zu können.

Er scheiterte grandios. Klar waren die Filme praktisch, doch sie hatten einen Nachteil: Die Qualität der Bilder genügte den Ansprüchen der Profis nicht. Der Papierfilm fiel bei den Fotografen durch – und beinahe hätte Eastman seine Firma verloren. Doch dann kam ihm der Gedanke zum Wert des Produkts, der die Geschichte veränderte. Vielleicht hatte Eastman ja das richtige Produkt, nur die falsche Zielgruppe? Professionelle Fotografen mochten die Art Bilder ablehnen, die sein Film ermöglichte, aber normale Leute würden diese Art Bilder mögen. Jetzt musste Eastman nur noch einen Fotoapparat herstellen, der so einfach war, dass jedermann ihn bedienen konnte.

Was konnte einfacher sein als eine schwarze Kiste mit einem Knopf als Auslöser und einer Aufziehvorrichtung für den Film? Wenn man seine 100 Fotos gemacht hatte, sandte man die ganze Kamera nach Rochester. Von dort bekam man seine Abzüge und seine Kamera mit einem neuen Film zurück. Sein Wunsch, für Otto Normalverbraucher einen Wert zu schaffen, zwang Eastman, nicht nur einen Produktionsbetrieb (für Fotoapparate und Filme) aufzuziehen, sondern auch noch einen dazu gehörigen Dienstleistungsbetrieb, der die Filme entwickelte und Abzüge herstellte. Kodaks Motto und Reklamespruch lautete: »Sie drücken auf den Knopf. Den Rest erledigen wir.«

George Eastman verwandelte eine kleine Firma für Fotoplatten in eines der größten und erfolgreichsten Konsumgüterunternehmen aller Zeiten. Und das gelang ihm, weil er darüber nachdachte, aus welchen Leuten seine Zielgruppe bestand und was diese Zielgruppe schätzte.

Das neue Mantra: Maximierung des Shareholder Value

In den Wirtschaftsboomjahren nach dem Zweiten Weltkrieg entwickelte sich das Marketing zum neuen Liebling der Manager. Effizienz – die Kunst, Dinge richtig zu tun – blieb wichtig. Doch jetzt wurde Effektivität – die Kunst, die richtigen Dinge zu tun (also die Dinge, die die Kunden verlangten) – sogar noch wichtiger für den Erfolg des Unternehmens. Zumindest in der Theorie. In der Praxis war Marketing oft einfach Verkauf unter neuem Namen. Die Marketingleute der großen Unternehmen waren Meister der heimlichen Verführung. Werbung geriet als zynische Manipulation in Verruf, die Leute dazu bringe, Dinge zu kaufen, die sie nicht brauchten.

In den späten 1960ern und 70ern verstärkte sich das Gefühl,

dass sich das Management der Unternehmen immer stärker abkapselte und immer arroganter wurde. Führungskräfte schienen mehr an ihrer Macht interessiert als daran, für ihre Kunden im Land oder ihre Eigentümer an der Börse einen Wert zu schaffen.

Als in den 1970ern und 80ern schlanke und aggressive Konkurrenten aus Fernost auf den amerikanischen Markt drängten, spitzte sich das Problem zu. Schnell verlor Amerikas wichtigste Branche, die Automobilindustrie, Marktanteile an Toyota, Datsun und Honda. Der Erfolg dieser Marken, die noch wenige Jahre zuvor kaum ein Mensch gekannt hatte, rührte daher, dass die heimische Automobilindustrie den Kontakt zu den Kunden verloren hatte und weiter Spritsäufer produzierte, obwohl die Leute kleine, benzinsparende Autos verlangten.

Doch erst die Fertigungsqualität der japanischen Unternehmen führte zur wirklichen Revolution in Sachen Wert. Selbst, als die Schlangen an den Zapfsäulen nur noch eine ferne Erinnerung waren, hielt der Siegeszug der japanischen Autos an. Denn verglichen mit den Produkten aus Detroit waren sie solide, zuverlässig und stabil. Die Japaner gewannen einfach dadurch Kunden, dass ihre Autos besser und gleichzeitig billiger waren als amerikanische. In anderen Worten: Die Japaner boten einen höheren Wert. Und die Kunden zögerten bei der Abstimmung mit ihren Geldbörsen nicht lange.

Nicht nur die Automobilindustrie wurde in ihren Grundfesten erschüttert. Praktisch über Nacht (zumindest schien es so) eroberte Japan ein Fünftel des amerikanischen Stahlmarkts. Im gesamten amerikanischen Industriesektor gingen Millionen von Arbeitsplätzen verloren, und es blieb ein riesiger Rust Belt (Rost-Gürtel) zurück. In diesem Begriff spiegelt sich die ganze Verzweiflung und Hoffnungslosigkeit, die sich damals im industriellen Amerika breit machten.

Das Management hatte einen großen Anteil am Wirtschaftsboom der 1950er und 60er Jahre für sich reklamiert (und sich entsprechend fürstlich entlohnt). Die Managementgehälter waren in den Himmel geschossen, Führungskräfte leisteten sich Firmenflugzeuge und andere Annehmlichkeiten. Doch wo waren die Manager, als es mit der Wirtschaft bergab ging? Warum übernahm niemand die Verantwortung? Und warum verdienten die Führungskräfte weiter so trefflich, während ihre Unternehmen dahinsiechten?

In diesem Umfeld wuchs ein neuer Typ von Aktionären und Geschäftemachern heran. Anteilseigner, Corporate Raiders (Übernahmegeier) und Experten für Leveraged Buyouts (fremdfinanzierte Übernahmeangebote) beklagten, dass sich die Manager zu sehr auf die Bürokratien konzentrierten, die sie geschaffen hätten, anstatt treu die Interessen der Unternehmenseigentümer zu vertreten. Manager würden beim Versuch, immer mehr Macht an sich zu reißen, viel zu viele Ressourcen verschwenden, alles auf Kosten des Gewinns und damit der Dividenden. Jack Welch beschrieb diese Konfrontation in seiner typisch drastischen Ausdrucksweise: »Die Selbstzufriedenen und Ängstlichen hatten eine Verabredung mit den feindlichen Firmen-Übernehmern.«

Die 1980er Jahre wurden Zeuge eines bis dahin nie gesehenen Krieges: Eigentümer und Führungskräfte kämpften um die Kontrolle über die Unternehmen. Die Presse stellte den Konflikt oft als Angriff prinzipienloser Finanzhaie auf unschuldige Opfer dar. Sie verurteilte, dass gesunde Unternehmen in Teile zerstückelt und scheibchenweise verkauft wurden, nur weil ein Finanzhai damit eine schnelle Mark machen konnte. Aber wie konnten die Stücke eines Unternehmens mehr wert sein als das Ganze? Doch nur deswegen, weil das Unternehmen entweder schlecht gemanagt wurde oder eine falsche Struktur hatte. Die Corporate Raiders, auf die sich Welch bezog, hatten lediglich herausgefunden, wie man den Wert freisetzte, der in profitschwachen Unternehmen gefangen gehalten wurde. Beispielsweise hatte der Chef von Nabisco, Ross Johnson, eine Flotte von

26 Firmenjets zur Verfügung, »Ross Air Force« genannt. Am Ende des Konflikts setzte sich der Shareholder Value nicht nur als das Mantra der ganzen Dekade (und darüber hinaus) durch, sondern auch als Leitprinzip für das Management und als Überlebensregel: Maximiere den Unternehmenswert für die Aktionäre oder du wirst von der nie nachlassenden Gewalt des Kapitalmarkts fortgespült.

Als Konsequenz der Auseinandersetzung reagierten Manager deutlich besser auf die Wünsche der Eigentümer und machten sich den direkten Zusammenhang zwischen Wert für den Kunden und Wert für die Aktionäre stärker bewusst. Früher gab es in manchen Branchen ein Gentlemen's Agreement, sich nicht zu sehr anzustrengen und regelmäßig einen mageren, »zufriedenstellenden« Gewinn auszuwerfen. Diese Zeit war vorbei. Jetzt legten die Aktionäre die Messlatte auf, und die Kapitalmärkte überwachten die Leistung der Führungskräfte. Manager spürten den Druck, die Gewinne zu steigern, und es brachen heiße Debatten darüber aus, worin der Zweck eines Unternehmens bestehe. Auch heute noch kocht diese Frage hin und wieder hoch. Wirtschaftswissenschaftler wie Milton Friedman vertreten die Meinung, der Aktionär müsse immer an erster Stelle stehen, das Ziel des Managers sei schlicht und einfach, den Shareholder Value zu maximieren. Andere – vor allem europäische – Stimmen meinen, dass jedes Management auch dem Gemeinwesen verpflichtet sei und für Arbeitsplätze und Kontinuität sorgen müsse.

Auch wenn einzelne Führungskräfte vielleicht unterschiedliche Einstellungen zum Sozialstaat haben, kann es sich heutzutage kein Firmenchef leisten, die Kräfte des Kapitalmarkts zu ignorieren. Vor den 1980ern konnte jedes Unternehmen, das genug Wert schuf, um seine Kosten zu decken, gefahrlos vor sich hin wursteln und magere Gewinne erwirtschaften, die deutlich hinter den Möglichkeiten des Unternehmens zurück blieben. Seit dieser Zeit aber riskiert jede Aktiengesellschaft, die ihren Wert nicht maximiert, von einem neuen Eigentümer übernommen zu werden. Man spricht in diesem Zusammenhang auch von der *Disziplinierung* durch den Kapitalmarkt. Dieser Zwang von Seiten des Kapitalmarkts hat die Praxis der Unternehmensführung dauerhaft verändert. Selbst gemeinnützige Organisationen und Familienbetriebe spüren die Auswirkungen dieser Veränderung, auch wenn sie den Zwängen des Kapitalmarkts nicht direkt ausgesetzt sind.

Deswegen ist es heute wichtiger denn je, dass Führungskräfte verstehen, wie Wert generiert wird, und das Unternehmen zu größerer Leistung anspornen.

Wie wird Wert geschaffen?

Während der 1980er und 90er stieg der Druck auf Führungskräfte von allen Seiten an. Konkurrenten, Kunden und Aktionäre zwangen den Manager, jede einzelne seiner Handlungen zu hinterfragen. Als Konsequenz daraus wuchs das Interesse an einem ökonomischen Konzept, das Michael Porter in seinem bahnbrechenden Buch *Competitive Strategy* (1980, dt.: Wettbewerbsstrategie) vorgestellt hatte. Mit seinem Konzept der Wertkette eröffnete Porter ein ganz neues Feld der Unternehmensstrategie. Die Wertkette bezeichnet die Abfolge von Handlungen und Informationsströmen, die innerhalb eines Unternehmens und seiner Zulieferer durchlaufen werden muss, damit ein Produkt entworfen, hergestellt, vermarktet, geliefert und gewartet werden kann.

Für den Manager hat die Denkweise in Wertketten weitreichende Konsequenzen. Die erste Folge besteht darin, dass er jeden Handgriff nicht nur als Kostenfaktor auffasst, sondern auch als Produktionsstufe, die dem Endprodukt einen höheren Wert verleihen muss. Mit der Zeit hat diese Perspektive die Art und Weise revolutioniert, wie zahlreiche Unternehmen ihr Geschäft definieren. Wenn man beispielsweise vor 25 Jahren Aktien kaufte, bezahlte man saftige Gebühren an einen Broker. Der Broker erbrachte eine weit gefächerte Palette von Dienstleistungen, von der Aktienanalyse über die praktische Durchführung von Börsengeschäften bis hin zur Erstellung des monatlichen Kontoauszugs. Die Kosten für all diese Leistungen steckten in der Kommission des Brokers.

Charles Schwab gründete seine gleichnamige Firma um eine ganz andere Wertkette (und erfand gleichzeitig die Institution des Discountbrokers). Denn nicht alle Kunden brauchen Beratung, warum sollten sie also dafür bezahlen? Wenn man alle Arbeitsschritte weglässt, die man benötigt, um den Kunden beraten zu können, und sich statt dessen allein auf die Durchführung von Börsentransaktionen konzentriert, schafft man eine ganz andere Art von Wert: Kostenersparnisse bei Börsengeschäften. Schwab ermöglichte mit seinen günstigen Tarifen einer breiten Zielgruppe überhaupt erst, Aktien zu erwerben. Damals war es eine neuartige Idee, die Wertkette (die Aktivitäten des Unternehmens) daran anzupassen, wie der Kunde Wert definierte. Heute gehört dieses Konzept zum Standardwissen.

Eine zweite wichtige Folge des Denkens in Wertketten besteht darin, dass man gezwungen wird, den Wertschöpfungsprozess als ein Ganzes zu betrachten, unabhängig davon, wer jetzt was macht. Wenn man um perfekte Pommes Frites herum eine Fast-Food-Kette aufbauen will, wie McDonald's es tat, darf es keine Entschuldigung dafür geben, dass die Pommes Frites *nicht* perfekt sind. Den Kunden kümmert es nicht, wer an einem Mangel schuld ist. Ihn interessiert nur die Qualität seiner Pommes Frites. Deswegen muss McDonald's sicherstellen, dass nicht nur *innerhalb* des Unternehmens alle Qualitätsstandards eingehalten werden, sondern auch *außerhalb*, zum Beispiel bei den Zulieferern (den Kartoffelbauern).

Diese gegenseitige Abhängigkeit zwischen Unternehmen und Zulieferern führt zu der Notwendigkeit, über Grenzen hinweg zu managen. Heutzutage kann es ebenso wichtig sein, die Zulieferer gut zu führen, wie das Unternehmen selbst.

Im Jahr 2000 las man etliche Schlagzeilen über Autoreifen; die fetteste verursachte Firestone mit einer massiven Rückrufaktion. Anstatt seinen hundertsten Geburtstag feiern zu können, erlebte das Unternehmen einen Public-Relations-Alptraum. Dutzende Todesfälle und Hunderte Unfälle wurde mit Reifenversagen in Verbindung gebracht. Firestone musste Millionen Reifen zurückrufen, wurde von der Presse zerrissen und in etliche Klagen verwickelt.

Allerdings litt nicht nur Firestone. Auch Ford erlebte einen Alptraum, weil die Mehrzahl der schadhaften Reifen auf Modellen des Typs Ford Explorer aufgezogen waren. Den verärgerten Explorer-Kunden war es egal, dass Ford die Reifen nicht hergestellt hatte. Firestone stellt ein wichtiges Glied in der Wertkette von Ford dar, und im Sommer 2000 zerstörte Firestone Wert – bei Ford-Kunden und -Aktionären.

Eine andere, weniger beachtete Episode drehte sich ebenfalls um Reifen. In diesem Fall handelte es sich um ein alltägliches Vorkommnis im Geschäftsleben, nicht um eine Krise. Toyota entdeckte bei einem kleinen japanischen Unternehmen einen neuen Ansatz zur Reifenherstellung und bedrängte die großen Reifenproduzenten, den Ansatz nachzuahmen. Das *Wall Street Journal* brachte den Sachverhalt in folgender Schlagzeile auf den Punkt: »Toyota drängt Reifenhersteller, ein neues Design zu übernehmen, das Kosten und Gewicht verringert«. Doch warum kümmert sich Toyota um solche Dinge? Weil das Unternehmen weiß, dass die Kunden billigere und benzinsparendere Autos wollen. Wenn also Toyota seine Zulieferer dazu überreden muss, eine neue Technik einzuführen, um für seine Kunden einen höheren Wert zu schaffen, dann macht der Autobauer das auch. Und tatsächlich verdankt Toyota einen großen Teil seines Erfolgs der Fähigkeit, die Zulieferer zu führen.

In den vergangenen zwei Jahrzehnten hat sich die Art der

Unternehmensführung aufgrund der Erkenntnisse darüber, wie Wert geschaffen wird, stark verändert. Vor allem hat sich die Idee durchgesetzt, dass man auch über die Grenzen des Unternehmens hinaus managen muss. Vor zehn Jahren zum Beispiel war der Einkauf eine untergeordnete Funktion, dessen Ziel darin bestand, genau vorgegebene Dinge zu den günstigsten Konditionen zu erwerben. Heute hat der Einkauf sich zum *Supply Chain Management* gewandelt. Und dahinter steht eine echte Aufwertung der Funktion, nicht nur einfach ein neuer, schicker Name. Der Begriff Supply Chain Management spiegelt wider, dass Unternehmen viel systematischer darüber nachdenken, wie sie für ihre Kunden Wert schaffen: Indem sie das Richtige einkaufen, nicht, indem sie den günstigsten Preis herausholen. Höhere Geschwindigkeit und Flexibilität sind für Unternehmen ebenso wichtig geworden wie Kostenersparnisse; das Know-How und die Innovationsfähigkeit der Zulieferer werden ebenso wichtig wie ihre Produkte.

Diese Revolution im Denken hat jeden Aspekt der Geschäftstätigkeit von Unternehmen erfasst. Wenn Firmen von außen nach innen blicken, machen sie sich oft erst klar, wie vielfältige Möglichkeiten es gibt, beim Kunden durch neue Lösungen und Dienstleistungen einen zusätzlichen Wert zu schaffen. Man befriedigt die Bedürfnisse des Kunden, anstatt ihm irgendwelche Güter zu verkaufen. Betrachten Sie nur, wie sehr sich General Electric unter der Führung von Jack Welch gewandelt hat, und Sie erkennen, wie dramatisch diese Denkweise ein Unternehmen transformieren kann. Früher war GE einer der größten Industriebetriebe der Welt, heute stammen 80 Prozent der Unternehmensgewinne aus Dienstleistungen.

Wie viel sich verändert hat, lässt sich beispielsweise am Unternehmensbereich Lokomotiven ablesen. Seit 1895 bauen die Ingenieure von GE Lokomotiven, die Arbeitspferde der Industriegesellschaft. Und bis vor kurzem, sagt Jack Welch, »konnte man sich in der Sparte nur dadurch Verdienste erwerben, dass man allermodernste, hocheffiziente Technik baute«. Man sah alles aus der Perspektive der Produktion. Doch als GE begann, sein Geschäft aus dem Blickwinkel des Kunden zu sehen, erkannte man: Die Eisenbahngesellschaften legen keinen besonderen Wert auf immer größere und stärkere Loks. Die Gesellschaften interessiert nur, wie sie zu möglichst niedrigen Kosten möglichst viel Fracht transportieren können. Sie brauchen also Lokomotiven, die einen größeren Anteil der Zeit produktiv arbeiten. In anderen Worten: Gesucht waren Lösungen, wie man Lokomotiven effizienter einsetzt, schneller repariert und so weiter. Bietet man solche Lösungen an, ermöglicht man der Eisenbahngesellschaft, ihren Ertrag zu steigern – und das ist ja genau das, was der Kunde wirklich will.

Bei der Lokomotiven-Sparte von GE wirkte sich der Perspektivwechsel von der Input- auf die Ergebnisorientierung aus, als ob man einen Lichtschalter umgelegt hätte. Der Sparte ging ein Licht auf, und sie entwickelte eine ganze Palette von Produkten und Dienstleistungen, zum Beispiel ein computergestütztes Dispositionssystem, das den Eisenbahngesellschaften half, ihre Flotten effizienter einzusetzen.

Dank neuer Geräte in den Loks wissen die Eisenbahngesellschaften – und GE – jederzeit, wo sich die Lokomotiven befinden. Bleibt eine Lok liegen, muss niemand bei GE anrufen und um Hilfe bitten. Statt dessen begibt sich GE direkt vor Ort und macht die Maschine wieder flott.

Immer mehr Güter entwickeln sich zu Massengütern mit nur sehr schmalen Gewinnmargen. Nicht nur GE hat entdeckt, dass man oft mit Dienstleistungen rund um ein Produkt mehr verdienen kann als mit dem Produkt selbst. Denken Sie nur an den Wartungsvertrag, den Sie beim Kauf eines neuen Computers oder Fernsehers abschließen können, oder an die Finanzierung, die der Autohändler Ihnen beim Autokauf anbietet. Ein Großteil des Erfolgs von IBM in den 1990ern ließ sich auf die neue Strategie zurückführen, statt Geräten *Lösungen* anzubieten.

Die gleiche Logik setzt sich auch bei den Herstellern trivialster Konsumgüter durch. Auf der Website von Martha Stewart, die die Amerikanerinnen in Hochglanzmagazinen und Fernsehsendungen die Verschönerung des Alltags lehrt und ihnen die dazu notwendigen Produkte verkauft, findet man zum Beispiel die verschiedenartigsten Haushaltswaren zu recht hohen Preisen. Ein Markenbügeleisen, das man woanders für 90 Dollar bekommt, kostet dort 125 Dollar. Auf diesen Preisunterschied angesprochen, antwortete ein Sprecher des Unternehmens: Dadurch, dass man die Dinge nicht nur anbiete, sondern auch noch zeige, wie man sie verwendet, biete man dem Kunden einen zusätzlichen Wert. Klickt man zum Beispiel auf das Bügeleisen, erfährt man, wie man ein Hemd bügelt. Bezahlen die Kunden für diese Information? Oder weil es bequem ist, das Bügeleisen von zu Hause aus zu bestellen? Oder weil ihnen der Markenname Martha Stewart etwas bedeutet? Jeder der drei Gründe könnte zutreffen – vielleicht treffen auch alle drei zu. In der New Economy definiert sich Wert immer stärker durch nicht-greifbare Komponenten.

Der richtige Ansatz für gemeinnützige Institutionen: Mission, nicht Markt

Aktuell gibt es in den USA über eine Million gemeinnützige Institutionen, die insgesamt über zehn Prozent der Wirtschaft ausmachen und ein Vermögen von geschätzt zwei Billionen Dollar kontrollieren. Doch der Sektor ist nicht allein wegen seiner Größe wichtig, sondern auch deswegen, weil er zentrale Aufgaben in unserer Gesellschaft erfüllt.

Jedes einzelne Unternehmen und der produzierende Sektor als Gesamtheit haben ein vitales Interesse daran, dass die gemeinnützigen Institutionen ihre Aufgaben erfüllen. Wir vertrauen ihnen die Kindererziehung und das Gesundheitswesen an, sie fördern die Kunst, schützen die Umwelt und kümmern sich um Bedürftige. Und doch sind sich viele erfahrene Manager und Freiwillige in diesem Sektor einig, dass der alte Witz die Sache ziemlich genau trifft: Eine gemeinnützige Institution zu leiten ist etwa so einfach, wie einen Sack Flöhe zu hüten.

Warum sind gemeinnützige Institutionen dafür berüchtigt, kaum führbar zu sein? In gewisser Weise haben es Manager von gewinnorientierten Organisationen leicht, denn ihre Aufgabe besteht darin, einen messbaren *ökonomischen* Wert zu schaffen. Aber wie misst man *Wohlfahrt*? Betrachten Sie einmal den Wert, den Habitat for Humanity International geschaffen hat. Die Organisation hat seit ihrer Gründung 1976 dazu beigetragen, dass über eine halbe Million Leute in aller Welt ein Dach über dem Kopf haben. Habitats Mission lautet, menschenwürdige Wohnverhältnisse zu schaffen, indem man armen Leuten hilft, einfache, anständige und erschwingliche Häuser für sich zu bauen. Die Häuser werden von Freiwilligen gemeinsam mit den zukünftigen Besitzern errichtet. Erfahrene Profis beaufsichtigen die Arbeiten, örtliche Händler stiften Baumaterial. Der Großteil der Bauarbeiten findet an den Samstagen statt, so dass jedes einzelne Projekt sich über Monate hinzieht. Offenkundig ist das nicht die effizienteste Methode, Häuser zu errichten.

Doch Habitat schafft nicht nur den Wert, der in den Häusern steckt – und die Mission lautet auch gar nicht, auf wirtschaftlich effiziente Weise Wohnraum zu schaffen. Sonst wäre es für Habitat wahrscheinlich günstiger, Spenden zu sammeln und die Häuser von Baufirmen errichten lassen. Aber ein wichtiger Aspekt von Habitats Mission heißt »Partnerschaft«: Wenn der Einzelne sich in die Gemeinschaft einbringt und etwas zum Wohlstand anderer Leute beiträgt, dann ist das auch etwas wert; es entsteht soziales Kapital.

Dieser Aspekt ist Habitat ebenso wichtig wie die Häuser selbst. Ein Mitarbeiter erklärt: »Das Ziel sind nicht die Häuser, sondern die Leute, die bei deren Bau mithelfen, die Familien, die darin wohnen werden, die Gesellschaft, der sie angehören, und [die Freiwilligen], die sich auf so vielfältige Weise einbringen.« Die Leistung von Habitat lässt sich an der Zufriedenheit der Beteiligten ablesen: der Spender, der Freiwilligen, der neuen Hauseigentümer. Wenn eine dieser Gruppen nicht mehr glaubt, dass Habitat einen Wert schafft, wandert sie ab. Doch die Signale, die eine gemeinnützige Institution aus ihrem Wirkungsfeld erreichen, sind nicht so stark wie die Marktkräfte, die auf ein Unternehmen einwirken und es zwingen, den geschaffenen Wert zu maximieren. Gut geführte gemeinnützige Institutionen stehen vor einer schwierigen Aufgabe: Sie müssen *sich selbst* Disziplin auferlegen. Die Mission muss immer an oberster Stelle stehen.

Auch gemeinnützige Institutionen haben sich mehrere scheinbar einfache Fragen zu stellen: »Wie lautet unsere Mission?«, »Welchen einzigartigen Wert schaffen wir?«, »Wer unterstützt uns bei der Erfüllung unserer Aufgabe« und »Wie können wir die Interessen unserer Förderer mit unserer Mission vereinbaren?« Nicht der »Kunde«, sondern die Mission ist der Leitstern. Die Frage, was der »Kunde« will, führt eine gemeinnützige Institution unter Umständen auf den Holzweg. Dies illustriert das Beispiel des Bronx Zoo in New York.

Nichts zieht so viele Zoobesucher an wie ein knuddeliger Pandabär. Doch der Bronx Zoo, einer der besten Zoos der Welt, hält keine Pandas mehr. Bedeutet das, dass der Zoo nicht so viel Wert schafft wie möglich? Die Antwort auf diese Frage hängt davon ab, welchen Wert der Zoo überhaupt schaffen will. Und das wiederum hängt davon ab, zu welchem Zweck der Zoo ursprünglich errichtet wurde.

1895 gründete sich die New York Zoological Society. Der Verein setzte sich zum Ziel, einen Zoo anzulegen, wilde Tiere zu schützen und der Öffentlichkeit Wissen zu vermitteln. Wenn man die Geldgeber des Zoos als seine »Kunden« betrachtet, dann gehört die Stadt New York sicherlich dazu. In den 1980ern regierte dort Ed Koch als Bürgermeister, und der schillernde Politiker glaubte, seine Popularität würde steigen, wenn der Zoo Pandas hielte. Also bettelte er jahrelang in Peking, bis er endlich ein Paar dieser putzigen Kreaturen bekam. Dem Zoo blieb nichts anderes übrig, als die Bären anzunehmen.

Doch dann setzte in Wissenschaft und Politik ein Umdenken in der Panda-Frage ein. Es gibt nur noch etwa tausend Exemplare dieser Spezies, und die Population lässt sich nur sehr schwer erhöhen, weil die Weibchen nur einmal jährlich fruchtbar sind. Als das Weibchen, das Ed Koch nach New York geholt hatte, in seine fruchtbare Phase kam, passierte nichts, weil das Männchen noch nicht geschlechtsreif war. Eine gute Chance, die Population zu erhöhen, ging verloren.

1993 änderte der Verein, der den Bronx Zoo betreibt, seinen Namen in Wildlife Conservation Society. Diese Umbenennung diente als nützliche Erinnerung an die Mission des Vereins und setzte gleichzeitig die Erhaltung gefährdeter Arten an oberste Stelle. Der Zweck, die Mission des Vereins besteht darin, gefährdete Arten zu retten. Unterstützung durch die Öffentlichkeit und die Förderung der Forschung sind nur Mittel zu diesem Zweck. Und der Panda gehört zu den gefährdeten Arten. Deswegen mussten die Führungsorgane des Vereins eine schwierige Entscheidung treffen. Einerseits konnte man dadurch, dass man Pandas im Zoo hielt, Unterstützung in der Öffentlichkeit gewinnen. Manche Leute behaupten, dies sei das ausschlaggebende Argument, denn der Mensch schütze nur, was er auch liebe. Doch die Führung des Vereins entschied sich anders: Solange die Wissenschaftler der Ansicht sind, dass ein in der Bronx gefangener Panda dem Erhalt der Art eher schadet als nützt, so lange verzichtet der Bronx Zoo auf Pandas.

Bei der Lösung kniffliger Grundsatzfragen können die Führungskräfte gemeinnütziger Institutionen nur dann auf Spur bleiben, wenn sie immer an die eigentliche Mission der Organisation denken.

Gemeinnützige Institutionen sind schwer zu führen, weil ihnen das eindeutige Feedback fehlt, das Unternehmen durch einen zahlenden Kunden bekommen. Bei den meisten gemeinnützigen Institutionen sind Zahler und Nutznießer nicht identisch. Deswegen kann es hilfreich sein, für die Organisation wichtige Gruppen als »Kunden« zu betrachten. Doch es kann auch in die Irre führen.

Betrachten Sie einmal das Amerikanische Rote Kreuz. Mehr als die Hälfte aller Blutspenden in Amerika läuft über diese Organisation. Wer ist der Kunde des Roten Kreuzes? Das Krankenhaus, das die Konserve verwendet? Der Spender, der den Arm freimacht? Bis in die 1980er war diese Frage unwichtig. Wie alle gemeinnützigen Institutionen, die von der Großzügigkeit von Spendern leben, konnte auch das Rote Kreuz alle wichtigen Beteiligtengruppen – Spender, freiwillige Helfer, Nutznießer – als Kunden betrachten. Man bemühte sich darum, Blutspenden so attraktiv wie möglich zu machen, so dass sich die Leute an den regelmäßigen Blood Drives (Massen-Blutspendeaktionen) gerne beteiligten. Auf den Blood Drives herrschte eine fröhliche Stimmung der Gemeinschaftlichkeit, die auf jeden abfärbte.

Doch die Welt hat sich verändert. Seit dem Aufkommen von Aids wurde die Sicherheit von Blutkonserven zum obersten Gebot. Daraus erwuchs die Notwendigkeit, sich die Spender genauer anzusehen. Spendenbereite Leute aus Risikogruppen mussten abgewiesen werden. Gleichzeitig befanden sich Krankenhäuser unter intensivem Druck, die Kosten zu senken. Blut war (und ist) ein wichtiger Posten im Budget. Dies zwang das Rote Kreuz, sich seiner Kosten bewusster zu werden. Kleinere, schwach besuchte Blood Drives wurden eingestellt. Nicht alle Spender waren über diese Veränderungen glücklich.

Eines war klar: Um seine Mission in einem veränderten Umfeld weiter zu erfüllen, musste das Rote Kreuz die kritische Unterscheidung zwischen einem Kunden und einem Spender treffen. Dies erlaubte dem Roten Kreuz, die Blutspender aus einem anderen Blickwinkel zu betrachten. Blutspender waren jetzt keine Kunden mehr, sondern »Zulieferer«. Man benötigte also eine Art Supply Chain Management.

In diesem Beispielfall machten Kräfte, die mit Marktkräften durchaus vergleichbar waren, Veränderungen unvermeidlich. Regulierungsbehörden schrieben strikte Standards für Blut-Management vor, und Krankenhäuser begannen, sich zunehmend wie echte Kunden zu benehmen und Druck auf die Kosten auszuüben. In anderen Worten: Das Rote Kreuz wurde gezwungen, Wert durch einen Blick *von außen* zu definieren.

Die meisten gemeinnützigen Institutionen unterliegen keinen so starken Einflüssen von außen – allerdings tendieren Geldgeber zunehmend dazu, einen verantwortlicheren Umgang mit den Mitteln einzufordern. Auch die Finanzierung durch staatliche Gelder hängt immer stärker von der Leistung der Institutionen ab. Trotzdem: Solange es keine strenge Disziplinierung durch Marktkräfte gibt, muss das Management von gemeinnützigen Institutionen sich immer die Mission vor Augen halten, um die Perspektive von *außen* zu bewahren.

Wert ist ein System

Das Kapitel begann mit der Behauptung, die vordringlichste Aufgabe der Manager bestehe darin, Wert zu schaffen. Ob sie dieser Verantwortung gerecht wurden, beurteilen nicht sie selbst, sondern Leute außerhalb der Organisation: Menschen, die jeden Tag, Jahr für Jahr, frei darüber entscheiden, ob sie die Organisation weiter unterstützen.

Es gehört vielleicht zu den wichtigsten Aufgaben des Managers, festzulegen, wer die relevanten Außenstehenden sind. Wie gezeigt, ist es bei gewinnorientierten Unternehmen normalerweise viel einfacher, die relevanten Außenstehenden zu ermitteln als in gemeinnützigen Institutionen. Doch auch im Geschäftsleben repräsentieren die Kunden nicht die einzige Gruppe, nach der sich ein Manager zu richten hat. Im wirklichen Leben hängt der Erfolg jedes Unternehmens von den verschiedensten Interessengruppen ab, die jede wiederum Wert anders definiert.

Für Aktionäre und andere Geldgeber zählt allein der in Geld messbare Wert; dieser lässt sich leicht ermitteln. Für die Beschäftigten eines Unternehmens sieht die Rechnung schon komplexer aus: Einerseits schätzen sie hohe Löhne und betriebliche Zusatzleistungen, die sie heute bekommen, andererseits legen sie auch Wert auf Weiterbildung oder Aktienoptionen, also Dinge, deren Wert sich erst in der Zukunft zeigt. Auch nichtwirtschaftliche Faktoren spielen für die Arbeitskräfte eine Rolle, zum Beispiel Zufriedenheit mit dem Job, Status oder Stolz. Zulieferer wiederum interessieren sich natürlich für den Verkaufspreis ihrer Produkte, legen aber vielleicht ebenso großen Wert auf langfristige Geschäftsbeziehungen oder die Möglichkeit, an der Entwicklung modernster Techniken teilzuhaben.

Die Herausforderung besteht nun für das moderne Management darin, sicherzustellen, dass alle notwendigen Gruppen freiwillig an dem System teilnehmen, das man benötigt, um Wert für alle Beteiligten zu schaffen. Der Begriff der *Value Creation* beinhaltet ein neues Verständnis des Begriffs Leistung: Leistung wird jetzt als etwas definiert, das *innerhalb eines Systems* erbracht wird. Zum Begriff der *Value Creation* gehört einerseits Streben nach Effizienz (wie schon zu Zeiten der Industrialisierung) und andererseits Kundenorientierung, die sich in Qualität und Breite der Produktpalette niederschlägt. Darüber hinaus umfasst der Begriff auch noch die anderen Interessengruppen (Aktionäre, Beschäftigte usw.), die für den Manager wichtig sind. Der Begriff ist also sehr breit gefasst; aber genau das macht ihn so nützlich.

Im nächsten Kapitel untersuchen wir, wie Geschäftsmodelle

dabei helfen, das System zu verstehen und zu steuern, in dem Wert geschaffen wird. Es wird sich zeigen, dass ein Geschäftsmodell wie eine Maschine funktioniert, mit der man Erkenntnisse in Unternehmungen umwandelt.

Kapitel 2
Geschäftsmodelle: Von der Idee zum Unternehmen

> *»Geschäftsmodell« ist ein für den Internet-Boom folgenschwerer Schlüsselbegriff, zu dem alle möglichen halbgaren Treatments geadelt wurden. Übersetzt bedeutete er eigentlich nicht viel mehr als die Idee, wie man sein Geld verdienen wollte. Das »Geschäftsmodell« für Microsoft zum Beispiel hieß, Software für ein bis zwei Hunderter rauszuhauen, die in der Herstellung gerade mal fünfzig Cents kostet. Das »Geschäftsmodell« bei Healtheon sah vor, von jeder Rechnung und jeder Bestellung, die in einer Arztpraxis ausgestellt wurde, ein bis zwei Pfennige abzuknapsen. Das »Geschäftsmodell« bei Netscape war ständig im Wandel begriffen. Kein Mensch hatte eine klare Vorstellung davon, wie man aus Netscape finanziell etwas herausholen konnte; in seinem bisherigen kurzen Leben hatte Netscape nur Miese gemacht. Das »Geschäftsmodell« der meisten Internetfirmen beruhte darauf, die Menschen massenhaft auf ihre Website zu locken und anderen die Chance zu verkaufen, bei diesen Massen für ihre Produkte zu werben. Ob dieses Modell überhaupt funktionierte, stand noch immer in den Sternen.*
>
> Michael Lewis, Alle Macht dem Neuen

Wie »Value Creation« ist auch der Begriff »Geschäftsmodell« zum Schlagwort der Internet-Branche geworden und hat durch schlampigen Gebrauch viel seiner ursprünglichen Aussagekraft verloren. Hinter dem Ausdruck steckt ein nützliches und wichtiges Konzept, ebenso wie bei der Value Creation. Dieses Kapitel wird erklären, was ein Geschäftsmodell ist und wie man ein gutes von einem schlechten unterscheidet. Die dahinter stehende Idee ist zeitlos – jede Organisation, sei es jetzt ein Unternehmen der Old Economy, der New Economy oder eine gemeinnützige Institution, braucht ein funktionierendes Geschäftsmodell.

Beginnen wir mit einer Definition: Ein *Geschäftsmodell* besteht aus einer Reihe von Annahmen darüber, wie ein Unternehmen Leistung erbringt – und zwar für alle Beteiligten, von denen es abhängig ist, nicht nur für die Kunden. In seinem Kern ist ein Geschäftsmodell eine Theorie, die jeden Tag am Markt neu überprüft wird. Als 1992 EuroDisney bei Paris seine Pforten öffnete, nahmen die Verantwortlichen an, dass dieser Vergnügungspark auf ziemlich genau die gleiche Weise laufen würde wie seine amerikanischen Vorbilder. Man nahm einfach an, dass Europäer pro Besuch etwa genauso viel Zeit im Park verbringen würden wie Amerikaner und etwa genauso viel Geld für Mahlzeiten, Fahrten und Souvenirs ausgeben würden.

Jede dieser Annahmen stellte sich als falsch heraus. Zum Beispiel verpflegten sich die Europäer nicht über den ganzen Tag verteilt in den verschiedenen Restaurants des Parks, wie Amerikaner es taten. Stattdessen kreuzten sie alle gleichzeitig zu den traditionellen Essenszeiten vor den Restaurants auf. Es kam zu langen Schlangen verärgerter, hungriger Gäste. Aufgrund dieser und anderer Fehleinschätzungen war EuroDisney in den ersten Jahren ein ziemliches Desaster; erst als etwa ein Dutzend Schlüsselelemente des Geschäftsmodells geändert wurden, besserte sich die Lage.

Ein Geschäftsmodell ist im Grunde eine Theorie darüber, was das Besondere an einem Unternehmen ist und wie das gesamte System funktionieren soll. Alle wichtigen Entscheidungen und Entwicklungen stellen dieses Geschäftsmodell auf die Probe. Profite sind nicht nur erfreulich, sondern zeigen darüber hinaus an, ob ein Geschäftsmodell funktioniert. Stellen sich die erwarteten Gewinne nicht ein, muss man sein Geschäftsmodell noch einmal überdenken, wie EuroDisney es tat. Der Feedback durch den Markt ist das betriebswirtschaftliche Gegenstück zum wissenschaftlichen Experiment: Der Markt bzw. das Experiment zeigt, ob eine Hypothese zutrifft oder nicht.

Es ist wahrscheinlich kein Zufall, dass die zunehmende Verwendung des Begriffs Geschäftsmodell mit der weiten Verbreitung von Tabellenkalkulationsprogrammen zusammenfiel. Früher machte es ziemlichen Umstand, die Kosten- und Umsatzprojektionen für einen Geschäftsplan zu erstellen. Doch dank Excel und Co. ging das plötzlich ganz einfach. Ein Tabellenkalkulationsprogramm zwingt den Benutzer, alle Teilstücke eines Unternehmens in die korrekte Relation zueinander zu setzen. Steht das Programm erst einmal, kann man »Was wäre, wenn«-Fragen stellen (zum Beispiel: Was wäre, wenn der Markt jährlich um 25 Prozent wüchse?), auf ein paar Tasten drücken und sofort sehen, wie sich die Veränderung auf jeden einzelnen Teilbereich auswirkt. In anderen Worten: Das Programm erlaubt es, das Verhalten eines Unternehmens abzubilden.

Bevor es diese Programme gab, beschrieben Leute wie Alfred Chandler und Peter Drucker das Zusammenspiel der Teile in Worten. Anhand von Fallstudien und historischen Beispielen wurde erklärt, wie sich alle Teilbereiche und Strategien von Unternehmen wie Sears und General Motors zu einem Ganzen fügen und Shareholder Value schaffen, indem sie einen Mehrwert für den Kunden generieren. Fallstudien führen zu einer wichtigen Erkenntnis: Hinter jedem erfolgreichen Unternehmen steckt – bewusst oder unbewusst – ein Geschäftsmodell, das *im Nachhinein* jedem vernünftigen Menschen einleuchtet. Die Betonung liegt auf *im Nachhinein*, weil die Wirtschaftsgeschichte zeigt, dass viele der großartigsten Geschäftsmodelle nicht im Vorhinein geplant wurden, sondern sich im Lauf der Zeit ergeben haben.

Warum ist es in letzter Zeit so modisch geworden, über Geschäftsmodelle zu reden? Zum Großteil liegt das am explosiven Wachstum der Internet-Economy während der späten 1990er. Erst das Internet machte völlig neue Geschäftsmodelle technisch überhaupt möglich. Früher mussten Unternehmer erste Erfolge nachweisen, bevor ein externer Anleger in die Firma zu investieren bereit war. In anderen Worten: Man musste Gewinn machen, dann fand man vielleicht externe Geldgeber. In den späten 1990ern wurde diese Regel vorübergehend außer Kraft gesetzt. Unternehmer brachten Anleger dazu, in immer früheren Phasen der Unternehmensentwicklung zu investieren. Da so frühzeitig noch keine Gewinne anfielen, benötigte der Unternehmer eine gute »Story«, um ein Investment in seine Firma zu rechtfertigen. Ein plausibles Geschäftsmodell war gleichbedeutend mit der Versicherung: »Vertraut uns! Wir wissen schon, was wir tun. Irgendwann machen wir Gewinne.«

Ein gutes Geschäftsmodell ist aber viel mehr als ein Köder für externe Geldgeber. Es beschreibt nicht nur, wie ein Unternehmen Gewinne erzielen will. Ein Geschäftsmodell zeigt auch, dass das Management in Systemen denkt, was für moderne Betriebsführung unerlässlich ist.

Ein gutes Modell erzählt eine gute Story

»Modell« gehört zu den bedeutungsschwangeren Worten, bei denen jeder an Tafeln denkt, die über und über mit geheimnisvollen Formeln bedeckt sind. Doch Geschäftsmodelle haben überhaupt nichts Geheimnisvolles. Sie erzählen einfach, wie ein Unternehmen funktioniert. Wie jede gute Story braucht auch ein Geschäftsmodell handelnde Personen, Motivationen für deren Handlungen und einen Plot. Bei Unternehmen kreist die Geschichte darum, wie man Geld verdienen will. Eine gemeinnützige Organisation erzählt, wie sie die Welt verändern will (oder zumindest einen Aspekt der Welt). In beiden Fällen müssen die handelnden Personen genau umrissen werden, ihre Motivation muss plausibel gemacht werden, und die Geschichte muss sich um eine neue Erkenntnis über »Wert« drehen.

Als Beispiel folgt eines der erfolgreichsten Geschäftsmodelle aller Zeiten; es hat schon hundert Jahre auf dem Buckel und wird trotzdem noch heute gern kopiert. Wie viele Geschäftsmodelle entstand es aus einem sehr menschlichen Gefühl heraus (aus Frust), nicht aus gezielter Analyse und Planung. Es entwickelte sich ebensosehr durch Versuch und Irrtum, Zufälligkeiten und Glück wie durch Planung. Wir reden von American Express und der zufälligen Erfindung des Reiseschecks.

American Express begann 1850 als regionales Frachtunternehmen. 1892 reiste der Unternehmenschef J. C. Fargo nach Europa und stieß bei der Umwechslung seiner Kreditbriefe in Bargeld auf einige Schwierigkeiten. »Sobald ich mich von den ausgetrampelten Pfaden entfernte«, sagte er nach seiner Rückkehr, »nutzten mir die Kreditbriefe ungefähr so viel wie nasses Einwickelpapier. Wenn schon der Chef von American Express solche Schwierigkeiten hat, was muss dann der normale Reisende durchmachen? Irgendetwas muss da passieren!« Also erfand American Express den Reisescheck und damit eines der gewinnträchtigsten Geschäftsmodelle der letzten hundert Jahre. Welche Story erzählt das Geschäftsmodell? Wer sind die Hauptpersonen, und was treibt sie an?

Für den Kunden ist das Geschäftsmodell unmittelbar einleuchtend: Gegen eine niedrige Gebühr erwirbt er Sicherheit (die Schecks sind gegen Verlust und Diebstahl versichert) und das Wissen, dass er die Schecks ohne großen Umstand jederzeit zu Bargeld machen kann (die Schecks wurden von sehr vielen Stellen akzeptiert). Bis zum Aufkommen der Kreditkarte stellten Reiseschecks fast die einzige Möglichkeit dar, unterwegs (vor allem im Ausland) an Bargeld zu kommen.

In diesem Geschäftsmodell spielten auch die Ladenbesitzer eine wichtige Rolle. Sie nahmen die Schecks gerne an, weil sie dem Namen »American Express« vertrauten und weil sie mehr Umsatz machen konnten, wenn sie die Schecks der Kunden akzeptierten. Je mehr Händler die Schecks annahmen, desto stärker wuchs der Druck auf die restlichen Händler, nicht außen vor zu bleiben.

Für American Express barg das Geschäft keinerlei Risiko, weil die Kunden ihre Schecks bar im Voraus bezahlten. Darin lag der eigentliche Clou der Geschäftsidee – allerdings erkannten anfangs weder Fargo noch American Express, wie entscheidend dieser Aspekt des Geschäftsmodells, die Vorauskasse, die Gewinne beeinflusste.

Normalerweise läuft es im Geschäftsleben fast immer anders herum: Erst gibt das Unternehmen Geld aus, um ein Produkt herzustellen (für Löhne, Rohstoffe usw.). Dann verkauft man es, um seine Kosten wieder hereinzuholen. In der Zwischenzeit wird (oft nur geliehenes) Kapital gebunden, und die ganze Zeit muss der Unternehmer zittern, ob er sein Produkt später am Markt zu einem Preis verkaufen kann, der es ihm erlaubt, die Schulden zu bedienen und einen Profit zu machen.

Beim Geschäft mit den Reiseschecks lief der normale Wirtschaftskreislauf von Ware und Bezahlung rückwärts ab: Da die Leute ihre Schecks bezahlten, bevor sie sie benutzten (und oft lange vorher), kam American Express in den Genuss eines zinslosen Darlehens von seinen Kunden. Dieser Gewinn aus Geldschöpfung heißt Seignoragegewinn und ist normalerweise das Privileg von Nationalbanken. Darüber hinaus wurden einige der Schecks niemals eingelöst – in diesen Fällen bekam American Express Geld ohne jede Gegenleistung. Das brillante Geschäftsmodell von American Express war also Ergebnis eines zufälligen Ereignisses (der Reise) und wurde durch einen völlig unerwarteten Zusatzgewinn (aus Seignorage) überhaupt erst so brillant.

Dabei tut es gar nichts zur Sache, dass Fargo anfangs nicht wusste, worin der eigentliche Clou seines Geschäftsmodells lag. Aus der Rückschau betrachtet, ist die Story einfach und überzeugend: Man sieht, wer die Beteiligten sind, warum sie sich so verhalten, wie sie es tun, welche ökonomische Logik den Plot vorantreibt und das Ganze zu einem selbsterhaltenden System formt. Jetzt, da man die Story kennt, versuchen andere Unternehmer, sie mit leichten Abänderungen neu zu »erzählen«. Zum Beispiel verkaufen viele Einzelhändler Geschenkgutscheine; damit steigern sie nicht nur ihren Umsatz, sondern streichen darüber hinaus noch Seignoragegewinne ein.

Was macht eine gute Geschichte noch besser?

Weiter oben schrieben wir, dass hinter jeder erfolgreichen Organisation ein relativ einfaches Geschäftsmodell steht, das jedem einleuchtet. Jetzt gehen wir sogar noch einen Schritt weiter und behaupten, dass jede erfolgreiche Organisation auf einem Geschäftsmodell beruht, das zu seiner Zeit revolutionär war. In all der Begeisterung für die Geschäftsmodelle der New Economy verliert man leicht die offenkundige Tatsache aus den Augen, dass Geschäftsmodelle mindestens so alt sind wie die Nadelfabrik, die Adam Smith in seinem Buch *The Wealth of Nations* (1776, dt.: Vom Wohlstand der Nationen) beschrieb, um die Vorteile der Arbeitsteilung zu illustrieren. Und zu seiner Zeit war das Geschäftsmodell von General Motors ebenso atemberaubend neu und spannend wie heute das von eBay.

Per definitionem gehört zu einem erfolgreichen Geschäftsmodell, dass es etwas »besser macht« als die existierenden Konkurrenzmodelle. Vielleicht erfüllt es nur die Bedürfnisse einer bestimmten Kundengruppe besser, vielleicht verdrängt es die hergebrachte Art, die Dinge zu tun, aber auch vollständig. Dadurch wird dann ein neuer Standard gesetzt, den die nächste Generation von Unternehmern wiederum zu übertreffen versucht. Heutzutage würde keiner mit einem Koffer voll Kreditbriefe in die Ferien fahren. Vom Kreditbrief zum Reisescheck war es ein riesiger Schritt. Fargos Geschäftsmodell entstand aus der Erkenntnis, dass ein Bedürfnis von Reisenden nicht erfüllt wurde. Sein neues Produkt veränderte die Spielregeln auf dem Markt für Reisezahlungsmittel. Seine Kunden sparten zwar nicht Geld, sondern Nerven (weil sie nicht fürchten mussten, ausgeraubt zu werden) und Zeit (weil die Schecks überall problemlos eingelöst wurden), aber das macht die Ersparnisse nicht weniger real. Reiseschecks beseitigten ein lästiges Hindernis auf Reisen und ermöglichten es mehr Leuten, öfter zu reisen.

Die Entwicklung eines neuen Geschäftsmodells lässt sich durchaus mit dem Verfassen einer Geschichte vergleichen. Bis zu einem gewissen Grad sind alle neuen Geschichten nur Variationen der alten, Neubearbeitungen universeller Themen aus dem menschlichen Erfahrungsschatz. Entsprechend sind auch alle neuen Geschäftsmodelle nur Variationen zum Thema Wertkette. Hinter jedem Unternehmen steckt eine Wertkette, die grob betrachtet aus zwei Teilen besteht. Der erste umfasst alle Tätigkeiten, die mit Herstellung zu tun haben: Entwicklung, Einkauf, Fertigung oder Erstellung einer Dienstleistung. Zu Teil zwei gehört alles, was mit Verkauf zu tun hat: Suche nach Kunden, Ansprechen des Kunden, Durchführung der Transaktion, Service. Die Details der Geschäftsmodelle sind jeweils einzigartig (wie die Details der Geschichten in Romanen), doch auf die eine oder andere Art erzählt jedes Geschäftsmodell nur von zwei Tätigkeiten: Produktion und Verkauf. Vielleicht handelt der Plot davon, dass ein neues Produkt (z.B. der Reisescheck) ein bisher nicht befriedigtes Bedürfnis stillt. Vielleicht erzählt er auch von einer Prozessinnovation, einer verbesserten Methode für Herstellung, Verkauf oder Vertrieb eines bereits bewährten Produkts oder Dienstes. Der Clou jedes neuen Geschäftsmodells besteht fast immer darin, dass ein Aspekt einer bestehenden Wertkette variiert wird.

Im Verlauf dieses Kapitels werden wir die Geschichte mehrerer Geschäftsmodelle beleuchten. Jedes begann damit, dass ein Unternehmer glaubte, eine neue, bessere Methode gefunden zu haben, irgendetwas zu tun. Jedes Modell eröffnet einen einzigartigen Blick auf die uralten Probleme bei Herstellung und Verkauf. Und jedes Modell verrät etwas darüber, was ein gutes Geschäftsmodell ausmacht.

Michael Bronner und Eastern Exclusives

Michael Bronner ist einer der Pioniere des Relationship Marketing. Die von ihm gegründete Firma Bronner, Slosberg Humphrey (BSH; heute Teil von Digitas) gehörte zu den ersten und erfolgreichsten Direktmarketing-Unternehmen Amerikas. BSH nutzte die Möglichkeiten der Computertechnik, um für seine Auftraggeber bessere Informationen über deren Kunden zu sammeln und mit diesen Informationen gezieltere und effektivere Marketingprogramme aufzuziehen. Relationship Marketing stand für eine neue Lösung eines universellen Problems: wie man Kunden erreicht.

Die Ursprünge dieses hochentwickelten Unternehmens der New Economy reichen ins Jahr 1980 zurück, als Michael Bronner noch an der Boston University studierte. Wie seine Kommilitonen kaufte auch er hin und wieder Hefte mit Gutscheinen, auf die er in den ortsansässigen Geschäften und Restaurants Rabatt bekam. Studenten bezahlten für die Gutscheinhefte nur einen geringen Betrag, sie bekamen die Rabatte also zum Rabattpreis. Doch je länger Bronner über das System nachdachte, desto abstruser schien es ihm. Zugegeben, die Gutscheinhefte nutzten den Studenten. Doch hauptsächlich profitierten die örtlichen Händler in Form von höheren Umsätzen mit Pizzas, Büchern, Haareschneiden usw. Aber das Potenzial der Gutscheinhefte wurde längst nicht voll ausgenutzt. Wie, so grübelte Bronner, könnte man das meiste aus den Gutscheinheften holen? Seine Erkenntnis: Der Schlüssel dazu lag darin, die Hefte so breit wie möglich zu streuen.

Jeder Student musste eines mit sich herumtragen – doch wie

sollte man das erreichen? Zuerst einmal musste Bronner sich in die Studenten hineindenken – was ihm nicht schwer fiel, weil er ja selbst einer war. Er wusste, dass Studenten oft knapp bei Kasse sind. Was würde passieren, wenn die Gutscheinhefte verschenkt würden? Welcher Student würde dieses Geschenk schon ausschlagen?

Als nächstes ging Bronner das Problem der praktischen Verteilung der Hefte an. Er fand eine gewitzte Lösung: Er wandte sich an den Verwalter der Studentenwohnheime und schlug ihm vor, die Gutscheinhefte kostenlos zur Verfügung zu stellen, wenn die Wohnheimverwaltung sie in allen Schlafsälen der Universität weiter verteilte. Dadurch konnte die Verwaltung bei den Studenten Punkte machen – normalerweise ein schwieriges Unterfangen. Der Verwalter akzeptierte den Vorschlag.

Jetzt konnte Bronner den örtlichen Geschäftsbesitzern ein hochinteressantes Angebot machen: Gegen eine geringe Gebühr wurde ihr Gutschein in ein Heft aufgenommen, das an alle 14 000 Studenten verteilt wurde, die in den Wohnheimen der Boston University schliefen. Die Idee schlug voll ein. Schon nach kurzer Zeit weitete Bronner das Konzept auf andere Universitäten aus, dann auf Bürogebäude. So begann die Geschichte von Eastern Exclusives.

Bronner hatte nicht das Gutscheinheft erfunden, sondern ein neues Distributionssystem. Sein Geschäftsmodell beruhte auf der simplen Erkenntnis, dass die Händler, nicht die Studenten, die eigentlichen Kunden des Gutscheinhefts waren. Die Händler hatten die stärkste Motivation, für Bronners Dienstleistung zu bezahlen. Je mehr Gutscheine Bronner an Studenten verteilte, desto mehr Umsatz machten die Händler. Dafür bezahlten sie gerne – und damit war auch geklärt, wo die Einnahmen bei diesem Geschäftsmodell herkommen. Auf der Kostenseite war das Modell ebenso brillant. Bedenken Sie nur, welchen Aufwand es macht, bis ein Geschäft mit Gutscheinheften läuft: Zuerst muss man alle Händler abklappern, um Teilnehmer zu gewinnen. Danach fallen die Kosten für den Druck der Hefte an. Und schließlich entstehen noch Aufwendungen für das Verteilen der Hefte – der größte Kostenblock. Dadurch, dass Bronner die Wohnheimverwaltung dazu brachte, den Vertrieb zu übernehmen, schuf er nicht nur einen Mehrwert für die Händler (die jetzt mehr Studenten erreichten), sondern senkte seine eigenen Vertriebskosten auf Null. Unter dem Strich weist das Modell alle Elemente auf, die zu einer guten Story gehören: handelnde Personen mit einer glaubhaften Motivation, eine neue Erkenntnis über Wert und einen erstklassigen Plot mit einer Idee, wie man die Einnahmen erhöht und Kosten senkt.

Pierre Omidyar und eBay

Am anderen Ende des Spektrums, was Größe, Breite der Angebotspalette und technischen Aufwand angeht, steht eBay, das erste und bis heute erfolgreichste Auktionshaus im Internet. Bronners Geschäftsmodell ermöglichte Dutzenden von lokalen Geschäftsleuten, Tausende neuer Kunden anzusprechen. eBay bewegt sich da in ganz anderen Größenordnungen und bringt über das Internet Millionen von Käufern und Verkäufern zusammen.

Wie so viele innovative Unternehmen wurde auch eBay gegründet, weil jemand eine bessere Methode erfunden hatte, etwas zu tun. In diesem Fall hieß der Unternehmer Pierre Omidyar, der sich selbst als »anti-kommerziellen« ehemaligen Programmierer beschreibt. Omidyars Freundin sammelte Pez-Spender und wünschte, es gäbe eine Möglichkeit, über das Internet mit anderen Sammlern zu handeln. Um das zu ermöglichen, schuf Omidyar einen kleinen Online-Marktplatz, Auction Web. Dies geschah 1995, deutlich bevor das Internet ins Bewusstsein der meisten Leute gedrungen war.

Allmählich sprach sich die Nachricht von der Existenz von

Auction Web herum, und eine ständig wachsende Zahl von Sammlern bot eine immer breiter werdende Palette von Dingen an. Ursprünglich kostete der Dienst nichts, doch bald begann Omidyar, eine Gebühr von 25 Cents pro angebotenem Artikel zu erheben, um die Kosten für die Verwaltung der Seite zu decken. 1996 wuchs sich sein kleines Projekt zu einem Vollzeitjob aus, und schon ein Jahr später war es ein florierendes Unternehmen, von Wagniskapitalgebern finanziert. Omidyar wusste, dass er einen Chef für das Unternehmen brauchte, der sich mit der Etablierung von Marken auskannte, und heuerte 1998 Meg Whitman an.

Whitman erkannte sofort, dass bei eBay alle Ingredienzien für ein erfolgreiches Geschäftsmodell versammelt waren. Sie erinnert sich: »Hier war etwas entstanden, das nur online funktionierte [im Gegensatz zum Geschäftsmodell vieler anderer Internetfirmen]. Das hat mich schwer beeindruckt. Zweitens fiel mir auf, wie stark die emotionale Bindung der eBay-Nutzer an die Website war.« Whitman fing im März 1998 bei eBay an, sechs Monate später ging das Unternehmen an die Börse. Am Ende des ersten Börsentags hatte eBay eine Marktkapitalisierung von beinahe zwei Milliarden Dollar. Im Sommer 2000 liefen 90 Prozent aller Online-Versteigerungen über eBay, das 15 Millionen registrierte Nutzer verzeichnete. Ein Jahr später hatte sich diese Zahl verdoppelt.

Wie funktioniert das Geschäftsmodell von eBay? Im Grunde veranstaltet die Firma einen unendlichen Flohmarkt mit dem Unterhaltungswert einer Auktion. Doch im Gegensatz zu den Auktionshäusern in der realen Welt erreicht eBay einen gigantischen Kreis potentieller Kunden – und das auf enorm effiziente Weise. Die Größe des Kundenkreises ist der Schlüssel zur Story von eBay. Man braucht kein Wirtschaftswissenschaftler zu sein, um zu sehen, warum zu einem effizienten Markt eine große Anzahl von Käufern und Verkäufern gehört. Jeder, der einmal selbst einen Flohmarkt veranstaltet, Gebrauchtmöbel loszuwerden versucht oder ein Haus gekauft hat, kennt das Problem. In jeder Gruppe von Käufern findet sich einer, der mehr zu zahlen bereit ist als die anderen. In der Sprache der Ökonomen ausgedrückt: Dieser Käufer verspricht sich einen höheren *Nutzen* aus dem Gebrauch des Gegenstandes, deshalb liegt seine *Zahlungsbereitschaft* höher als diejenige der anderen Leute. Die Konkurrenz zwischen den Bietern treibt nun den Preis so lange hoch, bis nur noch der Käufer mit der größten Zahlungsbereitschaft übrig bleibt – und das ist wie erwähnt auch derjenige, dem der Gegenstand den größten Nutzen bringt.

Doch normalerweise kostet es Geld, eine genügend große Gruppe potenzieller Käufer zusammenzubringen. Wenn Sie in Ihrem Vorgarten ein Schild aufstellen und einen privaten Flohmarkt im Hinterhof ankündigen, dann wird diese Veranstaltung eine sehr nachbarschaftliche Angelegenheit. Es werden nur Leute aufkreuzen, die zufällig zur rechten Zeit an Ihrem Haus vorbeigekommen sind. Mehr Neugierige können Sie anlocken, wenn Sie eine Anzeige ins örtliche Blättchen setzen, aber das kostet Geld. Je mehr Leute Sie anzusprechen versuchen, desto teurer wird es. Und irgendwann machen Ihnen die Entfernungen einen Strich durch die Rechnung, denn niemand fährt 100 Kilometer für einen privaten Flohmarkt.

Wenn nur wenige Leute zu Ihrem Flohmarkt kommen, haben Sie aber ein Problem: Sie werden nur schwerlich jemanden finden, der den Preis zu zahlen bereit ist, den sie sich vorgestellt haben. Erstens herrscht kaum Konkurrenz zwischen potenziellen Käufern, und zweitens weiß jeder, dass Sie Ihren Trödel notfalls auch beinahe verschenken werden. Denn es fehlt Ihnen an attraktiven Alternativen: Wenn Sie Ihr Zeug nicht loswerden, können Sie es bloß in den Keller stellen oder auf den Sperrmüll werfen. Vielleicht haben Sie ja ein echtes Schmuckstück im Angebot, doch das nützt Ihnen nichts, solange der richtige Interessent es nicht sieht. Solange Sie nur ein paar Dinge anbieten können und nur ein paar versprengte Interessenten vorbeikommen, ist der Flohmarkt auf dem Hinterhof so ziemlich der ineffizienteste Markt, den man sich vorstellen kann. Manche Leute empfinden solche Veranstaltungen als nette Freizeitbeschäftigung, zum Geldverdienen taugen Kleinflohmärkte nicht.

Viele Geschäftsmodelle für den Einzelhandel versuchen, den Konstruktionsfehler enger Märkte zu reparieren. Gewerbliche Trödler tun das beispielsweise, indem sie sich als Mittler dazwischenschalten: Sie kaufen Privatleuten gebrauchtes Zeug (zu niedrigen Preisen) ab, von dem sie dank ihrer Erfahrung wissen, dass andere Leute es wieder kaufen werden. Diese breite Auswahl attraktiverer Güter bieten sie dann unter einem Dach an, was für die potenziellen Kunden einen Mehrwert schafft. Doch dem Zwischenhändler entstehen Kosten in Form von Arbeitszeit (für den Kauf der Dinge), Miete für den Verkaufsraum und Zinsen für gebundenes Kapital. Dieser Aufwand zahlt sich nur aus, wenn die Kunden bereit sind, für die angebotenen Waren einen entsprechend hohen Preis zu entrichten. Bei einer Variante dieses Geschäftsmodells verkauft der Händler seine Ware auf Kommission. Damit vermeidet er Kapitalbindung und das Risiko, auf seiner Ware sitzen zu bleiben, weil er den Eigentümer einer Sache erst dann auszahlt, wenn diese auch tatsächlich verkauft wurde.

eBay löst das Problem ineffizienter lokaler Märkte, indem es Millionen Leute im Cyberspace zusammenbringt. Je mehr Käufer eBay anzieht, desto mehr Verkäufer kommen und umgekehrt. Dieser Effekt heißt Netzwerkeffekt. Und hierin liegt der ökonomische Clou der Story von eBay. Das Konzept funktioniert nur aufgrund der Größe des Unternehmens: Nur große Märkte ziehen genügend Käufer und Verkäufer an; nur über eine große Zahl an erfolgreichen Transaktionen entsteht nennenswerter Umsatz für eBay. Für jeden angebotenen Gegenstand bekommt eBay nur eine geringe Gebühr (zwischen 25 Cents und zwei Dollar). Für zusätzliche Dienste wie die Hervorhebung eines Angebots bezahlt der Kunde zwei bis 49,95 Dollar; darüber hinaus erhält das Auktionshaus für jede erfolgreiche Transaktion eine Kommission in Höhe von 1,25 bis fünf Prozent des Verkaufspreises. Mit anderen Worten, eBay verdient auf verschiedenerlei Weise Geld: an jedem angebotenen Gegenstand, an zusätzlichen Dienstleistungen für Verkäufer und an jedem erteilten Zuschlag.

Dies ist die Einnahmenseite des Modells. eBay setzt die Anreize für Käufer und Verkäufer so, dass all diese Geldquellen auch genutzt werden. Da ein breites Angebot für eBay wichtig ist, liegt die Aufnahmegebühr für einen neuen Gegenstand so niedrig, dass kein potenzieller Verkäufer abgeschreckt wird. Das System der Preisfindung über Auktionen ist nicht nur unterhaltsam für die Kunden, sondern sorgt auch für höhere Verkaufspreise. Oft steigern sich die Interessenten in den letzten Minuten einer Auktion in wahren Bietorgien gegenseitig hoch.

Wie sieht die Kostenseite des Geschäftsmodells aus? Grundlage des Modells ist natürlich das Internet und die Möglichkeit, Millionen von Leuten zu extrem niedrigen Kosten zu erreichen und zu verbinden. Ohne das Internet würde das Geschäftsmodell von eBay nicht funktionieren. Aber das ist nur ein Teil der Geschichte. Nach dem Zuschlag informiert eBay Käufer und Verkäufer per e-Mail und überlässt es ihnen, die Abwicklung des Geschäfts unter sich zu regeln. Die Güter laufen nie über das Unternehmen, es gibt keine Lager, kein Kreditrisiko, es entstehen keine Transportkosten. Natürlich entfallen auch alle Overhead-Kosten, die für Inkasso, Lager und Versand entstehen.

Auch die Kosten dafür, dass beim Handel alles fair und ehrlich zugeht, bürdet eBay hauptsächlich seinen Kunden auf. Beispielsweise sollen alle Käufer nach jeder Transaktion elektronisch Feedback geben. Diese Rückmeldung erscheint dann im Verkäuferprofil, das auf den Seiten von eBay veröffentlicht wird. Teilnehmer mit guten Bewertungen bekommen Sternchen in verschiedenen Farben, Teilnehmer, die zu viele negative Bewertungen erhalten, fliegen raus. Korrektes Verhalten war in der Kundengemeinschaft von eBay immer sehr wichtig, und das Management weiß, dass ein Sittenverfall bei Zahlung oder Lieferung das Unternehmen zu Fall bringen könnte. Deswegen unternimmt die Firmenleitung auch von ihrer Seite einiges, um zusätzliches Vertrauen zu bilden, zum Beispiel durch Einrichtung von Treuhänderkonten.

Für Verkäufer ist eBay ein herrlich günstiger Marketingkanal, über den man ganz einfach einen riesigen Block von Kunden erreicht. Trotzdem: Obwohl eBay in der Öffentlichkeit als gigantischer Flohmarkt wahrgenommen wird, stammt der Löwenanteil des Umsatzes längst nicht mehr aus diesem Bereich. Denn eBay hat sich zum Marketing- und Vertriebskanal für Tausende kleiner Geschäftsleute entwickelt. Diese stellen die Waren zur Verfügung, eBay verschafft ihnen – gegen eine niedrige Gebühr – Kunden. Darin liegt die ökonomische Logik des Geschäftsmodells von eBay: Die Firma erlaubt Tausenden kleiner Firmen, ihre Kunden zu drastisch verminderten Kosten zu erreichen. Dadurch profitieren die Kleinunternehmen von Skaleneffekten, wie sie normalerweise nur Großkonzerne genießen. Viele Kleinstfirmen können überhaupt nur dank eBay am Markt bestehen.

In der Folge entstanden weitere Unternehmen, die den Kleinstfirmen Dienstleistungen anbieten (z.B. Versand, Rechnungsstellung usw.), die zu einem funktionierenden Betrieb gehören. Diese Serviceunternehmen ergänzen eBay und machen das Auktionshaus noch attraktiver für Kleinunternehmen. Man darf sogar behaupten, dass eBay die Gründung von mehr Unternehmen ermöglicht hat als alle Wagniskapitalfirmen zusammen. Ein zufriedener Kunde drückte es so aus: »eBay ermöglicht Kapitalismus für alle«.

Organisationen verändern sich kontinuierlich. Hier endet unsere Analogie zwischen Geschäftsmodellen und guten Geschichten möglicherweise, denn an keinem Geschäftsmodell kann je endgültig festgehalten werden. Es entwickelt sich weiter und weiter und weiter. In den ersten fünf Jahren des Bestehens hatte eBay phänomenalen Erfolg, weil es eines der ersten Unternehmen mit einem funktionierenden Geschäftsmodell für die Nutzung des Internets war. eBay lieferte eine Dienstleistung, für die Leute Geld bezahlten, und finanzierte sich nicht ausschließlich durch Werbung. Ganz im Gegenteil verzichtete das Unternehmen auf seiner Website auf Werbung, da man fürchtete, Werbung würde den Gemeinschaftssinn zerstören, auf dem das rasante Wachstum der Kundenzahl basierte.

Vielleicht behält eBay diesen Kurs bei, vielleicht lässt das Unternehmen später Werbung zu. Zweifellos wird eBay weiterhin kontinuierlich überprüfen, ob dieses und andere Elemente seines Geschäftsmodells weiterhin gelten, und zweifellos wird eBay sich verändern. Wie, das hängt wie bei allen Organisationen von seiner Marktmacht und dem Verhalten der anderen Marktteilnehmer ab. Denn in Märkten mischen sich Psychologie und Ökonomie auf merkwürdige Weise. Mehr dazu im folgenden Abschnitt.

Wie Märkte funktionieren

Nachträglich ist es immer einfach, das Geschäftsmodell einer besonders erfolgreichen oder spektakulär erfolglosen Firma zu untersuchen und festzustellen, wo der Clou bzw. der Fehler lag. Will man den Erfolg eines Unternehmens jedoch *vorhersehen*, kämpft man mit allen möglichen Unwägbarkeiten. Also muss man Annahmen treffen, vor allem bezüglich des Verhaltens anderer Marktteilnehmer. Denn letztlich hängt der Erfolg eines Geschäftsmodells hauptsächlich davon ab, wie Leute und Organisationen sich auf Märkten verhalten. Das Schlüsselwort lautet Motivation: Was treibt die Leute an, etwas zu tun oder zu unterlassen? Bronners Modell beispielsweise funktionierte, weil er allen Beteiligten ein attraktives Angebot machte, so dass es im Eigeninteresse jeder Gruppe lag, sich an Bronners System zu beteiligen. Analog hat eBay erkannt, welche psychologischen und ökonomischen Beweggründe Sammler, Schnäppchenjäger, nach Gemeinschaft Suchende und Kleinunternehmer auf seine Website treiben. eBays Geschäftsmodell funktioniert, weil alle für das Funktionieren notwendigen Gruppen ein Eigeninteresse daran haben, bei eBay mitzumachen.

Jedes Geschäftsmodell braucht genau umrissene Figuren und glaubwürdige Beweggründe für ihr Handeln. Oft scheitern Unternehmen, weil das Geschäftsmodell nur vage umreißt, wer überhaupt zum Funktionieren des Modells nötig ist, oder unglaubwürdige Beweggründe annimmt. Betrachten Sie beispielsweise Aufstieg und Fall des Priceline Webhouse Club. Das Mutterunternehmen Priceline.com hatte den Markt für Flugtickets mit dem Konzept revolutioniert, dass der Kunde seine maximale Zahlungsbereitschaft für einen bestimmten Flug angibt und die Airlines dieses Angebot dann annehmen oder ablehnen. Die Wall Street zeigte sich begeistert, woraufhin der Chef von Priceline.com, Jay Walker, das Konzept auf die Märkte für Lebensmittel und Benzin ausdehnte.

Walker versuchte, folgende Story zu erzählen: Über das Internet verraten ihm Millionen Kunden, wie viel sie z.B. für ein Glas Erdnussbutter (egal welcher Marke) zu zahlen bereit sind. Webhouse errechnet die Gesamtnachfrage und holt dann bei den verschiedenen Lebensmittelproduzenten Konditionen für eine Großbestellung ein, nach dem Motto: »Gebt uns einen Dollar Rabatt pro Glas, und wir ordern eine Million Gläser.«

Webhouse fußte auf der Idee, dass es die Nachfrage von vielen, vielen Kleinkunden bündeln und mit dieser Nachfragemacht bei den Anbietern bessere Konditionen herausholen würde. Diese Gewinne wollte Webhouse teilweise selbst einstreichen, teilweise an die Kunden weitergeben.

Was stimmt an dieser Story nicht? Sie geht davon aus, dass Großunternehmen wie Procter & Gamble, Nestlé oder Shell bei diesem Spielchen mitmachen. Denken Sie mal eine Minute darüber nach. Die großen Lebensmittel- und Mineralölkonzerne haben über Jahrzehnte hinweg Milliarden ausgegeben, um uns davon zu überzeugen, dass ihre Marke die beste ist. Ihr Profit steht und fällt mit der Loyalität der Kunden. (Deswegen vergeben Markenartikler ja Rabatte am liebsten in Form von Gutscheinen.) Nun verkündet Webhouse seinen Kunden aber die genau entgegengesetzte Botschaft: Nur der Preis zählt, zum Teufel mit den Marken! Welcher Markenhersteller sollte das geringste Interesse daran haben, Webhouse dabei zu helfen, die Preise zu verderben und die mühsam aufgebauten Markennamen wertlos zu machen? Webhouse ging bei seiner Story also davon aus, dass eine zentrale Gruppe von Akteuren (die Markenartikler) sich im Widerspruch zu ihren ureigensten Interessen verhalten würde – deswegen konnte die Story auch nicht funktionieren.

Marktbeziehungen sind Machtbeziehungen

Jedes Geschäftsmodell beruht auf einer Reihe von Annahmen darüber, wie die Welt funktioniert. Natürlich fragt man sich zuerst, wer überhaupt die Kunden sind und wie sie sich verhalten werden. Doch gleich danach stellt sich die Frage, welche anderen Gruppen man benötigt, damit das Modell funktioniert. Ganz generell erklärt ein Geschäftsmodell, wie das Unternehmen die Leute, das Kapital und die Zulieferer zusammen bekommt, die es braucht. Diese Bestandteile erwirbt das Unternehmen auf den verschiedenen Märkten für Arbeitskräfte, Kapital und Vorprodukte. Als Verbraucher kennen wir uns am besten mit den Märkten für Endprodukte aus. Wir betrachten die Märkte tendenziell einen nach dem anderen, nicht gleichzeitig. Uns interessiert hauptsächlich Auswahl (bekomme ich, was ich will?) und Fairness (finde ich den geforderten Preis in Ordnung?). Darüber hinaus fassen wir den Preis gern als Ausdruck des Werts auf (ist dieses Auto, dieser Computer seinen Preis wert?). Wenn Manager die für sie relevanten Märkte betrachten, sehen sie etwas Anderes. Nämlich ein Gespinst von Machtbeziehungen, das die Handlungsfähigkeit ihrer Unternehmen einschränkt. Letztlich bestimmt die Marktstruktur – der Aufbau des Gespinsts – die Kosten und die Preise eines Unternehmens.

Das Überleben jeder Firma hängt davon ab, dass die Preise ihrer Produkte irgendwo zwischen den Herstellungskosten und dem Wert für den Konsumenten liegen. Liegt er niedriger, geht sie pleite. Liegt er höher, gibt es keine Kunden. Normalerweise verrät die Struktur des Absatzmarktes dem Manager, ob er genügend Macht haben wird, seine Produkte so teuer zu verkaufen, dass die Firma überlebt. Darüber hinaus sieht der erfahrene Manager, ob er in einem gegebenen Marktumfeld große Gewinnspannen durchsetzen kann (wie Pharmakonzerne) oder rasiermesserscharf kalkulieren muss (wie Supermärkte).

Die Kosten eines Unternehmens hängen von der Struktur seiner Beschaffungsmärkte ab. Dort kauft es die benötigten Rohstoffe und Vorprodukte, aber auch die Arbeitskraft. Das Startkapital, das man braucht, um das Geschäft erst einmal in Schwung zu bringen, beschafft das Unternehmen auf dem Kapitalmarkt. Auf jedem dieser Märkte spiegelt der bezahlte Preis das Machtverhältnis zwischen Anbieter und Nachfrager wider.

Auf einer gewissen Ebene sind die Machtverhältnisse einfach das Ergebnis von Angebot und Nachfrage. Zum Beispiel sind die Löhne für Programmierer und Webseiten-Designer in den letzten Jahren so in die Höhe geschossen, weil die Nachfrage nach deren Fähigkeiten das Angebot weit überstieg. Dies nennt man einen Anbietermarkt: Die Spezialisten stellen Ansprüche, und den potenziellen Arbeitgebern bleibt nichts anderes übrig, als die Forderungen zähneknirschend zu erfüllen.

Auf einer anderen Ebene hängt die Machtverteilung auf den Märkten aber auch von der Branchenstruktur ab. Dabei ist die relative Konzentration von Käufern und Verkäufern entscheidend. Betrachten Sie zum Beispiel einmal die amerikanische Automobilindustrie, wo die Big Three – Ford, General Motors und DaimlerChrysler – ihre Teile und Komponenten von buchstäblich Tausenden Zulieferern beziehen. Der amerikanische Einzelhandel wird ähnlich stark von drei Giganten beherrscht, nämlich Wal*Mart, Kmart und Target. Wenn einige wenige Nachfrager von einer Vielzahl Anbieter kaufen, dominieren in der Regel die Käufer den Markt. Sie bestimmen, wo's lang geht, und diktieren dem Zulieferer einen Preis, der hauchdünn über den Produktionskosten liegt. Ganz anders sieht es aber aus, wenn ein spezielles Teil nur bei einem Anbieter erhältlich oder extrem knapp ist.

Was verleiht großen Nachfragern so viel Macht? Sie beziehen jeweils nur einen geringen Anteil ihrer Teile von einem einzigen Zulieferer und können deshalb glaubwürdig damit drohen, zur Konkurrenz abzuwandern. Für den Zulieferer wäre das aber eine Katastrophe, weil das Geschäft mit dem Großabnehmer einen erheblichen Teil seines Umsatzes ausmacht. Kurz gesagt, der Verkäufer ist vom Käufer abhängiger als umgekehrt.

Genau anders herum ist die Macht verteilt, wenn nur einige wenige Anbieter einen Markt mit vielen zersplitterten Nachfragern bedienen. Betrachten Sie beispielsweise den Markt für die kleinen Plastikbügel, auf denen Bekleidungsgeschäfte ihre Ware präsentieren. Vor nicht allzu langer Zeit gab es noch etliche Bügel-Produzenten, die hauptsächlich die drei Einzelhandelsgiganten in Amerika belieferten. Großabnehmer wie Kmart nutzten ihre Marktmacht aus – Kmart allein kauft jährlich für 40 Millionen Dollar Plastikbügel – und drückten die Preise.

Doch dann trat Tyco International auf den Plan, ein Mischkonzern mit der Neigung, durch Firmenübernahmen Marktmacht aufzubauen, und konsolidierte die Angebotsseite. Tyco schluckte einen Zulieferer für Plastikbügel nach dem anderen. Keine vier Jahre später beherrschte Tyco 70 bis 80 Prozent des Bügelmarkts und setzte im Jahr 2000 mit Plastikbügeln etwa 400 Millionen Dollar um. Die gesamte Jahresnachfrage von Kmart nach Bügeln machte nun gerade einmal zehn Prozent des Umsatzes von Tyco aus. Das Blatt hatte sich gewendet: Jetzt konnte Tyco den Preis der Bügel erhöhen – und tat dies laut *Wall Street Journal* in einem Ausmaß, dass die Kunden sich lautstark beschwerten, Tyco nutze seine Marktmacht schamlos aus. Gibt es nur eine sehr beschränkte Zahl von Anbietern, bleibt den Kunden – vor allem kurzfristig – keine Alternative. Mit Tycos Methode bricht man die Nachfragemacht noch des mächtigsten Konzerns.

Wie Tyco versuchten auch Priceline.com und eBay, die Machtverteilung auf existierenden Märkten zu verschieben, indem sie die Struktur der Märkte änderten. Der Erfolg eBays und das Scheitern von Priceline illustrieren, dass die fundamentalen Gesetze darüber, wer einen Markt dominiert, weiterhin gelten, auch in den Zeiten des Internet. Beide Geschichten erinnern an das uralte Paradoxon von der Henne und dem Ei. eBay wuchs, weil es eine Dienstleistung erbrachte, für die Kunden zu zahlen bereit waren. Mit der Zeit baute das Unternehmen einen Stamm von 30 Millionen Kunden auf und wurde dadurch zu einem Distributionskanal, der für viele kleine Händler lebenswichtig ist. Dadurch verschob sich die Macht entscheidend zugunsten von eBay – und diese Tatsache wird bei zukünftigen Entscheidungen des Managements sicher eine Rolle spielen.

Webhouse schlug einen anderen Weg ein und legte sich (wie etliche andere Internet-Firmen) mit großen, etablierten Unternehmen an. Das Geschäftsmodell sah Webhouse als Power Broker, doch um wirklich Macht ausüben zu können, brauchte die Firma einen großen Stamm loyaler Kunden. Um diesen aufzubauen, musste sie aber erst einmal gute Rabatte aushandeln. Weil die Konsumgüterhersteller da nicht mitspielten, musste

Webhouse diese Rabatte zunächst aus eigener Tasche finanzieren. Ein paar hundert Millionen Dollar später ging dem Unternehmen das Geld aus – und Investoren, die an die Story glaubten, gab es auch keine mehr.

Dell: Ausschaltung des Zwischenhändlers

Das Geschäftsmodell der Dell Computer Corporation erzählt eine der überzeugendsten Storys der letzten zwei Jahrzehnte. Michael Dell erregte die Neugier und Phantasie der Wirtschaftspresse, weil er den typischen Unternehmer seiner Epoche verkörperte: ein junges Computergenie, das die Uni abbricht, eine Hightech-Firma gründet und steinreich wird. Doch die wirklich umwälzende Idee Dells hatte nichts mit Computern zu tun, sondern mit Betriebswirtschaft. Damals – die 1980er hatten gerade begonnen – studierte Dell das PC-Geschäft und sah eine Möglichkeit, etwas besser zu machen. Er sah eine Möglichkeit, Kosten zu vermeiden und Rechner billiger anzubieten.

Dies konnte er, indem er sie direkt an die Kunden verkaufte. Damit schaltete er alle Zwischenhändler aus, über die PCs damals vertrieben wurden. Dell nahm die Bestellungen der Kunden auf, kaufte die benötigten Komponenten und baute die Rechner zusammen. Er brauchte also keine Fabriken für Computerbauteile und keine Entwicklungsabteilung. Der Kunde bekam genau die Konfiguration, die er wollte, und Dell sparte sich die Handelsspanne des Zwischenhändlers.

Eine wunderbare Geschäftsidee: Dell konnte sich den Gewinn, der durch die Ausschaltung des Zwischenhändlers entstand, mit den Kunden teilen, und alle waren glücklich: Der Kunde bekam genau den Rechner, den er wollte, zu einem sehr niedrigen Preis, und Dell machte mehr Gewinn als andere PC-Hersteller. Der Witz am Geschäftsmodell von Dell ist, dass eine existierende Wertkette um ein teures und unnötiges Glied verkürzt wurde. In den Augen der Kundschaft war diese neue Wertkette der alten überlegen.

Später stellte sich heraus, dass die Ausschaltung der Zwischenhändler zusätzliche Vorteile mit sich brachte, die Michael Dell nicht vorhergesehen hatte, als er seine Firma gründete. Zum Beispiel sparte sich Dell alle Kosten und Risiken der Lagerhaltung, weil er die Computer nur auf Bestellung fertigte. Dies wäre unter allen Umständen günstig gewesen, erwies sich aber im Umfeld der rasanten Innovationen in den 1990ern als gigantischer Vorteil. Ein gern und oft wiederholtes Mantra der New Economy lautet: Wert verschiebt sich von Dingen zu Ideen, von Produkten zu Dienstleistungen. Der Erfolg von Dells Geschäftsmodell zeigt, dass selbst Produkte sich immer mehr wie Dienstleistungen verhalten. Was heißt das und warum ist es wichtig?

In vielen Dienstleistungsbranchen ist die Höhe des gebundenen Kapitals ein ganz entscheidender Faktor. Airlines beispielsweise haben bei jedem Flug eine Menge gebundenes Kapital in der Luft. Die fixen Kosten setzen sich aus den Kosten für das Flugzeug, den Treibstoff und das Personal zusammen, denn diese Kosten ändern sich nicht, egal ob 30 oder 300 Leute an Bord sitzen. Um Geld zu verdienen, muss man das Flugzeug füllen. Deswegen heißt der heilige Gral der Branche »Auslastungsgrad«. Einen leeren Sitzplatz kann man nicht einlagern und später verkaufen. Der Sitzplatz ist so verderblich wie eine Schale Erdbeeren. Krankenhäuser kämpfen mit dem gleichen Problem: Man kann kein leerstehendes Bett samt Apparaten und Personal ins Lager stellen. Ebenso weiß jeder Selbstständige, dass er seine Zeit nicht speichern kann. Deshalb drehen sich viele Geschäftsmodelle im Dienstleistungssektor um neue Lösungen für dieses Problem.

Früher lief es in der Industrie anders als im Dienstleistungssektor: Man stellte einen Gegenstand her, brachte ihn irgendwo ins Lager und wartete, bis ein Kunde ihn kaufte. Doch auf Märkten, wo sich der Geschmack des Kunden in kürzester Zeit ändert, funktioniert dieses System nicht mehr. Waren verderben inzwischen fast so schnell wie Dienstleistungen. Kevin Rollins, die Nummer zwei bei Dell, drückt diesen Sachverhalt so aus: »Wir verkaufen Gemüse.« Damit meint er, dass sein Unternehmen einen Computer sofort nach der Herstellung loswerden muss, sonst ist er schon am nächsten Tag veraltet und unverkäuflich. Diese Erkenntnis hat bei Dell über ein Jahrzehnt lang für sensationelle Erfolge gesorgt. In diesem Zusammenhang darf es niemanden überraschen, wenn heute Firmenchefs aller Branchen betonen, dass die Beschleunigung von Abläufen zu ihren obersten Prioritäten zählt.

Dank des Direktverkaufs hat Dell seine Konkurrenten eine ganze Dekade lang überflügelt. Weil Zwischenhändler fehlten, hielt Dell jederzeit direkten Kontakt zu seinen Kunden; das Unternehmen wusste immer, was die Verbraucher wollen und wann sie es wollen. Dieses Wissen gab Dell an seine Zulieferer weiter, so dass diese die benötigten Komponenten just in time produzieren und bei Dell anliefern konnten. Michael Dell drückt das so aus: »Wir haben Lager durch Information ersetzt.« Das nützt den Zulieferern, weil sie kontinuierlicher produzieren können, und es nützt Dell.

Anfangs ignorierten die restlichen PC-Hersteller Dell. Doch dann kapitulierte einer nach dem anderen und begann ebenfalls, direkt zu verkaufen. Früher kontrollierten Computerhändler das gesamte PC-Geschäft (und machten im Jahr 2000 in den USA über 75 Milliarden Dollar Umsatz), doch jetzt ging es ihnen an den Kragen. Drei Giganten der Branche, CHS Electronics, MicroAge und InaCom, gerieten an den Rand der Pleite.

Die Moral von der Geschicht scheint einfach: Biete den Kunden einen besseren Deal und deine Firma wächst. Doch die Sache ist ein bisschen komplexer: Den besseren Deal kann man nur anbieten, wenn man etwas besser macht, sonst zahlt man drauf. Nur weil Dell durch sein neuartiges Geschäftsmodell Kosten einsparte, konnte er überhaupt erst die Preise senken.

Wie geht's bei Dell weiter? Als der Absatz von PCs zu stocken begann, weitete das Unternehmen sein Angebot auf Server aus. Der Umstand, dass Dell ein klares Geschäftsmodell hat, das jeder Manager im Betrieb versteht, hilft bei der Anpassung an Veränderungen. Das bedeutet aber nicht, dass das Geschäftsmodell bis in alle Ewigkeit bestehen wird. Dieser Tatsache muss sich das Management stellen und bei Bedarf rechtzeitig eine neue Strategie entwickeln (mehr dazu im nächsten Kapitel).

Geschichten, die die Welt verändern

Braucht eine gemeinnützige Institution ein Geschäftsmodell? Absolut! Allerdings wird sie es höchstwahrscheinlich nicht so nennen. Trotzdem: Auch sie braucht ein Konzept, wie sie Wert schaffen will. Denn soziale Institutionen sind, wie Unternehmen auch, Systeme, die einen Wert generieren. Wir haben gesehen, dass ein gutes Geschäftsmodell den Führungskräften in einem Unternehmen erlaubt, es als System von interdependenten Teilen zu sehen, die ein zusammenhängendes Ganzes bilden. Im Sozialbereich erfüllt ein Geschäftsmodell dieselbe Funktion.

Betrachten Sie eine beliebige erfolgreiche Institution, und Sie werden alle wichtigen Bestandteile eines guten Geschäftsmodells erkennen: eindeutig beschriebene Hauptdarsteller, die, von glaubwürdigen Motiven getrieben, glaubwürdige Dinge tun. Jede gute Geschichte handelt davon, wie eine betreffende Institution die Welt verändern wird (oder zumindest einen genau umrissenen Aspekt der Welt). Und der Clou besteht immer in einer neuen Erkenntnis über »Wert«. Diese Erkenntnis nennt man auch Theorie der Veränderung.

Als William Bratton 1994 sein Amt als Polizeichef von New York antrat, vertrat er eine simple Theorie der Veränderung: Verfolge die kleinen Delikte wie Graffiti-Sprühen und Schwarzfahren, und die Kriminalität wird an ihrer Wurzel bekämpft. In Polizeikreisen nennt man diesen Ansatz die Broken-Window-Theorie: Wenn in einem Gebäude eine zerbrochene Scheibe (broken window) nicht rasch ersetzt wird, nehmen die Passanten an, niemand kümmere sich um das Haus, und bald werden alle Fenster eingeworfen. Unter Brattons Leitung zeigte die Polizei, dass sie sich um ihr Haus kümmerte. Bei der Durchsuchung von Kleinstkriminellen wurden Hunderte Waffen entdeckt, mit denen sonst vielleicht schwerere Verbrechen begangen worden wären. Brattons einfache und leicht vermittelbare Theorie der Veränderung erlaubte ihm, die Anstrengungen der New Yorker Polizei in eine neue Richtung zu lenken. Die Schwerkriminalität in der Stadt ging danach drastisch zurück.

Elderhostel: ein Gebühren-Modell

Für eine gemeinnützige Institution drückt die Theorie der Veränderung aus, welche spezielle Erkenntnis ihr erlaubt, ihren Auftrag zu erfüllen und für die Gesellschaft einen Wert zu generieren. Gleichzeitig muss das Modell klar machen, woher die benötigten Ressourcen stammen sollen. Soll sich die Institution aus Gebühren oder Spenden finanzieren? Soll sie Ehrenamtliche einsetzen?

Nehmen Sie zum Beispiel Elderhostel. Anfang der 1970er machte sich Amerika erstmals bewusst, welche Folgen der wachsende Anteil von alten Leuten an der Gesamtbevölkerung haben würde. Die meisten Leute erschraken vor dem Gedanken, alt zu werden. Marty Knowlton, der Gründer von Elderhostel, drückte es so aus: In Amerika sei Altern »ein verschwenderischer, tragischer Prozess der Abtrennung«. Diese Verschwendung ließe sich nur verhindern, so Knowlton, wenn die Alten »ihren eigenen Wert erkennen und ihr Schicksal selbst in die Hand nehmen«.

Zu diesem Zweck gründeten Marty Knowlton und sein Kollege David Bianco 1975 Elderhostel, eine Art Sommeruniversität für Senioren. Erschwingliche Lehrveranstaltungen auf hohem Niveau sollten den Alten helfen, neue Interessengebiete zu entdecken und sich für neue Dinge zu begeistern. Dabei zogen die Gründer ihre Inspiration aus der europäischen Jugendherbergsbewegung, die ein Netz von billigen Unterkünften aufgebaut hatte, in denen abenteuerlustige Jugendliche schlafen und Gleichgesinnte treffen konnten. Studentenwohnheime stehen einen erheblichen Anteil des Jahres leer – warum sollte man diese Kapazitäten nicht nutzen, um eine Art »Jugend«herberge für Alte aufzuziehen?

Noch stärker kann man ein Geschäftsmodell kaum reduzieren: Die »Kunden« von Elderhostel waren wissensdurstige Pensionäre mit massenhaft Freizeit, die sie frei einteilen konnten. Das Produkt von Elderhostel bestand aus Kursen, die von Universitäten und anderen gemeinnützigen Institutionen wie Museen abgehalten würden. Der Wert steckte für die Kunden teils im Kursprogramm selbst, teils in der Möglichkeit, sich mit anderen Gleichgesinnten zu treffen und sich als Teil einer Gemeinschaft zu fühlen. So lautet in knappen Worten Elderhostels Theorie der Veränderung.

Doch wie finanziert Elderhostel seine Arbeit? Der größte Teil der Kurskosten kommt durch die (sehr moderaten) Gebühren für Kursteilnahme und Übernachtungen zusammen. Dabei legt Elderhostel das Augenmerk auf möglichst niedrige Gebühren, damit die Kurse für jedermann erschwinglich bleiben. Daraus folgt, dass auch Kostenbewusstsein in der Organisation ganz groß geschrieben wird. Die Kursveranstalter verstehen das – doch warum beteiligen sie sich am System von Elderhostel? Erstens können sie auf diese Weise etwas zum Gemeinwohl beitragen und zweitens nützen sie ihre Infrastruktur (Wohnheime) besser aus und generieren damit ein zusätzliches Einkommen. Im Lauf der Zeit haben einige Kursveranstalter so großen Gefallen an dem Nebenerwerb gefunden, dass sie sich massiv an den Programmen beteiligen.

Elderhostel begann mit einem Sommerkurs für 220 Leute in New Hampshire und ist mittlerweile zu einer weltweiten Organisation herangewachsen, an deren Kursen in 50 Ländern jährlich über 200 000 Senioren teilnehmen. Elderhostel wächst und wächst und wächst – obwohl die Organisation völlig auf Werbung verzichtet. Ausgaben für Reklame würden Elderhostels Ansatz widersprechen, seine Leistungen möglichst billig und ohne Schnickschnack anzubieten. Die Hauptmarketingkosten fallen für den Druck des Kursverzeichnisses an.

Eine Generation nach der Gründung von Elderhostel haben sich sowohl die Kunden verändert – Pensionäre sind heutzutage besser in Form und wohlhabender als vor 20 Jahren – als auch die Konkurrenzlage. Viele kommerzielle Anbieter haben die Senioren und ihre Kaufkraft entdeckt und bieten spezielle Kurse und Reisen für diese Klientel an. Um in diesem umkämpften und hochattraktiven Markt mithalten zu können, musste Elderhostel nachbessern. Man setzte auf komfortablere Unterkünfte und attraktivere Kursorte, oft im Ausland. Doch dies erforderte ein Umdenken auch in der Preispolitik. In den 1980ern kostete jeder Kurs das Gleiche, und viele Leute bei Elderhostel glaubten, dass das Konzept »ein einheitlicher, niedriger Preis für alle Programme« unantastbar sei. Doch diese Preispolitik hinderte die Organisation daran, ihre Programmpalette auszudehnen und auch teurere Kurse anzubieten, die von einem Teil der Kundschaft gewünscht wurden. Das Management grübelte lange nach und gab die Politik der Einheitspreise schließlich auf. Die neue Strategie lautete, einen guten Gegenwert zu bieten, anstatt alle Kurse zum gleichen, sehr günstigen Preis anzubieten. Heute umfasst das Angebot von Elderhostel ein deutlich breiteres Spektrum von Programmen, zu Preisen, die die Kosten widerspiegeln. Das Management fand, dass dieser Politikwechsel zum Geschäftsmodell von Elderhostel passte.

Schwerer fiel Elderhostel die Entscheidung, durchgängig bessere Unterkünfte anzubieten. Die meisten Pauschalreiseveranstalter haben Hotels der verschiedensten Kategorien im Katalog, so dass jeder Kunde den Grad an Luxus wählen kann, den er sich leisten will. Im Gegensatz dazu entschied Elderhostel, den Standard der Unterkünfte ganz allgemein zu erhöhen – die Bezeichnung »hostel« (Herberge) stimmt inzwischen eigentlich gar nicht mehr. Längst teilen sich die Teilnehmer der meisten Programme keine Schlafsäle und Gemeinschaftswaschräume mehr, wie sie es früher taten. Doch um das Gemeinschaftsgefühl nicht zu zerstören (ein wichtiger Aspekt des Geschäftsmodells), bringt die Organisation weiterhin alle Teilnehmer eines Programms am gleichen Ort unter. Alles andere würde den Prinzipien von Elderhostel widersprechen. Insgesamt hat Elderhostel die Veränderungen sehr gut gemeistert – dies war nur deswegen möglich, weil das Management das Geschäftsmodell immer klar vor Augen hatte und jederzeit wusste, worin die Mission wirklich bestand.

City Year: So findet man Spender und Ehrenamtliche

Immer mehr Programme gemeinnütziger Institutionen tragen sich selbst – trotzdem brauchen die meisten Organisationen im Sozialbereich weiterhin Spender und Ehrenamtliche, um ihre Arbeit verrichten zu können. Schauen Sie sich beispielsweise das Geschäftsmodell von City Year an, einer Organisation, die 1988 von Michael Brown und Alan Khazei in Boston ins Leben gerufen wurde. Bei City Year verrichten Jugendliche ein Jahr lang sozial nützliche Arbeiten. Dies bereitet sie auf »das höchste Amt in einem demokratischen Staat« vor, wie City Year es ausdrückt: Sie lernen, gute Bürger zu werden. Ein Jahr lang arbeiten sie Seite an Seite mit Leuten verschiedenster sozialer und ethnischer Herkunft. Im Kern der Theorie der Veränderung steht die Idee, Jugendliche aus den verschiedensten Schichten zu einem Team zu machen, das zusammen arbeitet, um ein gemeinsames Ziel zu erreichen. In dem Jahr ihres Sozialdienstes lernen die Jugendlichen Verantwortung und soziale Verpflichtung kennen, die Teamarbeit lehrt sie, mit den unterschiedlichsten Leuten umzugehen.

Viele ortsansässige Unternehmen unterstützen die Arbeit von City Year – das ist für sie eine gute Möglichkeit, ihr Engagement für die Gemeinschaft auf gut sichtbare Weise zu demonstrieren. Dabei spenden sie nicht nur Geld, sondern beteiligen sich auch an städtischen Aufräumaktionen, bei denen Bürger und Teams sich zusammenschließen und öffentliche Grundstücke und Gebäude von Dreck befreien und wieder herrichten. Das Ideal der Verantwortlichkeit der Bürger für ihre eigene Gemeinde schlägt sich auch in der Finanzierung von City Year nieder: Mindestens 51 Prozent des Budgets stammen aus privaten Spenden.

Die Organisation hat eine klare Theorie der Veränderung und ist sich bewusst, welche Elemente unbedingt zur Erfüllung ihrer Mission gehören. Diese Klarheit der Ziele half City Year, bei der Expansion in andere Städte immer auf Kurs zu bleiben. Zum Beispiel tragen alle Mitglieder von City Year rote Jacken, ein sichtbares Symbol für die Disziplin, die junge Leute bei City Year lernen. Doch als die Institution in eine Stadt expandieren wollte, in der rote Jacken das Erkennungszeichen einer Straßengang waren, stand man vor einem Problem. Die Organisatoren waren immer davon ausgegangen, dass die roten Jacken unverzichtbar waren. Doch jetzt erkannten sie, dass man gleichfarbige Jacken brauchte, um den Teamzusammenhalt zu fördern, dass deren Farbe aber egal war.

Bei der Heterogenität seiner Teams lässt City Year aber keine Kompromisse zu. Als eine Tochterorganisation es in einer Stadt nicht schaffte, Leute aus unterschiedlichen Schichten für das Programm zu gewinnen, bat man bei City Year um eine Ausnahmegenehmigung. Die wurde verweigert – statt einer Ausnahmegenehmigung schickte Boston ein Team von erfahrenen Anwerbern, um neue Zielgruppen anzusprechen. Die Heterogenität der Teams gehört für City Year unbedingt zum Lernprozess. Nur wenn man mit Leuten jeder Hautfarbe, Bildung, sozialen Herkunft zusammen arbeitet, lernt man etwas über sich selbst, über andere, über die Welt. So lautet das Credo von City Year, seine Theorie der Veränderung, seine entscheidende Erkenntnis über Wert. Ohne Heterogenität der Gruppen geht es nicht, ohne sie funktioniert die Story von City Year nicht.

Kapitel 3
Strategie: Das Geheimnis überdurchschnittlichen Erfolgs

Das Wichtigste bei jeder Strategie ist zu entscheiden, was man nicht macht.

MICHAEL E. PORTER

Strategie ist das umstrittenste Managementkonzept überhaupt. Fast jeder richtet sein Augenmerk darauf, fast jeder findet sie wichtig. Doch was »Strategie« eigentlich bedeutet, darüber scheiden sich die Geister. Ende der 1970er wurde der Ausdruck zum ersten Mal im Zusammenhang mit Unternehmen verwendet, und seit dieser Zeit versuchten Tausende sich gegenseitig widersprechender Bücher und Artikel, Strategie zu definieren und zu zeigen, wie man eine Strategie entwickelt. Die Definitionen deckten das ganze Spektrum ab: Der eine hielt es für Strategie, wenn man aufwändige Analysen durchführte und einen Fünfjahresplan erstellte, der nächste hielt unternehmensweite Brainstorming-Sitzungen für notwendig, der dritte glaubte, ein paar Sätze über die Vision eines Unternehmens genügten als Strategie. Kein Wunder, dass viele Leute Strategien skeptisch gegenüberstehen.

Trotzdem: Wer auf Strategie verzichtet, schneidet sich ins eigene Fleisch. Denn Strategie beeinflusst die Leistung jeder Organisation entscheidend. Strategische Denkweise beginnt mit einem guten Geschäftsmodell, das *systematisch* die wirtschaftlichen Beziehungen beschreibt, die zur Erfüllung des vorgegebenen Unternehmenszwecks notwendig sind. Doch Strategie umfasst mehr, denn das Geschäftsmodell lässt einen Faktor außer Acht, der im Wirtschaftsleben omnipräsent ist und selbst gemeinnützige Organisationen immer stärker beeinflusst: Konkurrenz. Früher oder später – meistens früher – stößt jedes Unternehmen auf Konkurrenten. Dieses Kapitel erklärt, wie Strategie mit dieser Realität umgeht und was es für eine Organisation bedeutet, einen Wettbewerbsvorteil zu erringen und zu verteidigen.

Als Konsumenten wählen wir ständig zwischen konkurrierenden Alternativen. Manchmal sind die Alternativen offenkundig – wenn wir zum Beispiel zwischen einem VW und einem Toyota schwanken oder zwischen einer Hi-Fi-Anlage von Sony und einer von Technics. Oft machen sich aber auch völlig unterschiedlich scheinende Dinge Konkurrenz, zum Beispiel ein Palmtop für 500 Euro und ein Notizbuch für fünf Euro. Alternativen gibt es (fast) immer. Das gilt natürlich auch für die Beschaffungsmärkte: Unternehmen müssen Kapitalgebern und hochqualifizierten Arbeitskräften schon etwas Besonderes bieten, um sie an sich zu binden. Selbst im Sozialbereich läuft es nicht anders; auch dort konkurrieren zahllose Organisationen mit hehren Zielen um Spendengelder und freiwillige Helfer.

In einer Welt scharfen Wettbewerbs muss man als erstes einmal Wert schaffen. Doch das ist nur der erste Schritt. Denn der Wettbewerb verlangt, dass man dabei besser sein muss als die Alternativen. Und »besser« bedeutet per definitionem »anders«. Organisationen sind dann besser – erbringen eine höhere Leistung –, wenn sie einzigartig sind. Erfolgreiche Organisationen machen etwas anders als ihre Konkurrenten, und zwar auf eine Weise, die nicht kopiert werden kann. Also bleibt übrig, wenn man all die Worthülsen beiseite gefegt hat: Bei Strategie geht es um die Frage, wie man seine Konkurrenz überflügelt, indem man etwas anders macht.

Grundvoraussetzung für das Motto »Erfolg durch Andersartigkeit« ist, dass man sich in einer Welt voller Alternativen bewegt. Die strategischen Entscheidungen jedes Unternehmens bestimmen, direkt oder indirekt, wie es sich relativ zu diesen Alternativen positioniert. Grob gesprochen, geht es um Entscheidungen darüber, welche Kunden und Märkte man bedient, welche Produkte und Dienste man anbietet und welche Art Wert man schafft. Trifft das Management gute strategische Entscheidungen, schüttelt man die Konkurrenz ab.

Erfolg durch Andersartigkeit

1962 eröffnete Sam Walton, der Eigentümer einer kleinen Kette von Gemischtwarenhandlungen, den ersten Wal*Mart. Am Ende des Jahrhunderts gehörten zu seinem Imperium 4000 Läden, die 100 Millionen Kunden versorgten. Die Kette beschäftigte über eine Million Menschen und war drauf und dran, General Motors vom Thron des größten Unternehmens der Welt zu verdrängen. In den 20 Jahren vor Waltons Tod 1992 erzielte Wal*Mart eine durchschnittliche Eigenkapitalrendite von 33 Prozent, der Umsatz wuchs im Schnitt um 35 Prozent – jedes Jahr! Dank eines Gewinnbeteiligungsplans, bei dem jeder mitmachen darf, der ein Jahr lang mindestens 20 Stunden die Woche bei Wal*Mart arbeitet, sind über die Jahre etliche Manager und ganz normale Angestellte zu Millionären geworden. Egal, welchen Maßstab man anlegt: Wal*Mart hat eine ganz besondere Leistung vollbracht. Wie haben Walton und seine Partner das geschafft?

Mitte der 1950er entstand das Geschäftsmodell des Discount-Warenhauses. Alles begann mit mehreren inzwischen längst vergessenen Pionieren, die das Konzept des Supermarkts auf den Non-Food-Bereich ausdehnten. Schon seit den 1930ern hatten amerikanische Kunden die Wahl zwischen herkömmlichen Lebensmittelläden mit persönlicher Bedienung und Supermärkten mit deutlich niedrigeren Preisen. Jetzt wurde dieses Konzept auf andere Waren ausgedehnt, beispielsweise auf Kleidung, Elektrogeräte und eine ganze Reihe weiterer Konsumgüter.

Das Konzept war einfach: Man sparte Kosten (für Personal)

und konnte deswegen billiger anbieten als herkömmliche Warenhäuser. Darüber hinaus verzichtete man auf das edle Ambiente der Warenhäuser (beispielsweise auf Teppiche und Kronleuchter) und legte die Läden statt dessen so aus, dass große Volumina effizient umgesetzt werden konnten. Dadurch sparte man so viel Geld, dass man die Preise drücken und trotzdem noch Profit machen konnte.

Walton hörte von diesen Discount-Warenhäusern, besichtigte ein paar und erkannte ihr Potenzial. 1962 beschloss er, selbst eines zu eröffnen. Viele Ideen für seine ersten Läden borgte er sich bei Kmart und anderen Konkurrenten, doch seinen sensationellen Erfolg verdankte er den Dingen, die er anders machte.

Wie positionierte Walton seine Wal*Marts, um sie von der Konkurrenz abzugrenzen? Von Anfang an bediente Walton eine ganz andere Zielgruppe auf ganz anderen Märkten. Die zehn größten Discounter von 1962 (heute alle verschwunden) konzentrierten sich auf Städte. Im Gegensatz dazu lautete Waltons Devise »relativ große Läden in Käffern aufzumachen, die sonst keiner beachtete«. Als Standort wählte er isolierte Landgemeinden mit 5000 bis 25 000 Einwohnern. Darin liegt der Unterschied zwischen einem Modell und einer Strategie: Walton hatte das gleiche Geschäftsmodell (Discount-Warenhäuser) wie etwa Kmart, doch er verfolgte eine andere Strategie.

Walton kam selbst vom Land und kannte sich daher auf diesem Terrain bestens aus. Viele Orte im ländlichen Amerika liegen etliche Autostunden von der nächste Stadt entfernt, und wenn Walton der Kundschaft am Ort mindestens ebenso gute Preise böte wie die Geschäfte in der Stadt, dann würden »diese Leute zu Hause einkaufen«. Zusätzlicher Vorteil: Die meisten lokalen Absatzgebiete sind zu klein für zwei Einzelhändler. Indem Walton sich dort niederließ, verbaute er der Konkurrenz die Möglichkeit, sich ebenfalls dort niederzulassen. (Spieltheoretiker nennen dies einen *first mover advantage*. Auf diesen

»Vorteil desjenigen, der als erster zieht«, hofften auch viele Internet-Unternehmer der ersten Generation. Sie glaubten, sich durch schnellen Markteintritt exklusives Territorium im Cyberspace sichern zu können. Meistens funktionierte das aber nicht, weil es nur dann einen *first mover advantage* gibt, wenn echte Markteintrittsbarrieren bestehen.) Gleichzeitig beutete Walton seine Monopolstellung in den Orten nie aus, er beging nie den Fehler, seine Kundschaft für selbstverständlich zu nehmen. Auch heute renoviert und erweitert Wal*Mart seine Geschäfte regelmäßig, um für die Kunden angesichts modernerer Konkurrenzläden weiterhin attraktiv zu bleiben.

Wal*Mart verfolgte auch bei Sortiment und Preispolitik andere Strategien als die Konkurrenz und versprach seinen Kunden eine andere Art Wert. Die Konkurrenten setzten auf eigene Handelsmarken, mittelmäßige Qualität und viele Sonderpreisaktionen. Wal*Mart bot stattdessen landesweit angesehene Marken zu Dauerniedrigpreisen an. Wal*Mart versprach seinen Kunden, ihnen einen guten Gegenwert für ihr Geld zu bieten. Und dieses Versprechen hielt Wal*Mart – dank eines systematischen Strebens nach Effizienz und Kosteneinsparungen.

Da Wal*Mart beispielsweise dauerhaft niedrige Preise verlangt und auf Sonderaktionen weitgehend verzichtet, muss die Kette viel weniger Geld für Reklameblättchen als ihre Konkurrenz ausgeben. (Eine Studie hat ergeben, dass Wal*Mart nur zehn bis 15 Reklameblättchen im Jahr herausgibt, seine Rivalen aber 50 bis 100.) Ähnliche Kostenersparnisse gibt es an jedem Glied von Wal*Marts Wertkette, von der Beschaffung bis zum Ladenmanagement. Dies erlaubt es Wal*Mart, beste Qualität zu niedrigen Preisen anzubieten – eine Revolution im Einzelhandel, die sich durchaus mit der Revolution in der Automobilindustrie (durch die Japaner) vergleichen lässt.

Zum Hauptteil verdanken wir diese Revolution im Einzelhandel der Knickrigkeit Sam Waltons. Wie ein Adler wachte er über die Ausgaben und machte Sparsamkeit und die ständige

Suche nach weiteren Einsparungsmöglichkeiten zum Way of Life bei Wal*Mart. Beispielsweise lautete sein Grundsatz, dass bei Geschäftsreisen die Ausgaben nicht höher liegen durften als ein Prozent des Werts der eingekauften Waren. Obwohl Walton zu den reichsten Männern der Welt gehörte, ging er deswegen oft zu Fuß, anstatt ein Taxi zu nehmen, oder teilte sich das Hotelzimmer mit einem anderen. Solche Geschichten entwickelten sich bei Wal*Mart zu Legenden und setzten Verhaltensstandards für das gesamte Unternehmen. Die Einkäufer von Wal*Mart sind für ihre Hartnäckigkeit bei Verhandlungen berüchtigt.

So sparsam Walton sonst auch war, er investierte schon früh massiv in Systeme, die den Informationsfluss im Unternehmen beschleunigten. Computertechnik dürfte so ziemlich der einzige Bereich sein, in dem Wal*Mart mehr Geld ausgab als seine Konkurrenten. Denn im Einzelhandel ist rechtzeitige Information der Schlüssel zu maximalem Umsatz und minimalen Kosten. Je genauere Informationen man darüber hat, was sich wo verkauft bzw. nicht verkauft, desto besser kann man der doppelten Gefahr des Einzelhandels entgehen, zu wenig oder zu viel Lagerbestand zu halten. (Wenn einem begehrte Ware ausgeht, verliert man Umsatz, sitzt man aber auf zu vollen Lagern, muss man die Preise senken, um sein Zeug loszuwerden.)

Bei der Informationstechnologie gab Wal*Mart der Branche den Takt vor. Zum Beispiel führte man bereits 1983 tragbare Scanner bei der Preisauszeichnung und Bestandskontrolle ein. Jedes Geschäft übermittelt seine Zahlen täglich an die Firmenzentrale in Bentonville (auch hier war Wal*Mart der Pionier), und schon lange bevor das Internet hip wurde, vernetzte sich das Unternehmen elektronisch mit seinen wichtigsten Zulieferern. Diese erhalten Echtzeit-Verkaufszahlen direkt von Wal*Mart, so dass Geschäfte und Lager genau nach Bedarf beliefert werden können. Sowohl bei Wal*Mart als auch bei den

Zulieferern führte dieses System zu verringerten Lagerkosten und höheren Umsätzen.

Auch die Logistik wurde zu einem Schlüsselfaktor für Kostensenkungen. Von Anfang an verfolgte Wal*Mart eine Strategie der Expansion von innen nach außen und bündelte seine Läden alle in einem bestimmten Radius um ein zentral gelegenes Zwischenlager. Dieses Nabe-und-Speiche-System erlaubt es Wal*Mart, seine Läden häufig zu beliefern, oft mehrmals pro Woche. Das senkt die Inventarkosten – und sogar die Speditionskosten, weil die meisten Lieferfahrzeuge voll beladen fahren.

Auf der Suche nach immer neuen Einsparungsmöglichkeiten strich Wal*Mart später die Zwischenlager und ersetzte sie durch Umschlagzentralen, in denen die Ware direkt vom Laster des Zulieferers in die Laster geladen wurden, die zu den Filialen fuhren. Dadurch transportierte Wal*Mart seine Waren direkt in die Läden, ohne sie je auszupacken oder gar auf Lager zu nehmen.

Die Strategie von Wal*Mart – Qualitätsprodukte für weniger Geld – lässt sich einfach vermitteln. Natürlich ist es viel schwerer, sie auch umzusetzen. Wie Sie in späteren Kapiteln sehen werden, trägt die Umsetzung einen entscheidenden Anteil zum Gesamterfolg einer Organisation bei. Und Wal*Mart gehört bei der Umsetzung zu den Besten überhaupt. Doch der Schlüssel zu dem sensationellen Erfolg des Unternehmens lag in seiner Strategie. Wal*Mart konnte nur deswegen so wertvoll für seine Kunden werden, weil die Kette etwas anders machte als ihre Konkurrenten. Und weil Wal*Mart für die Kunden einen Wert generierte, schuf das Unternehmen auch ein gigantisches Vermögen für seine Teilhaber. Warum das so ist, erklärt der nächste Abschnitt.

Der Zusammenhang zwischen Strategie und Gewinn

So gewöhnlich – und abgedroschen – der Ausdruck »Strategie« heutzutage oft erscheint, im Zusammenhang mit Unternehmen existiert er doch erst seit erstaunlich kurzer Zeit. Peter Druckers 1964 erschienenes Buch *Managing for Results* (dt.: Sinnvoll wirtschaften) sollte ursprünglich *Business Strategies* heißen. Doch man verwarf diesen Titel, nachdem der Verlag und Peter Drucker ihn im kleinen Kreis getestet hatten. Im Vorwort zu einer späteren Auflage erzählt Drucker, was er zu hören bekommen hatte: »Immer wieder sagte man mir: ›Strategie, das hat mit Militär zu tun oder vielleicht mit Wahlkampf, aber nicht mit Unternehmen.‹«

Im Krieg und in der Politik ist klar, worauf die Strategie zielt. Es geht ums Gewinnen – einer Schlacht, eines Kriegs, einer Wahl. Eine Seite – und nur eine – wird siegen. Die andere verliert. Strategen nennen das ein Nullsummenspiel. Wenn A gewinnt, verliert B notwendigerweise und umgekehrt.

Auch im Geschäftsleben hat Strategie mit Gewinnen zu tun. Doch Konkurrenz ist meistens kein Nullsummenspiel. In der Wirtschaft und im Sozialleben gibt es Platz für mehrere Sieger. Wenn ein Unternehmen besser ist als seine Konkurrenz, geht diese nicht notwendigerweise zugrunde. So hat Wal*Mart im Discount-Einzelhandel gewonnen – aber Target eben auch. Target konzentrierte sich auf den Verkauf von edlen Gütern und schuf auf diese Weise Wert für den Kunden. »Verloren« haben in der Branche diejenigen Ketten, die versucht haben, es allen recht zu machen – diesen Unternehmen war es unmöglich, sich von ihrer Konkurrenz abzugrenzen.

Die Formulierung und Durchsetzung von Strategien ist sowohl eine Kunst als auch eine Wissenschaft; welche Schwierigkeiten dabei auftreten, besprechen wir gleich. Aber die Logik hinter einer Strategie ist ganz einfach: Der Gewinn eines Unternehmens ergibt sich, wenn man die Kosten vom Umsatz abzieht. Daraus folgt, dass ein Unternehmen seine Konkurrenten nur auf zwei Arten übertreffen kann: Indem es entweder seine Kunden dazu bringt, höhere Preise zu bezahlen, oder indem es zu niedrigeren Kosten arbeitet. Doch beides geht nur, wenn man sich von seinen Konkurrenten unterscheidet – wie sonst könnte man höhere Preise durchsetzen oder zu geringeren Kosten operieren? So einfach ist die Mathematik hinter Gewinn und Verlust.

Solange Sie nichts Einzigartiges machen, können Sie noch so viel Wert für den Kunden schaffen: Unweigerlich wird ein Konkurrent auftreten, Sie imitieren und die Preise so lange drücken, bis sie gerade noch über den Kosten liegen. Die Kunden schöpfen dann den gesamten Mehrwert ab, Ihnen bleibt (fast) nichts davon übrig. Sie schaffen also vielleicht einen sehr großen Wert, haben aber nichts davon. Das ist zum Beispiel den Milchbauern passiert, die ihren Kühen Somatropin verabreicht haben, ein Hormon, das die Milchleistung pro Kuh um bis zu 20 Prozent erhöht. Anfangs machten die Bauern wegen der gesunkenen Produktionskosten mehr Gewinn, doch dann fielen wegen des steigenden Angebots die Milchpreise – gut für die Konsumenten, schlecht für die Milchbauern.

Etwas Ähnliches ist bei der Unterhaltungselektronik passiert, allerdings nicht ganz so offensichtlich. In den 1980ern entwickelte sich die Konkurrenz aus Japan zum Alptraum für die Unterhaltungselektronik-Anbieter aus Europa und Amerika. Fernseher, Videorekorder oder Faxgeräte – Japan stellte zu geringen Kosten beste Qualität her und setzte der westlichen Konkurrenz schwer zu. Doch in den 1990ern kamen die Japaner ins Schwimmen, ein ganzes Jahrzehnt lang. Wieso? Vor allem wegen schlechter Strategie: Zahlreiche japanische Unternehmen imitierten sich gegenseitig, in jeder Dimension des Wettbewerbs. Sie bedienten die gleiche Zielgruppe, mit ganz ähnlichen Produkten, und errangen damit nur einen Pyrrhussieg: Sie gewannen zwar die Schlacht um die Unterhaltungselektronik, aber auf eine Art, die es ihnen unmöglich machte, Profite zu erzielen.

Denn auf dem Markt für Unterhaltungselektronik herrscht intensiver Wettbewerb, annähernd »vollkommene Konkurrenz«, wie der Wirtschaftswissenschaftler sagt. Bei vollkommener Konkurrenz kostet es den Kunden fast nichts, von Produkt A auf B umzusteigen. Wenn B also günstiger ist als A, dann kann nichts den Kunden davon abhalten, von A auf B umzusteigen. Auch die Markteintrittsbarrieren sind niedrig, das heißt, es können jederzeit neue Konkurrenten in den Markt eintreten. Im Ausdruck »vollkommene Konkurrenz« liegt übrigens eine gewisse Ironie, denn »vollkommen« ist eine solche Situation nur für den Verbraucher. Für Manager ist sie der schlimmste Alptraum. Sie reden in einem solchen Zusammenhang daher eher von »halsabschneiderischer Konkurrenz« – Konkurrenten streiten sich massenweise um die Kundschaft, das große Angebot drückt auf die Preise.

Bei vollkommener Konkurrenz müssen die Rivalen sofort nachziehen, wenn ein Anbieter eine neue, bessere Methode entwickelt hat, sonst geht es ihnen an den Kragen. Jeder Manager fühlt sich unter solchen Umständen, als liefe er ein endloses Rennen, das niemand gewinnen kann. Das gilt für die Milchbauern ebenso sehr wie für die Pioniere des E-Commerce. Sobald ein Anbieter im Internet Lieferung frei Haus versprach, zogen die anderen notgedrungen nach. Als immer mehr Provider auf den Markt strömten, fiel die Grundgebühr für den Internetzugang schnell von über 20 Dollar auf 15, dann auf zehn, dann auf null. Die Provider unterboten sich gegenseitig so lange, bis alle Gewinne verschwunden waren. Perfekte Konkurrenz ist für den Verbraucher ein Traum, weil er bessere Produkte zu niedrigeren Preisen bekommt. Den Anbietern ist es nicht möglich, sich voneinander abzugrenzen, und so kämpfen sie ums schiere Überleben.

Am anderen Ende des Spektrums steht die Marktform des

Monopols. Hier hat sich ein Akteur nicht nur abgegrenzt, sondern auch die alleinige Macht über ein Produkt oder einen Service gesichert, zu dem es keine Alternative gibt. Früher, als man nur über Festnetzanschlüsse telefonieren konnte, war man seinem jeweiligen Telekom-Anbieter schutzlos ausgeliefert. Das gleiche galt für Kunden der Strom- und Wasserversorger. Ein nicht reguliertes Monopol verfügt über die Macht, in Relation zu den Kosten deutlich überhöhte Preise zu verlangen. Deswegen schreitet in solchen Fällen der Staat ein, um die Kunden zu schützen. Kartellbehörden versuchen, die Macht des Monopolisten zu brechen, indem sie Preisgrenzen vorgeben oder den Monopolisten zerschlagen.

Oft aber fällt die Unterscheidung zwischen einem sensationell erfolgreichen Unternehmen, das sich an die Spielregeln hält, und einem Monopolisten, der seine Macht missbraucht, recht schwer. Der jahrelange Rechtsstreit zwischen der amerikanischen Regierung und Microsoft belegt das sehr eindringlich. Jahrelang stritten sich die Juristen, ob Microsoft seine Marktstellung ausgenutzt habe, um Konkurrenz zu verhindern. Was immer die Gerichte letztlich entscheiden werden, klar ist, dass es für die meisten Kunden de facto keine Alternative für das Betriebssystem Windows mehr gab. Deswegen konnte Microsoft auch einen Preis dafür verlangen, der weit über den Kosten lag. Für die Anteilseigner bedeutete das in den 1990ern gigantische Gewinne.

Die meisten Unternehmen agieren in einer Marktform zwischen den Extremen vollkommene Konkurrenz und Monopol. Dennoch hilft es, sich die ganze Breite des Spektrums vor Augen zu halten, um sich klar zu machen, worauf Strategie letztlich abzielt. Unternehmer und Spitzenmanager sind in unserer Gesellschaft traditionell diejenigen, die am lautesten nach freien Märkten und freiem Wettbewerb rufen. Aber in Wirklichkeit sehnt sich jeder Manager nach einer Konkurrenzlage wie bei Microsoft, nicht wie bei Milchbauern. Trotz der Sonntagsreden über die Segnungen der freien Marktwirtschaft zielt jede unternehmerische Strategie letztlich darauf ab, sich dem Wettbewerb so gut wie möglich zu entziehen. Die Wall-Street-Legende Warren Buffett beschrieb seine Firma Berkshire Hathaway als »Burg des Kapitals«. Gegenüber der *New York Times* sagte er: »Andere Leute wollen uns die Burg wegnehmen … Ich bezahle meine Manager dafür, dass sie einen Graben um die Burg ziehen, ihn immer breiter und tiefer machen und ihn mit Krokodilen bevölkern.«

Sam Walton hätte ihm zugestimmt. Erinnern Sie sich an seine erste Schlüsselstrategie, die Läden in Märkten zu eröffnen, die von der Konkurrenz vernachlässigt wurden. Anfangs lautete seine Wettbewerbsstrategie, sich dem Wettbewerb *nicht* auszusetzen. Anders ausgedrückt: Sein Burggraben war einige hundert Kilometer breit. Und selbst als Wal*Marts unaufhörliche Expansion das Unternehmen auch auf Märkte führte, in denen bereits Konkurrenz bestand, vermied Walton nach Möglichkeit die direkte Konfrontation. Spät in den 1990ern konkurrierten 55 Prozent der Wal*Mart-Filialen direkt mit einem Kmart, doch zu diesem Zeitpunkt hatte Walton schon längst Krokodile für seinen schwindenden Burggraben angeschafft. Seine Krokodile: ein genau umrissenes Wertversprechen an seine Kundschaft. Gewitzte Unternehmer wie Walton wissen, dass keine Konkurrenz die beste Konkurrenz ist.

Wie halten Sie es mit der Strategie?

Strategien drehen sich darum, anders zu sein und zu bleiben. Doch wie schafft man das? Viele Spitzenmanager und Theoretiker haben in den letzten Jahren behauptet, das Konzept eines dauerhaften Wettbewerbsvorteils sei obsolet, weil der rasante technische Fortschritt und die immer dynamischeren Märkte jede Sonderstellung sehr bald zunichte machten. Das stimmt auch, allerdings nur bis zu einem gewissen Grad.

Der vielzitierte Spruch des Intel-Chefs Andy Grove, »nur die Paranoiden überleben«, trifft heute sicher eher zu als vor 25 Jahren. Selbst die Vertreter der alteingesessensten und scheinbar reifsten Branchen – zum Beispiel Banken, Fernmeldeunternehmen und Versorger – wurden kräftig durchgeschüttelt. Ehemalige Branchenriesen sind verschwunden, ihre Burgen wurden von Konkurrenten geschleift. Trotzdem: Die Gewinner schaffen es meist jahre- oder jahrzehntelang, überdurchschnittliche Profite zu erzielen. Dies gelingt ihnen, weil sie auf eine Weise Wert generieren, die ihre Konkurrenz nicht nachahmen kann.

Das Spiel läuft heute vielleicht schneller ab, die Vorteile werden vielleicht schneller wieder eingeebnet, aber das Ziel bleibt gleich: einen Weg zu finden, sich vor der Konkurrenz zu verstecken oder den Wettbewerb einzuschränken. So steigert man seinen Gewinn. David Pottruck, Mit-CEO bei Schwab, bestätigt, dass der Wettbewerb sich beschleunigt und verschärft hat. Was soll man nun tun, wenn man keinen Burggraben hat? Pottruck scherzt: »Ich versuche, die Burg in Bewegung zu halten.« Anders ausgedrückt, ist er auf der stetigen Suche nach Möglichkeiten, sein Angebot von dem der Konkurrenz abzusetzen.

Beide Strategieansätze – Gräben ziehen bzw. die Burg in Bewegung halten – dienen dazu, den Wettbewerb einzuschränken. Beide zielen darauf ab, das Angebot eines Unternehmens einzigartig zu machen, Markteintrittsbarrieren zu errichten und Kunden an sich zu binden. Die Kernfragen bei der Strategieformulierung lauten: »Was kann man tun, um sich von anderen abzugrenzen?« und »Wie kann man es tun?« Ziel ist, dass es am Ende in der Wahrnehmung der Kunden keinen gleichwertigen Ersatz für das Produkt des betreffenden Unternehmens mehr gibt.

Erinnern Sie sich noch an die Geheimrezepte und -formeln, mit denen die Werbung früher angab? Meistens steckte überhaupt nichts dahinter, doch in einigen Branchen gibt es tatsächlich Geheimformeln (zum Beispiel in der Pharmaindustrie), die von Patenten geschützt werden. Ein patentiertes Arzneimittel hat auf seinem Markt ein staatlich gesichertes Monopol; deswegen kann es kaum überraschen, dass die Pharmakonzerne in aller Regel höhere Renditen abwerfen als Unternehmen der meisten anderen Branchen. Patente sind die beste Methode, um zu erreichen, wovon jeder Manager träumt: die Konkurrenz daran zu hindern, ein erfolgreiches Produkt nachzuahmen.

Ein Patent ist eine Straßensperre für die Konkurrenz, eine etablierte Marke ist zumindest eine Schwelle auf der Straße. Unternehmen investieren Hunderte Millionen Euro, um eine Markenidentität zu schaffen. Denn Marken grenzen ein Produkt – in der Wahrnehmung der Kunden – vom anderen ab, und dadurch sinkt die Wahrscheinlichkeit, dass ein Kunde einfach so zur Konkurrenz wechselt. Darüber hinaus versuchen Unternehmen, Kunden durch Treueprogramme – zum Beispiel Vielfliegerprogramme – fest an sich zu binden.

Früher, im Industriezeitalter, gab es oft physische Barrieren gegen vollkommene Konkurrenz, zum Beispiel bestehende Telefon- oder Wasserleitungen oder Mindestgrößen für einen effizienten Produktionsbetrieb. In der Wissensökonomie werden die Barrieren immer unsichtbarer, existieren aber weiter. Heutzutage unterscheiden sich Unternehmen von ihren Konkurrenten oft allein durch das einzigartige Know-how ihrer Mitarbeiter – und dieses Know-how kann kein Konkurrent anzapfen.

Eine Alleinstellung ist eine der besten Barrieren gegen Konkurrenz. Und wenn für diese Alleinstellung eine strategische Güterabwägung notwendig ist, lässt sie sich wahrscheinlich auch dauerhaft verteidigen. »Güterabwägung« (*trade-off*) bedeutet, dass man bei der Strategieformulierung an eine Wegscheide kommt, bei der man sich zwischen verschiedenen Alternativen entscheiden muss, die sich gegenseitig ausschließen. Die Autovermietung Enterprise liefert ein gutes Beispiel, wie eine Güterabwägung hilft, sich von der Konkurrenz abzugrenzen.

In jedem größeren Flughafen findet man Schalter der Autoverleiher Avis, Hertz und einiger kleinerer Konkurrenten. Doch Schalter von Enterprise sucht man vergeblich. Wie kommt das? Und warum erzielt Enterprise ständig höhere Renditen als die bekannteren Rivalen, obwohl seine Preise ungefähr 30 Prozent niedriger liegen? Und warum kopieren Avis und Hertz nicht einfach, was Enterprise macht? Wegen einer strategischen Güterabwägung.

Hertz und Avis zielen auf Kunden, die gerade aus dem Flugzeug ausgestiegen sind und einen Leihwagen brauchen. Enterprise hingegen macht sein Geschäft mit Autobesitzern, deren Wagen gerade in Reparatur ist. In diesem Fall spielt der Preis eine wichtige Rolle, denn entweder zahlt der Autobesitzer selbst oder eine Versicherung (wenn das Auto in einem Unfall beschädigt wurde). Deswegen hat Enterprise in seinem Betrieb alle Tätigkeiten gestrichen, die Geld kosten, aber nicht zu einer höheren Zahlungsbereitschaft der Kunden führen. So parkt Enterprise seine Autos auf billigen Abstellflächen außerhalb der Stadt statt auf teurem Grund in der Nähe von Flughäfen. Es behält seine Autos länger im Dienst und gibt weniger Geld für Werbung aus, denn die Kunden werden zumeist von Schadensregulierern und Werkstätten auf die Vermietung verwiesen.

Die überdurchschnittlichen Gewinne des Unternehmens sind

Ergebnis all dieser Entscheidungen. Obwohl die Kunden weniger bezahlen, machen die Kostenersparnisse die Mindereinnahmen mehr als wett. Das Unternehmen spart aber kein Geld, weil es Dinge *effizienter* macht als die Konkurrenz, sondern weil es eine andere Kostenstruktur gewählt hat, also passend zu seiner Strategie *andere* Dinge tut. Avis und Hertz könnten zwar theoretisch einige Praktiken von Enterprise kopieren, liefen dabei aber Gefahr, den Wert *ihres* Produkts für *ihre* klassische Zielgruppe zu senken.

Auch Dell Computer konnte sich dank einer Güterabwägung dauerhaft von den Konkurrenten lösen, die sich anders positioniert hatten. Wie bereits beschrieben, übernahmen letztlich, nach über einem Jahrzehnt, alle anderen Computerhersteller Dells Modell des Direktverkaufs. Doch warum haben sie nicht schneller reagiert?

Die Antwort lautet einfach: Dells Rivalen waren Gefangene ihrer eigenen Strategien. Hätten sie sofort versucht, ihre Rechner auch direkt zu vermarkten, hätten sie ihre existierenden Vertriebskanäle gestört und die Computerhändler massiv verärgert, von denen sie abhängig waren. Jahrelang konnten die Konkurrenten nur verlieren – egal, ob sie Dell kopierten oder nicht. Es ist sowohl kompliziert als auch teuer, ein Mischsystem zu fahren, bei dem ein Teil der Computer auf Bestellung und ein anderer in Serienfertigung zusammengebaut wird. Unternehmen, die das versuchten, hatten am Ende meist größere Lagerbestände mit entsprechend höheren Totalabschreibungen für obsolet gewordene Bestände.

Eine Grundregel der Wettbewerbsstrategie lautet: Man kann an einem Scheideweg nicht beide Wege gehen. 1989 erfuhr Dell das am eigenen Leib, als man beschloss, die Rechner zukünftig nicht nur direkt, sondern auch über Händler zu vertreiben. Doch man gab den Versuch fast sofort wieder auf, als man sah, wie katastrophal sich diese Entscheidung auf die Gewinne auswirkte. Das Problem ist: Wenn *Sie* es schaffen, beide Wege zu beschreiten, dann schafft jedes andere Unternehmen das auch. Das, was Sie von Ihrem Konkurrenten unterscheidet, muss unbedingt dauerhaft Bestand haben. Ihre Burg braucht einen Graben, sonst machen Sie nur durchschnittliche Gewinne.

Strategisches Denken

Jedes Nachdenken über Strategie wird dadurch erschwert, dass keine Organisation sich in einem Vakuum bewegt. Während Sie gerade einen Graben ausheben, arbeitet irgendwo anders vielleicht jemand an einem neuen Katapult oder gar einer Kanone. Zu strategischem Denken gehört auch, sich klar zu machen, dass die Welt voller zielstrebiger Leute steckt, die es möglicherweise auf Ihre Burg abgesehen haben. Wenn ein Holzfäller überlegt, wie er einen Baum fällen soll, erwartet er berechtigterweise keine Gegenwehr. Im Gegensatz dazu sollte ein General, der eine feindliche Stellung angreift, besser mit Widerstand rechnen.

Strategisches Denken muss immer berücksichtigen, was die Gegenseite tun könnte. Die Welt steckt voller möglicher Rivalen und Partner; sie lässt sowohl Konkurrenz als auch Kooperation zu. Diese Auffassung strategischen Denkens reicht in die Mitte des 20. Jahrhunderts zurück. Damals veröffentlichten der Mathematiker John von Neuman und der Ökonom Oskar Morgenstern das Buch *The Theory of Games and Economic Behavior* (1953, dt.: Spieltheorie und wirtschaftliches Verhalten).

Dies war der Beginn einer neuen Disziplin, der Spieltheorie. Manager haben aus ihren Erkenntnissen einige wichtige Lektionen über strategisches Verhalten gezogen. Erstens: Jede Handlung wird beantwortet. Um abzuschätzen, was passieren wird, muss man sich alle Antwortmöglichkeiten aller anderen Spieler klar machen, die eigene Gegenantwort darauf formulieren usw. Ziel ist, das Spiel möglichst weit im Voraus zu durchdenken und einen Zug zu wählen, der einen am wahrscheinlichsten dorthin bringt, wo man hin will. Zweitens: Der Schlüssel zum Erfolg liegt bei Spielen nicht darin, sich auf die eigene Position zu konzentrieren, ganz im Gegenteil. Man muss sich in die Lage – und sogar in die Gedanken – der Mitspieler hineinversetzen.

Ein kleines Scharmützel im Krieg zwischen Pepsi und Coca-Cola illustriert diese Lektionen. In den 1970ern ermittelte die Marketingabteilung von Pepsi, dass die Kundschaft leichtere Verpackungen bevorzugen würde. Also stellte man von Glas- auf Plastikflaschen um. Natürlich konnte Coca-Cola einfach nachziehen, doch dabei musste man die bauchige Form der Coke-Flasche aufgeben, *das* Erkennungsmerkmal des Konzerns. Coke hatte Hunderte Millionen Dollar ausgegeben, um das Bild dieser Flasche in die Hirne der Konsumenten zu brennen. Es kam Coke also extrem teuer, Pepsis Zug nachzumachen. Die Einführung der Plastikflasche erlaubte Pepsi, für die Kunden einen zusätzlichen Wert zu schaffen und gleichzeitig bei Coke Wert zu zerstören.

Diese Art strategischen Denkens – der Blick auf den zukünftigen Spielverlauf – gehört unbedingt dazu, wenn man langfristig gültige Strategien formulieren will. Denn es bringt nichts, sich eine Alleinstellung zu verschaffen, wenn andere Firmen diesen Weg einfach nachgehen können oder wenn ein Konkurrent einen anderen Weg beschreitet, auf dem er den Kunden einen noch höheren Wert bieten kann. In Kapitel 1 haben wir OnTimeAuditor vorgestellt, eine Softwarefirma, die auf leicht nachvollziehbare Art Wert für ihre Kunden schafft. Angenommen, Sie leiteten das Unternehmen oder wären Teilhaber, was wüssten Sie gerne über die Strategie der Firma?

Erstens (für den Fall, dass das Unternehmen Gewinne macht): Kann irgendjemand diesen Service einfach kopieren? Mit anderen Worten: Muss man den Markteintritt von Konkurrenten befürchten? Wenn ja, was hielte die Kunden davon ab, zur Konkurrenz abzuwandern? Könnten Kunden ihre eigene Software schreiben und sich unabhängig machen? Gibt es besonders wichtige Kundengruppen, die dem Unternehmen mit größerer Wahrscheinlichkeit treu bleiben? Sollte man versuchen, sich diese Kunden dauerhaft zu sichern, bevor Konkurrenten auftauchen? Sollte man hauptsächlich kleine bis mittelgroße Unternehmen ansprechen, die nicht das Personal haben, sich selbst um die Pünktlichkeit von Lieferungen zu kümmern? Oder soll man besser auf Großunternehmen zielen, die mehr Pakete verschicken und deswegen von der Software auch stärker profitieren?

Dann stellt sich die wichtige Frage, wie die Paketdienste reagieren werden. Denken Sie daran: OnTimeAuditor hat keine bessere Methode für den Versand von Paketen erfunden. Ebenso wenig hat das Unternehmen die Kosten gesenkt, indem es einen Mittelsmann ausschaltete (wie Dell es getan hat). Nein, OnTimeAuditor verschafft seinen Kunden mehr Macht über ihre Zulieferer (die Paketdienste), indem es den Kunden die Möglichkeit gibt, die Leistung der Paketdienste zu überwachen. Eigentlich verteilt OnTimeAuditor nur Wert um, vom Paketzusteller zum Kunden, und nimmt dafür Prozente. Werden UPS und FedEx bei diesem Geschäft auf ihre Kosten einfach zusehen? Wahrscheinlich nicht. Aber wie reagieren sie wahrscheinlich?

Die Zusteller könnten ihre Preise erhöhen, um die gestiegenen Kosten wieder hereinzubekommen. Oder sie weichen ihre Versprechen bezüglich der Zustellungszeiten auf. Beide Möglichkeiten sind denkbar und wahrscheinlich; das endgültige Ergebnis wird von der Machtverteilung im Markt für Paketzustellung abhängen. Die Frage lautet: Was passiert, wenn ein Zustelldienst die Preise erhöht? Ziehen die anderen nach oder nutzt einer der Konkurrenten die Chance, lässt seine Preise konstant und schnappt den anderen Marktanteile weg?

Wenn die gesamte Branche die Preise erhöht, hat OnTimeAuditor ironischerweise vielleicht eine Zukunft. Die Ironie liegt dabei darin, dass der von OnTimeAuditor geschaffene Wert steigt, wenn die Zustellkosten in die Höhe gehen. Wenn die Branche aber reagiert, indem sie die Zuverlässigkeit der Zustellung erhöht, dann hat OnTimeAuditor ein Problem. Der Haken an der Sache ist, dass OnTimeAuditor nur so lange Erfolg haben kann, solange es keinen zu großen Erfolg hat. Zu hohe Gewinne würden nämlich Konkurrenten anlocken oder die Zustelldienste zu Gegenmaßnahmen veranlassen.

Die Geschäftsidee hinter OnTimeAuditor ist ganz einfach; jeder versteht sofort, wie OnTimeAuditor Wert schafft. Sobald man aber über die Verteilung dieses Werts nachzudenken beginnt, wird die Sache viel komplizierter. Strategisches Denken fällt deswegen schwer, weil man immer die Reaktionen aller anderen Beteiligten berücksichtigen muss. Selbst in einem so einfachen Fall wie bei OnTimeAuditor tummeln sich etliche Mitspieler auf dem Feld – ganz zu schweigen von den potenziellen Mitspielern, die jederzeit von draußen dazustoßen können. Alle Beteiligten sind ganz normale Leute, Normalsterbliche, die aus den verschiedensten Gründen Entscheidungen treffen, die weder vorhersagbar sind noch notwendigerweise rational sein müssen. Mit all diesen Unsicherheitsfaktoren geht man am besten um, indem man sich zu einer disziplinierten Denkweise zwingt. Als Grundlage dafür muss man verstehen, welche wirtschaftlichen Kräfte in jeder Wettbewerbssituation wirken. 1979 stellte Michael Porter erstmals das so genannte Fünf-Kräfte-Modell vor, das inzwischen zum strategischen Grundwissen gehört. Porter identifizierte die Faktoren, die die Attraktivität einer Branche bestimmen: (1) die Wettbewerbsintensität zwischen den Konkurrenten, (2) die Möglichkeit neuer Marktzutritte, (3) die Macht der Zulieferer, (4) die Macht der Kunden und (5) die Erhältlichkeit von Substituten (ähnlichen Produkten oder Dienstleistungen).

Im Zusammenspiel dieser Kräfte ergibt sich eine Marktform, irgendwo im Spektrum zwischen Monopol und vollkommener

Konkurrenz. Gegen diese oder mit Hilfe dieser Kräfte versucht jedes Unternehmen, einen Graben zu ziehen und ihn mit Krokodilen zu bevölkern. Angriffe können von allen Seiten gleichzeitig kommen (wie unser Beispiel OnTimeAuditor zeigt).

Patente und geistiges Eigentum, Marken und spezielles Know-how helfen bei der Verteidigung der Burg. Eine gute Strategie sorgt für einen schützenden Wassergraben und überdurchschnittliche Gewinne. Doch irgendwann wird jemand eine Methode austüfteln, Ihre Burg anzugreifen, wenn die Beute nur attraktiv genug aussieht. Je offener und innovativer die Märkte werden, desto mehr Alternativen hat der Kunde. Deswegen hat die New Economy die Old Economy auch auf vielerlei Weise gezwungen, flexibler zu werden und ihre Burgen ständig zu verschieben. Viele etablierte Unternehmen fürchteten zurecht, dass neu gegründete Firmen ihre hergebrachten Märkte durcheinanderbringen würden – wie Amazon.com den Buch- oder E*Trade den Wertpapierhandel.

Lange funktionierte die Strategie der amerikanischen Autobauer, Fahrzeuge zu produzieren, die nach ein paar Jahren auseinander fielen. Den Kunden blieb nichts anderes übrig, als regelmäßig neue Autos zu kaufen – bis Toyota und Honda kamen und den Markt aufmischten. Auch Shopping Malls verfolgten lange eine sehr kundenunfreundliche Strategie: konkurrierende Läden wurden in der Mall absichtlich weit voneinander entfernt angesiedelt, so dass man für einen Preisvergleich weit laufen musste. Den Kunden passte das gar nicht. Das nutzte ihnen aber nichts, bis neue Einzelhandelskonzepte – Online-Shopping und die Bündelung von konkurrierenden Geschäften in neuartigen Einkaufszentren – für Alternativen sorgten. Wenn die herkömmlichen Shopping Malls angesichts dieser Konkurrenz überleben wollen, müssen sie sich etwas einfallen lassen.

Nicht Gutes tun, sondern Besseres: Strategien für gemeinnützige Institutionen

Früher schienen gemeinnützige Institutionen in einem Paralleluniversum zu arbeiten, von Konkurrenzdruck kaum berührt. Leute schlossen sich ihnen an, um Gutes zu tun, um zu dienen, nicht um zu konkurrieren. Es gibt eine wunderbare (wenn auch wahrscheinlich erfundene) Geschichte über die Paralympics (Behindertenolympiade), die diese Einstellung erfasst. Die Sportler stehen an der Startlinie für den 100-Meter-Lauf. Der Startschuss fällt, jeder läuft, so schnell er kann. Da stürzt einer der Läufer und fängt an zu weinen. Seine Konkurrenten hören ihn, drehen um und kommen zurück, um ihn zu trösten. Dann gehen alle gemeinsam ins Ziel, Arm in Arm.

Die Moral von der Geschicht lautet natürlich: Es ist wichtiger, anderen zu helfen, als zu gewinnen. Diese Einstellung ist in gemeinnützigen Organisationen fest verwurzelt. Doch inzwischen greift der Wettbewerb auch auf diesen Sektor über, und viele fühlen sich bedroht. David Lawrence, Vorsitzender und Chef von Kaiser Permanente (die größte gemeinnützige Organisation im amerikanischen Gesundheitswesen) beschreibt das veränderte Klima: »Im letzten Jahrzehnt ist einiges passiert, das bei vielen wohltätigen Organisation eine Midlife-Crisis ausgelöst hat, auch bei uns. [Es stellte sich die Frage:] Ist es möglich, in einem Wettbewerbsmarkt zu bestehen und trotzdem unserem Auftrag treu zu bleiben?«

Eine ganz wichtige Frage, und doch geht sie am Problem vorbei. Denn wenn Strategie »Erfolg durch Andersartigkeit« zum Ziel hat, dann widerspricht strategisches Vorgehen nicht einer sozialen Mission. Gerade in einer Welt, wo es einen riesigen Mangel an vielen Sozialleistungen gibt, braucht man unbedingt höhere Leistungen der einzelnen Organisationen. In einer Welt knapper Ressourcen muss jeder Euro, den wir für Sozialleistungen ausgeben, auch den maximalen Nutzen stiften, egal ob bei der Bekämpfung des Analphabetismus, der Obdachlosigkeit oder beim Umweltschutz.

Die Strategie eines Unternehmens zielt auf »Erfolg durch Andersartigkeit« – und genau das gleiche gilt auch für die Strategie von gemeinnützigen Institutionen, nur dass der Erfolg sich dadurch ausdrückt, dass man eine höhere Leistung für die Gesellschaft erbringt (statt für Kunden und Aktionäre). Weder gemeinnützige Institutionen noch Unternehmen können es allen Recht machen, deswegen muss sich jede wohltätige Organisation entscheiden, was sie tun und – ebenso wichtig – was sie *unterlassen* will.

Nehmen Sie als Beispiel The Nature Conservancy (TNC), eine der weltweit größten Organisationen für den Artenschutz. Seit seiner Gründung 1951 verfolgt TNC die Mission, »Pflanzen, Tiere und Lebensräume zu bewahren, die die Vielfalt des Lebens ausmachen«. Erreicht wird dieses Ziel, indem TNC Land kauft und sich selbst überlässt (dies ist die Theorie der Veränderung). Was TNC *nicht* macht: TNC verzichtet im Gegensatz zu vielen anderen Umweltschutzorganisationen auf öffentliche Aktionen wie Proteste, Demonstrationen usw. Das Geld für den Kauf von Land stammt von privaten Spendern. Bei der Spendenakquise spricht TNC gezielt Leute an, denen Naturschutz am Herzen liegt. John Sawhill, ehemaliger Chef der Organisation, sagt, man versuche »die wachsende Gruppe derjenigen anzusprechen, die die Natur lieben, sie schützen wollen und Organisationen unterstützen wollen, die greifbare Ergebnisse erzielen. Diese Leute mögen es, dass wir unsere Ziele mit marktwirtschaftlichen Methoden verfolgen, dass wir Natur auf die altmodische Art schützen: indem wir sie kaufen und in Ruhe lassen«.

Der Ansatz von TNC besteht darin, gute Nachrichten zu verkünden (z.B. wie viele Hektar Grund man neu erworben hat), anstatt die Öffentlichkeit durch Berichte über Umweltsünden zu erschüttern, wie andere Organisationen es machen.

Der Erfolg von TNC lässt sich dadurch erklären, dass die Organisation klare und konsequente Entscheidungen trifft, die sich direkt aus ihrer Mission und Strategie ergeben. Wie bei jeder guten Strategie musste auch im Fall von TNC eine Güterabwägung getroffen werden (keine Aktionen in der Öffentlichkeit). Jetzt ist TNC auf dem Weg, den es eingeschlagen hat, einzigartig.

Es fällt jeder Organisation schwer, auf Kurs zu bleiben; Unternehmen kämpfen oft mit der Versuchung, ihre Angebotspalette immer weiter auszudehnen, um zusätzlichen Umsatz zu erzielen. Doch damit erreichen sie meist nur, dass ihre eindeutige Positionierung verwischt wird und ihr Gewinn sinkt. Dies passiert, weil lauter isolierte Maßnahmen getroffen werden, die für sich genommen jeweils den Umsatz erhöhen, aber in ihrer Gesamtheit möglicherweise das Gegenteil bewirken.

Auch im Sozialbereich verlieren Organisationen manchmal ihre Mission aus den Augen. Es besteht beispielsweise eine natürliche Tendenz, sich zusätzliche Aufgaben aufzubürden, die mit den ursprünglichen Zielen nahe verwandt sind. Doch dabei besteht die Gefahr, sich zu verzetteln und in keinem Bereich mehr effektiv zu arbeiten. Wie erwähnt, hat Habitat for Humanity die außerordentlich lobenswerte Aufgabe übernommen, mit Hilfe der örtlichen Gemeinschaft Häuser für sozial Schwache zu bauen. Sollte die Organisation ihren Aufgabenbereich vielleicht auch auf Bekämpfung der Obdachlosigkeit oder auf Katastrophenhilfe ausdehnen? Klar, auch in diesen Bereichen gibt es großen Bedarf an Unterkünften, aber passen sie zu Habitat for Humanitys Theorie der Veränderung?

Oft weichen wohltätige Organisationen von ihrer ursprünglichen Mission ab, wenn ein gutmeinender Spender eine Aktion finanziert, die eigentlich nicht zur Strategie der Organisation passt. In diesen Fällen ist es ganz wichtig – und enorm schwer –, nein zu sagen. TNC beispielsweise lehnte eine Spende von mehreren hunderttausend Dollar ab, mit der ein Bevölkerungsprogramm finanziert werden sollte. Sawhill meint: »Man muss sich immer fragen: Trägt diese Aktion angesichts unserer limitierten Ressourcen und angesichts der riesigen Probleme, mit denen wir ohnehin schon kämpfen, zur Erfüllung unserer Mission – dem Artenschutz – bei? Oft müssen wir Projekte ablehnen, die zwar attraktiv sind, aber nichts zur Erreichung unserer Ziele beitragen.«

Kapitel 4
Organisation: Wo zieht man die Grenzen?

Wir übten ohne Unterlass, doch jedes Mal, wenn wir uns zu einer Gruppe zu formieren begannen, wurden wir wieder neu durcheinander gewürfelt. Später lernte ich, dass es in der Natur des Menschen liegt, in neuen Situationen alles umzuwerfen. Was für eine wunderbare Methode, Fortschritt vorzugaukeln, während man doch nur Konfusion produziert, Ineffizienz und Frust.

PETRONIUS ARBITER, SATYRICON
(1. Jahrhundert n.Chr.)

Allein die Frage »Wie sollte eine Organisation aussehen?« hat mehr betriebswirtschaftlichen Jargon hervorgebracht – und das Leben von mehr Leuten umgewälzt – als jedes andere Managementthema. Die meisten größeren Unternehmen haben sich im Verlauf der letzten beiden Jahrzehnte einer radikalen Reorganisation, Umstrukturierung oder einem umfassenden Reengineering unterworfen, einige sogar mehrfach (zum Beispiel Giganten wie AT&T und IBM). Das Verwirrende an diesen Umwälzungen ist, dass sie gleichzeitig in gegensätzliche Richtungen laufen.

Einerseits geht die Tendenz eindeutig Richtung »Small is beautiful« und stärkere Marktorientierung aller Bereiche. Outsourcing und strategische Partnerschaften wurden zu den beliebtesten Methoden, neu zu definieren, was innerhalb und außerhalb der Grenzen eines Unternehmens liegt. Große Unternehmen haben Downsizing betrieben – auf gut Deutsch, Leute entlassen – und Funktionen und ganze Geschäftsbereiche nach außen verlagert, um schlanker, schneller und schlagkräftiger zu werden. Die Wertschöpfung findet zunehmend über Unternehmensgrenzen hinweg statt.

Gleichzeitig rollte in den 1990ern die größte Welle an Fusionen und Firmenübernahmen, die die Welt je gesehen hat. Und welches Unternehmen galt als Musterbeispiel für Wettbewerbsorientierung und gutes Management? Ein riesiges Konglomerat namens General Electric, das unter der Führung von Jack Welch Hunderte Firmen aufkaufte. Cisco Systems, einer der (damals) rasant aufgehenden Sterne des Internetzeitalters entwickelte einen solchen Appetit auf innovative Unternehmen, dass die meisten IT-Start-ups davon träumten, von Cisco geschluckt zu werden. Die Flut an neuen Konzernnamen verrät alles: DaimlerChrysler, ExxonMobil, AOL-Time Warner. Offiziell pries jeder die Vorteile kleiner, virtueller Geschäftseinheiten, doch in Wirklichkeit wurden die Giganten nur immer größer.

Dieses Kapitel erklärt, warum jede Organisation ihre Grenzen so zieht, wie sie es tut – und warum sie diese Grenzen dann wieder verschiebt. Die Aufgabe des Managements lautet, Komplexität und Spezialisierung in wirtschaftlichen Erfolg zu übersetzen. Dafür muss es dreierlei Grenzen ziehen: Zuerst die *Grenze nach außen*. Sie trennt das Unternehmen von der Welt ab. Danach die *Grenzen der Organisationsbereiche*. Sie trennen die einzelnen Teile des Unternehmens ab und legen fest, wie sie sich zueinander verhalten. Als letztes folgen die *Grenzen der Verantwortungsbereiche*. Sie legen fest, wer was entscheidet.

Wie sollen sich Unternehmen organisieren? Wo sollten die Grenzen liegen? Sind kleinere oder größere Unternehmen besser? Zentralisierte oder dezentralisierte? Von oben regierte oder von unten nach oben organisierte? Ist es besser, selbst über Maschinen und Menschen zu verfügen, oder ein Netz von externen Partnern und Selbständigen zu knüpfen? Und warum ändern wir anscheinend dauernd unsere Meinung, wenn es um die Beantwortung dieser Fragen geht?

Das liegt an folgendem Grund: Der Aufbau einer Organisation hängt von ihrer Strategie ab, und zwar so unmittelbar, dass man oft kaum mehr sagen kann, wo Strategie endet und Organisation beginnt. Strategien ändern sich, und deswegen müssen auch Organisationen flexibel sein. Die ständigen Grenzverschiebungen sind Ergebnis des Kampfes ums Überleben; Grenzen werden nie endgültig gezogen.

Wo die Grenzen verlaufen, hängt in erster Linie davon ab, was ein Unternehmen überhaupt vorhat, wie es sich von der Konkurrenz abgrenzen will. Deswegen gibt eine eindeutige Strategie die groben Umrisse der Organisation bereits vor: Sie legt fest, wie groß das Unternehmen mindestens sein muss, wie die Produktpalette ungefähr aussieht, welche Tätigkeitsbereiche benötigt werden und welche Struktur das Unternehmen braucht. Daraus ergeben sich die Umrisse der Organisation.

Ford gegen Sloan: Zwei Strategien, zwei Strukturen

Der Kampf um die Vorherrschaft in der Automobilindustrie zeigt ganz hervorragend, wie eng Strategie und Organisation miteinander verknüpft sind. Die Geschichte begann vor einem Jahrhundert mit Henry Ford. Schon wenige Jahre nach Gründung der Ford Motor Company 1903 hatte Henry Ford seinen Plan gefasst: Er wollte ein Auto für die Massen bauen, ein Auto, das sich jeder Arbeiter leisten konnte. Damals hielten seine Zeitgenossen das Auto für ein Spielzeug reicher Leute, ganz amüsant, aber teuer und unzuverlässig. Autos zu bauen, hielt man für ein Handwerk; Autos wurden von Hand gemacht, eins nach dem anderen.

»Crazy Henry« dachte jahrelang wie ein Besessener nach und schuf dann das Auto seiner Träume. Das Model T war robust, leicht zu steuern und kostete 825 Dollar. Im ersten Jahr, 1908, verkaufte Ford über 10 000 Stück. Und das war erst der

Anfang. Ford senkte die Kosten immer weiter, 1912 konnte er das Model T für 575 Dollar anbieten. Damit lag erstmals der Preis eines Autos unter dem durchschnittlichen Jahreslohn. Bis 1913 explodierten die Verkaufszahlen geradezu, auf über 250 000 Stück jährlich.

Fords Plan mündete in eine Strategie, die wiederum die Struktur des Unternehmens vorgab, nämlich die Unternehmensgröße und die Breite der Produktpalette. Das Auto für die Massen musste erschwinglich sein, dafür brauchte man Massenproduktion und Skaleneffekte. Je billiger das Model T wurde, desto mehr Leute konnten es sich leisten. Und je mehr Leute es kauften, desto weiter sanken die Produktionskosten pro Stück.

Entscheidend für die größte Preissenkung – um dreißig Prozent zwischen 1908 und 1912 – war die Einführung der Fließbandarbeit. Henry Ford hatte sich dabei von den Fließbändern in den Großschlachtereien Chicagos inspirieren lassen: Dort transportierten automatisch laufende Waggons die geschlachteten Tiere an den Metzgern vorbei, und jeder machte die ihm zugewiesenen Schnitte. Die Fließbandarbeit verschaffte Ford einen entscheidenden Produktivitätsvorsprung gegenüber seinen Rivalen. 1914 stellte Ford mit 13 000 Arbeitern 260 000 Fahrzeuge her, seine gesamte amerikanische Konkurrenz baute 287 000 Autos, etwa zehn Prozent mehr als Ford – aber mit fünfmal so vielen Beschäftigten!

Nur die Beschränkung auf ein einziges Modell machte die Erfüllung von Fords Traum möglich. Jedes Teil, jeder Prozess wurde analysiert, in seine Grundbestandteile zerlegt und standardisiert. Das maximierte die Effizienz und minimierte die Kosten. Das Ergebnis war ein hochgradig spezialisierter Produktionsprozess, der nur eines konnte, das aber sehr, sehr gut.

Zur Strategie Fords passte nur eine Organisationsform: strikte Hierarchien und das Prinzip von Befehl und Gehorsam. Jedes Detail wurde von oben vorgegeben; Henry Ford gab Befehle, die innerhalb der zentralisierten Organisation nach unten weitergeleitet wurden. Es gab in Fords Fabriken nie den geringsten Zweifel, wo die Grenzen der jeweiligen Verantwortungsbereiche lagen.

1920 setzte eine Rezession ein, und die Nachfrage nach Autos fiel. Weil Ford zu so geringen Kosten produzierte, konnte er den Preis des Model T um 25 Prozent senken. General Motors konnte da nicht mithalten und verlor drastisch Marktanteile. 1921 beherrschte Ford 55 Prozent des Marktes, alle Marken von General Motors kamen gemeinsam gerade noch auf elf Prozent.

Sloan schlägt zurück

In dem Jahr, als Ford das Model T herausbrachte, gründete William C. Durant, damals Chef von Buick, die General Motors Company. Der Konzern setzte sich aus einer Reihe unabhängiger Autohersteller und Zulieferer zusammen, die Durant geschluckt hatte. Unternehmen wie Cadillac und Chevrolet gehörten zwar zum Konzern, gingen aber weiter ihre eigenen Wege. Dabei konkurrierten sie gegeneinander ebenso sehr wie gegen Ford. Durant hielt zwar alle Teile in der Hand, die General Motors ausmachen, schaffte aber nie, diese Teile zu einem funktionierenden Ganzen zu fügen.

Dies gelang erst seinem bekannteren Nachfolger, Alfred Sloan. Schon früh erkannte Sloan, dass er nicht direkt gegen Fords Model T konkurrieren konnte. Was aber würde passieren, wenn Sloan Chevrolet in einem höheren Marktsegment positionierte? Man könnte beispielsweise serienmäßig einen Anlasser einbauen; dies würde Sloan erlauben, den Chevrolet teurer anzubieten als Ford das Model T und trotzdem zu behaupten, dem Kunden »mehr fürs Geld« zu bieten. Von dort ausgehend könnte man immer komfortablere Autos für immer höhere Ansprüche konstruieren und maßgeschneiderte Autos »für jeden Zweck und jeden Geldbeutel« auf den Markt bringen. Sloan verfolgte also eine Strategie der Produktdifferenzierung und Kundensegmentierung.

Diese Idee war zwar völlig richtig, in der Praxis machte es aber ziemliche Schwierigkeiten, die einzelnen GM-Marken auf verschiedene Kundengruppen auszurichten. Vor allem musste man zunächst die Organisation des Konzerns radikal umbauen, denn GM zielte gleichzeitig in zwei verschiedene Richtungen: Einerseits erweiterte man das Produktspektrum in einer Weise, wie noch kein Hersteller es je gewagt hatte, um breitere Kundengruppen anzusprechen. Andererseits versuchte man, so viele Teile wie möglich in den verschiedenen Typen gemeinsam zu verwenden, um die Produktionskosten niedrig zu halten. Dies bedeutete, dass die Entwicklungsabeilungen sich koordinieren mussten.

Sloan löste dieses Problem durch Einführung einer neuen Organisationsstruktur mit einzelnen Geschäftsbereichen. Er bezeichnete die Struktur als »gelungenen Kompromiss zwischen den Extremen der völligen Zentralisierung [wie bei Ford] und der völligen Dezentralisierung [wie unter Durant]«. Getrennte Geschäftsbereiche konzentrierten sich jeweils auf bestimmte Kundengruppen; dies erlaubte ihnen, bessere Entscheidungen hinsichtlich der Produktpalette und dem Vertrieb zu treffen. Ein starkes Zentralbüro sollte die Aktivitäten der Geschäftsbereiche koordinieren und beispielsweise Marktsegmente zuweisen, geeignete Leistungsmaßstäbe aufstellen und vor allem dabei helfen, bei Design und Einkauf Skalenvorteile zu realisieren. Ohne diese zentrale Koordination wären die Autos von GM unerschwinglich gewesen. Sloans Organisationsstruktur gab GM eine Ausrichtung auf Marketing und Verkauf und ermöglichte gleichzeitig Skaleneffekte bei Konstruktion und Fertigung. Mit anderen Worten: GMs Organisationsstruktur passte zu Sloans Strategie.

Heute findet man überall Unternehmen mit selbständig arbeitenden Geschäftsbereichen, doch damals war diese Struktur revolutionär neu. Hätte die Welt nur Model Ts gewollt, dann hätte sich Fords hochgradig zentralisiertes System durchgesetzt. Es eignete sich einfach am besten für die Herstellung des Model T. Allerdings blickt es ausschließlich nach innen, auf die Produktion. Die von Sloan eingeführte Struktur erlaubte es GM, auf Tuchfühlung mit den Märkten zu gehen, flexibel zu reagieren und zu wachsen.

Zwischen den Weltkriegen gab es nur eine Handvoll Großkonzerne, die sich eine vergleichbare Struktur mit separaten Geschäftsbereichen gaben, unter anderen Sears, DuPont und Standard Oil of New Jersey. Diese neue Organisationsstruktur vereinigte dezentrale Entscheidungsprozesse von Leuten, die sich mit den spezifischen Problemen bestens auskannten, und koordinierte Planung von oben, die es ermöglichte, Skaleneffekte auszunützen. Die Struktur erlaubte es Konzernen, ihre Angebotspalette immer breiter zu machen und auf immer mehr Märkte einzudringen, ohne dass die Spitzenmanager überlastet wurden, denn die oberste Führungsebene beschäftigte sich allein mit der Strategie des Gesamtkonzerns.

Unter Sloans Führung eroberte GM bis 1940 einen 45-prozentigen Marktanteil zurück, während Fords Anteil auf 16 Prozent fiel. Henry Ford amüsierte sich über das Organigramm von GM (die grafische Darstellung der Organisation) und spottete, es sehe aus wie ein Baum »voll saftiger Beeren, die alle den Namen eines Menschen oder eines Büros tragen … Eine Nachricht von einer Beere links unten im Diagramm braucht ungefähr sechs Wochen, bis sie den obersten Boss erreicht.« Reiner Neid: Der überwältigende Erfolg von GM zeigte, dass Sloan recht hatte.

1899, als in den USA 30 Autofirmen insgesamt 2500 Fahrzeuge herstellten, fertigte niemand seine Teile selbst. Allmählich aber konsolidierte sich die Branche, der Output wuchs und Unternehmen wie Ford und GM erweiterten das Spektrum ihrer Tätigkeiten auf die Herstellung von Komponenten. In den späten 1920ern trieb Ford die vertikale Integration auf die Spitze, als man eine riesige Gummiplantage im südamerikanischen Dschungel kaufte, um bei der Reifenproduktion unabhängig zu sein.

Warum ziehen Unternehmen die Grenzen immer wieder neu, die festlegen, welche Bestandteile der Wertkette sie selbst erstellen? Wieder geht es darum, Strategie und Struktur aneinander anzupassen und eine Organisationsform zu finden, die eine gegebene Definition von Wert (das richtige Produkt zum richtigen Preis) am besten umsetzt. Nehmen Sie als Beispiel die Entscheidung von GM, die Karosserien seiner Fahrzeuge künftig selbst herzustellen.

Als die Autokäufer Mitte der 1920er höhere Ansprüche zu stellen begannen, verlagerte sich die Nachfrage langsam von offenen Fahrzeugen wie dem Model T auf Autos mit geschlossener Karosserie. Kunden verlangten nach Komfort zu jeder Jahreszeit. Zwischen 1924 und 1927, in nur drei Jahren, sprang der Marktanteil geschlossener Fahrzeuge von 43 auf 85 Prozent. Die Autobauer kämpften gleichzeitig mit der gewaltigen Nachfrage und den zusätzlichen Kosten, die bei der Produktion geschlossener Autos anfielen. GM plante, beide Probleme – Lieferengpässe und Kostenentwicklung – dadurch zu lösen, dass es seinen Hauptzulieferer, Fisher Body, bat, ein Zweigwerk direkt neben einer neuen Fertigungsanlage von GM zu errichten. Durch die Nachbarschaft der Fabriken würde man Kosten sparen, zum Beispiel beim Transport. Gleichzeitig würde sich GM eine verlässliche Quelle für Karosserien sichern.

Fisher Bodies wies die Bitte zurück. Denn das Karosseriewerk wäre so spezialisiert gewesen, dass es nur für einen Kunden hätte arbeiten können: für GM. Das hätte GM eine überwältigende Verhandlungsmacht verschafft, Fisher wäre völlig von GM abhängig geworden. Kein Wunder also, dass Fisher sich weigerte, GM diesen Gefallen zu tun.

Als Antwort darauf schluckte GM den Karosseriebauer. In jener Zeit war Rückwärtsintegration – die Erweiterung der Fertigungstiefe in Richtung vorgelagerte Produktionsschritte – aus mehreren Gründen sinnvoll: Erstens sorgte die verbesserte Koordination für Kostenersparnisse. Und zweitens funktionierten die Märkte für Zulieferteile damals viel weniger zuverlässig als heute, man konnte also durch den Kauf von Zulieferern die Versorgungssicherheit erhöhen und Produktionsstillstände verhindern.

In ihrer Gesamtheit bestimmen die Make-or-buy-Entscheidungen, welche Arbeitsschritte ein Unternehmen selbst erledigt. Hinter jeder einzelnen Entscheidung steht eine Güterabwägung: Macht man etwas selbst, mit eigenen Maschinen und Beschäftigten, übt man eine stärkere Kontrolle aus. Damit löst man ein fundamentales Problem jeder Organisationsstruktur – wie man die Ressourcen und Beschäftigten so *koordiniert,* dass eine gegebene Aufgabe auch erfüllt wird. Als Eigentümer bestimmt man, wo's lang geht. Wenn GM also Fisher Body kauft, kann es selbst entscheiden, was dort wann produziert wird. Eigentum und hierarchische Befehlsgewalt machen es leichter, ein komplexes System auch als System zu managen.

Während man aber das *Koordination*sproblem löst, lädt man sich ein ebenso fundamentales anderes Problem auf: das *Motivation*sproblem. Damit eine Organisation Leistung erbringen kann, muss jeder Beteiligte motiviert sein, sein Bestes zu geben. Wird ein Zulieferer geschluckt, geht ihm der wichtigste Anreiz verloren, weil er nicht länger der Konkurrenz ausgesetzt ist. Ein selbstständiger Zulieferer zittert jeden Tag, dass sein Hauptabnehmer zur Konkurrenz abwandern könnte. Deswegen sucht er unablässig nach neuen, besseren Methoden. Doch als Teil von GM hat Fisher die Garantie, dass es seine Karosserien immer los wird. Fisher genießt also das Äquivalent einer garantierten Anstellung auf Lebenszeit.

Wie Toyota die Grenzen nach außen und zwischen den Verantwortungsbereichen neu zog

Toyota wird immer dafür in Erinnerung bleiben, eine weltweite Revolution in Sachen Produktqualität ausgelöst zu haben. Gleichzeitig gebührt dem Autobauer auch der Verdienst, eine langsame Kettenreaktion gestartet zu haben, in deren Verlauf die Grenzen von Organisationen in den verschiedensten Branchen neu definiert wurden. Toyotas Erfolg warf eine Frage auf, mit der Manager seitdem kämpfen: Welche Aufgabe sollte innerhalb der Unternehmensgrenzen erledigt werden, welche außerhalb? Toyota hat der Welt gezeigt, dass man seine Zulieferer effektiv managen kann, auch wenn man sie nicht besitzt. Toyota bekam das beste aus beiden Welten: die Koordination und Kooperation, die mit direkter Verfügungsgewalt einhergehen (also mit Eigentum), und die Motivation, Flexibilität und den Erfindungsreichtum, die mit Konkurrenz einhergehen.

Gleichzeitig stellte Toyotas Erfolg die Art in Frage, wie die meisten Unternehmen ihre Grenzen ziehen. Um effektiv *über die Grenzen eines Unternehmens hinaus* arbeiten zu können, brauchte man auch eine neue Einstellung und Arbeitsweise *innerhalb* der Grenzen. Lange bevor »Empowerment« im Westen zum nervtötenden Schlagwort wurde, zeigte Toyota, wie wertvoll hundertprozentig engagierte Beschäftigte sind. Diese beiden Neuerungen (starke Kooperation mit den Zulieferern und Empowerment der eigenen Belegschaft) wurden gleichzeitig eingeführt, waren aber nicht bewusst geplant, sondern das

Ergebnis der Entschlossenheit Toyotas, aus widrigen Umständen das Beste zu machen.

1950 war Toyota der David unter den Goliaths der Automobilindustrie. Unmittelbar nach dem Krieg lag Japan am Boden, es fehlte an allen Ressourcen. Als unbedeutender heimischer Hersteller hatte Toyota weder die Größe noch das Kapital, um unter den damaligen Bedingungen gegen die amerikanische Autobranche anzutreten. Die Umstände zwangen Toyota, auf ganz andere Weise Autos zu bauen als die amerikanische Konkurrenz. Folglich zog es auch seine Grenzen in der Organisation ganz anders als Detroit. Toyota konnte es sich nicht leisten, Komponenten selbst zu bauen oder Zulieferer aufzukaufen. Es musste sich auf externe Zulieferer verlassen, nicht nur bei Rohstoffen, sondern auch bei komplexen Baugruppen wie zum Beispiel Bremsen. Es fehlte am Platz und Kapital für ein Lager – also musste man lernen, ohne Lager auszukommen.

Toyotas Ansatz widersprach gleich in zweierlei Hinsicht allem, was man über Organisation zu wissen glaubte. Erstens bedeutete er, dass man mit den Zulieferern Informationen austauschte und sie als Partner behandelte, nicht als Feinde. Die Kooperation beruhte auf der Idee, dass der Zulieferer umso besser auf die Bedürfnisse von Toyota eingehen konnte, je genauer er wusste, was der Autobauer wünschte. Toyota hat gezeigt, dass Kooperation im Interesse aller Beteiligten sein kann. Mit seinem Zulieferer um Preise zu feilschen war immer ein Spiel, bei dem einer gewann und der andere verlor. Doch wenn man zusammenarbeitete und einen Mehrwert für die Kunden schuf, dann konnten alle profitieren.

Zweitens hielt Detroit Lagerbestände für ein notwendiges Übel. Man glaubte einfach, einen gewissen Vorrat an Teilen halten zu müssen, um einen reibungslosen Ablauf der Fertigung sicherzustellen. Anstatt zu riskieren, dass die Bänder still standen, weil beispielsweise die Achsen ausgegangen waren, hielt man immer welche auf Lager, »nur für den Fall«.

Das konnte sich Toyota nicht leisten – und erfand das Prinzip »just in time«. Die Idee dahinter: Wenn jeder Schritt des Produktionsprozesses hundertprozentig verlässlich ablief, konnte man auch die Zulieferer dazu bringen, genau die Anzahl Teile zu liefern, die man im Moment gerade brauchte. Doch um den Produktionsprozess verlässlich ablaufen zu lassen, musste man Fabriken auf neuartige Weise organisieren. Zum Beispiel ermächtigte Toyota seine Arbeiter, das Band jederzeit anzuhalten, wenn ein Problem auftrat. Die Logik dahinter: Wenn das Band bei einem Problem weiterläuft und die fehlerhaften Produkte erst am Ende der Fertigung aussortiert werden, kostet das nicht nur mehr, sondern nimmt einem auch die Chance, ein Problem direkt an der Wurzel zu bekämpfen. Also zog Toyota die Grenzen innerhalb der Organisation neu und ermächtigte seine Arbeiter, Qualitätsmängel schon bei ihrer Entstehung abzustellen.

Das widersprach allem, was Taylor und Ford zuvor gepredigt hatten; sie hatten die Ansicht vertreten, dass die Manager nachdachten und die Beschäftigten einfach tun sollten, was man ihnen sagte. Toyota erlaubte seinen einfachen Arbeitern, Probleme zu lösen. Indem Toyota Gehorsam durch eigenständiges Denken ersetzte, bahnte es einer ganzen Reihe von neuen Ansätzen den Weg, die die Qualität des Herstellungsprozesses verbesserten. Das Stichwort lautet Total Quality Management (TQM). Als Folge der Maßnahmen bei Toyota stieg die Qualität der Endprodukte dramatisch.

Toyotas Vorsprung bei Kosten und Qualität war direktes Ergebnis seiner neuartigen Organisation. Toyota zeigte eine Alternative zum strikten Befehl und Gehorsam in Detroit, zu Lagerbeständen und vertikaler Integration. Toyota hielt nicht das Management für die einzige Triebfeder des Fortschritts, sondern verließ sich auf den konstruktiven Beitrag jedes Einzelnen. Statt spezialisierte Abteilungen eigenständig vor sich hin arbeiten zu lassen, organisierte Toyota abteilungsübergreifende Teams, um Probleme zu lösen. Anstatt auf vertikale Integration zu setzen, zeigte das oft studierte und kopierte Supply Chain Management von Toyota, dass Kooperation und Informationsaustausch über die Unternehmensgrenzen hinweg allen Beteiligten nutzten: den Zulieferern, Herstellern und – vor allem – den Kunden.

Managen oder kaufen: Outsourcing ist in

Die Frage »make or buy« stellte sich anfangs nur bei der Herstellung. Viele Jahre lang stellte man sie sich lediglich im Zusammenhang mit physischen Inputs: Rohstoffen, Teilen, Baugruppen. Normalerweise kam diese Frage nur auf, wenn Unternehmen expandierten. Man überlegte: »Wird es Zeit, dass wir das jetzt selbst machen?« Heutzutage läuft es höchstwahrscheinlich genau anders herum: Unternehmen verringern die Fertigungstiefe und geben Funktionen nach außen ab. Jedes Element der Wertkette wird durchleuchtet, und das Management fragt sich ständig: »Kann irgendjemand diesen Schritt besser erledigen als wir?« Falls ja: »Übersteigt der Nutzen von Outsourcing die Transaktionskosten?« *Transaktionskosten* entstehen überall, wo zwei Parteien interagieren und diese Arbeit koordiniert werden muss. Sie umfassen alle Kosten für die Suche nach einem geeigneten Kandidaten für den Job, für die Aushandlung eines Vertrags, für Kommunikation, Koordination usw.

In den letzten Jahren sind die Transaktionskosten stark gefallen. Ein ganz einfaches Beispiel zeigt, warum. Wenn jemand 1980 in Los Angeles zum Arzt ging, sprach der Arzt seinen Befund in ein Diktiergerät. Am nächsten Tag tippte ein Angestellter des Arztes die Kommentare ab und gab die Unterlagen einem weiteren Angestellten, der sie in die Krankenakte legte. Oft dauerte es tagelang, bis die Notizen verfügbar waren.

Heute wird die Tonbandaufnahme über Satellit nach Indien

überspielt und dort übertragen, während der Arzt schläft (dies ist wegen der Zeitverschiebung möglich). Wenn der Arzt am nächsten Morgen die Praxis betritt, liegt bereits ein Ausdruck der Patientenakte bereit. Fazit: Die Aufgabe wird schneller – was in der Medizin wichtig für die Behandlung sein kann – und preiswerter erledigt. Welche Rolle die Technik dabei spielt ist offensichtlich. Weniger offensichtlich ist, dass es in Indien inzwischen einen gut organisierten Markt für solche Sekretariatsdienste gibt. Und dies wiederum senkt die Transaktionskosten dramatisch.

Dank der neuen Technik und dem Fortschreiten der weltweiten Arbeitsteilung ist eine Arztpraxis heute ganz anders organisiert als vor zwanzig Jahren. Die Informationsverarbeitung findet – zumindest teilweise – außerhalb der Praxis statt. Das ist wichtig, denn das Gesundheitswesen ist eine informationsintensive Branche: 30 Prozent aller Kosten entstehen bei Informationssammlung, -verarbeitung und -präsentation. Seit der Fortschritt der Technik und der weltweiten Arbeitsteilung die Transaktionskosten gesenkt hat, erledigen Länder wie Indien und Irland die lästige Schreibarbeit der anderen. Outsourcing ist in.

1991 erhielt Ronald Coase den Wirtschaftsnobelpreis für seine Arbeiten darüber, wie Transaktionskosten die Grenzen von Organisationen beeinflussen. Bereits in den 1930ern erkannte Coase das einfache Prinzip, das die Größe einer Organisation bestimmte: Solange es preiswerter ist, Transaktionen intern durchzuführen, wachsen Unternehmen. Sobald es preiswerter kommt, die Transaktionen extern (also auf Märkten) durchzuführen, hören die Unternehmen auf zu wachsen. Je effizienter und umkämpfter die Märkte werden, desto weiter sinken die Transaktionskosten. Als Folge davon verliert vertikale Integration einen Großteil ihrer Attraktivität. Das klingt Ihnen zu abstrakt? Dann denken Sie an die Frau, die in Bangalore vor ihrem PC sitzt und die Notizen eines amerikanischen Arztes überträgt.

Heute entstehen überall effiziente Märkte, und Coase ist schwer in Mode, vor allem bei den Propheten der New Economy. Das von Coase beschriebene Phänomen ist zeitlos, doch seine Gedanken scheinen heutzutage besonders relevant. Denn sie erklären, warum neue Technik und neue Märkte es uns ermöglichen, schlanke Organisationen zu formen, die nur noch ganz wenige Dinge selbst machen. Der Arzt schafft Wert, wenn er Patienten behandelt, nicht wenn er Patientenberichte tippt. Wenn jemand anderes schneller, für weniger Geld und ebenso korrekt tippen kann, trennt eine gute Organisationsform die Tätigkeiten »Behandlung« und »Dokumentation« voneinander – zum Wohle des Patienten.

Heute betrachtet das Management die Wertkette seines Unternehmens von außen, aus dem Blickwinkel des Kunden, und sucht nach der Organisationsform, die den höchsten Gesamtwert produziert. Längst gilt das Dogma nicht mehr, ein Unternehmen müsse alle Tätigkeiten von der Forschung bis zum Kundendienst selbst erledigen. Es entstehen Unternehmen aller Größenordnungen und Formen, abhängig von dem Wert, den sie sich zu generieren vorgenommen haben.

In vielen Branchen steckt »Wert« nicht mehr in Dingen, sondern in immateriellen Aspekten. Selbst die Herstellung – früher ein Kernbereich – wird oft nebensächlich. Viele Unternehmen stellen die Dinge gar nicht mehr her, die ihre Namen tragen. Nike beispielsweise ist ein Marketingunternehmen, kein Turnschuhproduzent. Disney managt die Marke Micky Maus, aber die T-Shirts mit Micky-Bildern kommen aus chinesischen Schneidereien. Cisco Systems erfindet neue technische Lösungen, d.h., es generiert Ideen, auch wenn diese Ideen sich in physischen Produkten wie Routern und Schaltanlagen für das Internet niederschlagen. Doch die Produktion dieser Teile haben längst hocheffiziente Subunternehmen wie Flextronics, Solectron, Jabil Circuit und SCI Systems übernommen. Diese vier Spezialfirmen stellten im Jahr 2000 fast 20 Prozent aller Elektronikbauteile weltweit her, und ihr Marktanteil wächst rasant.

Warum verlassen sich Unternehmen wie Cisco auf Supply Chain Manager, die wiederum Fabriken auf der ganzen Welt mit der Fertigung beauftragen? In den 1990ern brachte Cisco ständig neue Produkte auf den Markt und ersetzte sie noch im selben Jahr durch neuere Modelle. Würde Cisco selbst produzieren, entstünden der Firma Kosten für die ständige Umrüstung der Produktionsanlagen. Würde ein neues Produkt floppen, säße die Firma auf teuren Spezialmaschinen, die sie nicht gleich wieder sinnvoll einsetzen könnte. Im Gegensatz dazu verfügen Unternehmen wie Flextronics über die Flexibilität, jederzeit nach Bedarf die Produktionsmenge auszudehnen oder herunterzufahren, und zwar nicht nur in einer Fabrik, sondern in mehreren Anlagen auf der ganzen Welt. Brad Knight, ein Manager von Flextronics, sagte gegenüber dem *Wall Street Journal*: »Wenn einer meiner Kunden Marktanteile verliert, gleiche ich das mit dem anderen Kunden aus, der ihm die Marktanteile weggeschnappt hat.« Die grundsätzlichen Überlegungen hinter der Entscheidung »make or buy« haben sich seit den Tagen von Alfred Sloan nicht geändert, wohl aber die Rahmenbedingungen. In einer Welt mit langen Produktzyklen und unzuverlässigen, unflexiblen Zulieferern war es für GM sinnvoll, Fisher Body zu schlucken. Doch in einer Ära extrem kurzer Produktzyklen und spezialisierter, weltweit agierender Zulieferer wie Flextronics spricht mehr für Outsourcing. Über Extranet kommuniziert Cisco eng mit seinen Kunden, Subunternehmern und Partnern. Dies ermöglicht eine nahtlose Zusammenarbeit, als ob es sich um ein einziges, vertikal integriertes Unternehmen handelte. Und so liefen im Jahr 2000 etwa 50 Prozent aller Bestellungen, die über das Internet bei Cisco eingingen, *direkt* an die Vertragsunternehmen weiter.

Effiziente Märkte und schnellere, billigere Kommunikationsmöglichkeiten haben die Transaktionskosten gesenkt. Dies ermutigt eine wachsende Zahl von Organisationen, über eine virtuelle Integration in irgendeiner Form nachzudenken. Grundsätzlich lässt sich alles outsourcen, von typischen Verwaltungsaufgaben bis hin zur Produktion selbst. Überall denken Unternehmen neu über die Grenzen ihrer Organisation nach und fragen sich, was am besten *im* Unternehmen und was am besten *außerhalb* des Unternehmens gemacht werden sollte. Sie konzentrieren sich immer stärker auf die strategisch wichtigen Glieder der Wertkette, auf die Glieder, die das Unternehmen einzigartig machen. Wird die virtuelle Integration in der Praxis so effizient arbeiten, wie die Theorie es verspricht? Das wird sich zeigen müssen.

Warnung: Märkte sind kein Allheilmittel

Ständig wird uns eingetrichtert, dass die »unsichtbare Hand« des Marktes praktisch alle Aufgaben naturgegeben besser erledigt als andere Mechanismen. Und obwohl unsere Wirtschaft wahrscheinlich nie zu einem Netz elektronisch verbundener Freelancer werden wird, muss sich doch jedes Unternehmen fragen, wie es auf die Entstehung neuer Märkte reagieren will. Trotzdem: Märkte sind kein Allheilmittel, sie funktionieren nicht immer besser als die »sichtbare Hand« des Managements. Nehmen Sie als warnendes Beispiel den Fall der amerikanischen Basketballliga NBA. Die NBA ist ein Zusammenschluss von Teams, die jeweils ihren Eigentümern gehören. Im Jahr 1999 verlor die NBA 20 Prozent ihrer Zuschauer zur Prime Time. Warum? Die meisten Basketballfans sehen sich Spiele nicht wegen einer Mannschaft an, sondern wegen herausragender Einzelspieler wie Michael Jordan oder Larry Bird. Früher spielten diese Stars vier Jahre College-Basketball, bevor sie in die Profiliga kamen. Von dort brachten sie eine große Fangemeinde mit, wenn sie in der NBA anfingen. Doch jetzt führt die Konkurrenz zwischen den Teams zunehmend dazu, dass Talente immer früher unter Vertrag genommen werden. Junge Spieler stoßen direkt nach der High School zur NBA – doch das Publikum kennt sie nicht und schert sich nicht um sie. Deswegen müssen die Teambesitzer immer mehr Geld dafür ausgeben, den Bekanntheitsgrad von aufstrebenden Sternen zu pushen (allerdings ohne großen Erfolg).

In gewisser Weise illustriert dieses Beispiel nur aufs Neue die Macht der Marktkräfte: Talentierte Spieler sind rar, werden heftig umworben und bekommen ein immer größeres Stück vom Kuchen. Gleichzeitig zeigt es aber, wie die Marktkräfte dafür sorgen, dass Wert vernichtet wird. Sowohl die Mannschaften als auch die jungen Spieler handeln aus Eigeninteresse – und in einem Markt sorgen Eigeninteressen und die unsichtbare Hand ja angeblich für Effizienz. Doch die Abwanderung der Fans zeigt, dass das Produkt der NBA an Wert verliert. Die Gesamtgröße des Kuchens schrumpft also, und zwar deswegen, weil niemand das ineffiziente Marktergebnis korrigiert.

Die NBA erlebt gerade ihre sportliche Allmende-Tragödie: Jeder Teambesitzer und Spieler handelt im Eigeninteresse, doch es gibt keine Anreize, sich Gedanken über die Gesundheit der Liga als Ganzes zu machen. Der NBA selbst fehlt es an Macht, den Teambesitzern Schranken aufzuerlegen (zum Beispiel ein Anstellungsverbot für Spieler ohne Collegeabschluss) – obwohl *alle* davon profitieren würden, selbst die Spieler. Denn die Entlohnung der Spieler hängt letztlich immer von der Popularität der Liga ab. Märkte können solche Allmende-Tragödien nicht verhindern, eine gemanagte Organisation aber schon. Im Fall der NBA wäre es also nützlich, wenn der Liga-Chef den Teambesitzern Befehle erteilen könnte.

Globale Märkte, globale Giganten

Obwohl die Transaktionskosten sinken und Unternehmen immer stärker outsourcen könnten, geht der Trend in genau die entgegengesetzte Richtung, hin zu immer größeren Ungetümen. Um heute in der Autobranche bestehen zu können, muss ein Unternehmen ungleich größer sein als zu Henry Fords Zeiten oder vor 25 Jahren. Das Gleiche gilt für die Pharma-, Telekommunikations- und Ölbranche sowie den Finanzsektor. In jeder Branche gibt es eine Mindestgröße für Unternehmen; diese Größe ändert sich mit dem Wettbewerbsumfeld. Doch in vielen Industriezweigen geht der Trend in Richtung immer größere Giganten.

Um die Gründe für diesen Trend zu verstehen, müssen wir uns zunächst klar machen, warum die Unternehmen überhaupt wuchsen. Vor dem 19. Jahrhundert waren fast alle Märkte lokal. Bevor Dampfschiff, Eisenbahn und Telegraf erfunden wurden, war es zu teuer und zu unsicher, außerhalb sehr enger geographischer Grenzen Geschäfte zu machen. Kleine Unternehmen bedienten die Bedürfnisse enger Märkte. Das änderte sich mit dem Aufkommen der billigen Transportmöglichkeiten – jetzt bedurfte es großer Unternehmen, um den entstehenden nationalen Markt zu bedienen.

Ähnliche Kräfte verändern auch heute das Umfeld, in dem Unternehmen arbeiten. In vielen Branchen müssen die Firmen in globalem Maßstab agieren, weil der Welthandel sich intensiviert, weil es wichtiger wird, Informationen und Güter immer schneller und reibungsloser auszutauschen. Auch die relativen Faktorpreise haben sich verschoben: In Henry Fords Zeit war Kapital besonders knapp und musste, etwa durch Einführung des Fließbands, effizient genutzt werden. Heutzutage spielen die Qualifikation und der Ideenreichtum von Mitarbeitern eine wichtigere Rolle und beeinflussen die optimale Größe eines Unternehmens.

In der Automobilindustrie ging man beispielsweise davon aus, dass man mindestens vier Millionen Fahrzeuge im Jahr verkaufen müsse, um im Geschäft zu bleiben. Deswegen konsolidierte sich die Branche durch Zukäufe und Fusionen. Woher stammt dieser Drang zur Größe? Heutzutage arbeitet selbst eine so typisch industrielle Branche wie die Automobilindustrie in erster Linie auf dem Gebiet der Wissensökonomie. Autobauer müssen größer sein denn je, wegen der gigantischen Kosten für Markenpflege, Eintritt in schwierige neue Märkte und Entwicklung neuer Modelle.

Honda gehört zu den wenigen kleinen Autobauern, die (bislang) ihre Unabhängigkeit bewahrt haben. Und die Firma leistet einen wichtigen Beitrag zu der Diskussion, wo man denn die Grenzen eines Unternehmens ziehen solle. Die Ausgaben für die Entwicklung neuer Motoren zählen zu den bedeutendsten Posten im Forschungsbudget eines Autobauers: Es kostet leicht 500 Millionen Euro, einen konventionellen neuen Motor zu konstruieren; die Entwicklung eines Hybrid- oder Brennstoffzellenmotors kommt nochmals deutlich teurer. Deshalb fühlen sich die Autobauer genötigt, immer weiter zu expandieren, um die Entwicklungskosten auf größere Stückzahlen umlegen zu können. (Die gleiche Logik gilt angesichts der enormen Kosten für die Entwicklung neuer Arzneien oder die Exploration neuer Öllagerstätten.)

Mit einem Absatz von zwei Millionen Autos jährlich gehört Honda zu den kleinsten der Branche, doch bei den Motoren, die zehn Prozent der Kosten eines Autos ausmachen, ist Honda ein Gigant: Zählt man alle Rasenmäher- und Motorradmotoren mit, ist Honda der weltgrößte Hersteller von Verbrennungsmotoren. Dies erlaubt Honda, die Entwicklungskosten für einen neuen Motor über verschiedene Produktlinien zu verteilen; die Breite der Produktpalette gleicht also die geringe Größe der Automobilsparte aus.

Darüber hinaus könnte Hondas besondere Kompetenz bei

Motoren zu einem Wettbewerbsvorteil führen – Hondas Organisation unterstützt die Strategie des Unternehmens. Die meisten Autofirmen, die Formel-1-Teams finanzieren, lassen die Motoren von anderen Unternehmen liefern. Nicht so Honda: Die Japaner bauen ihre Motoren selbst und nutzen die im Rennsport gewonnenen Erkenntnisse bei der Konstruktion von Serienmotoren. Der Honda Insight war das erste Auto mit Hybridantrieb (Gas und Strom) für den amerikanischen Massenmarkt. Ebenso wie Intel seine Chips zu einer Marke aufgebaut hat (»Intel inside«), positioniert sich Honda als Markenlieferant von Motoren an andere Autobauer. 1999 etwa schloss Honda einen Vertrag mit GM über die Lieferung von 100 000 modernen V-6-Motoren. Der Präsident von Honda, Hiroyuki Yoshino, gelobt, das Unternehmen unabhängig zu erhalten. Dem *Wall Street Journal* sagte er: »Wir glauben, Erfolg hat nur wenig mit Größe zu tun.« Doch wenn Honda Erfolg hat, dann deswegen, weil die ganze Organisation darauf zugeschnitten ist, den Spitzenplatz im Motorenbau zu erringen und zu erhalten.

Organisationsformen für gemeinnützige Institutionen

Alle Organisationen, seien sie gewinnorientiert oder nicht, brauchen eine Struktur, die zu ihrer Mission passt. Im Sozialbereich ist Größe oft ein kritischer Faktor. Viele gemeinnützige Institutionen bekämpfen überwältigende Probleme (Hunger, Armut, Krankheit) mit unverhältnismäßig geringen Mitteln. Als Microsoft-Gründer Bill Gates in den 1990ern massiv für wohltätige Zwecke zu spenden begann, keimte neue Hoffnung auf. Denn das »Gates-Geld«, wie es von gemeinnützigen Institutionen genannt wird, hat das Potenzial, die Lage dramatisch zu verändern: Zum ersten Mal könnten Organisationen eine Finanzierung bekommen, die der Größe der bekämpften Probleme auch gerecht wird. Gleichzeitig überdenken andere große Stiftungen ihre Spendenpolitik und konzentrieren ihre Mittel auf einige wenige Projekte, um dort mehr Durchschlagskraft zu erzielen.

Die Aravind-Augenklinik in Indien ist eine gemeinnützige Institution, deren Erfolg schön illustriert, wie viel man erreichen kann, wenn die Grenzen einer Organisation im Einklang mit der Strategie gezogen werden. Aravind wurde 1976 von Dr. Govindappa Venkataswamy gegründet, einem Augenchirurgen im Ruhestand. Anfangs hatte die private, gemeinnützige Klinik 20 Betten, doch dank einer Reihe von guten Entscheidungen, was Größe und Struktur der Organisation sowie die Breite des Angebots betrifft, entwickelte sich Aravind zur größten Augenklinik der Welt. Jährlich werden dort 180 000 Katarakt-Operationen durchgeführt, 70 Prozent davon kostenlos.

Dr. Venkataswamys Vision und Methoden ähneln denen von Henry Ford (allerdings bezeichnet Venkataswamy McDonald's als seine Inspirationsquelle; das Prinzip bleibt das gleiche). In Indien leiden Millionen am grauen Star. Ohne Behandlung erblinden sie, dabei könnte man sie mit einer einfachen Operation heilen. Die Nachfrage war also vorhanden, das Management-Problem bestand einzig darin, die Operation auch erschwinglich zu machen. Dr. Venkataswamy träumte davon, eine Augenklinik für die Massen zu errichten.

Katarakt-Operationen sind Aravinds Model T. Die Klinik konzentrierte sich allein auf dieses »Produkt« und organisierte eine außerordentlich effiziente »Fließbandfertigung« dieses »Produkts«. Jeder Schritt wurde standardisiert, von der Patientenauswahl über die Aufnahme bis hin zur Operation selbst. Der OP ist so ausgelegt, dass die Ärzte mit maximaler Produktivität arbeiten können. Während ein Patient gerade operiert wird, wird der nächste auf einem benachbarten OP-Tisch bereits vorbereitet. Sobald der Arzt eine Operation beendet, dreht er sich um und beginnt mit der nächsten.

Auch die Chirurgen verzichten auf Autonomie und folgen Schritt für Schritt einer festgelegten Operationsmethode. Nun mag man diese tayloristische Organisation als Rückschritt ins 19. Jahrhundert betrachten, doch das wäre ungerecht: Standardisierung ist auch heute noch außerordentlich wichtig und wirkt nach wie vor Wunder bei der Steigerung der Produktivität. Laut einer aktuellen Studie kostet es Aravind zehn Dollar, einen grauen Star zu operieren, während in einer amerikanischen Klinik durchschnittliche Kosten von 1650 Dollar anfallen.

Ein wichtiger Kostenfaktor bei Katarakt-Operationen sind die Ausgaben für die künstlichen Linsen, die anstelle der getrübten Linsen des Patienten eingesetzt werden. Anfang der 1990er kaufte Aravind derart viele Linsen, dass die Klinikleitung zu dem Schluss kam, man könne die Kosten durch Rückwärtsintegration senken. Deshalb gründete Aravind Aurolab, das heute Linsen im weltweiten Maßstab produziert. Die Jahresproduktion von 700 000 Stück wird teilweise von Aravind verwendet, teilweise verkauft.

Nachdem Aravind in Schwung gekommen war, teilte Dr. Venkataswamy das Unternehmen in zwei benachbarte »Betriebe«. Die eine Klinik behandelt zahlende Patienten, die andere mittellose Patienten. Zwar sind die Zimmer der ersten Klinik schöner, doch in beiden Kliniken arbeitet das gleiche Personal. Alle Patienten bekommen also eine gleich gute medizinische Versorgung. Aravinds Strategie nimmt in dieser Hinsicht Anleihen bei Sloan; man bietet Augenoperationen »für jeden Zweck und jeden Geldbeutel« an. Die örtliche Trennung der beiden Kliniken erlaubt eine Produktdifferenzierung, obwohl das eigentliche Produkt – die Augenoperation – immer das gleiche ist.

Aravinds Erfolg hängt von den zahlenden Kunden ab; nur dank ihrer tragen sich die Kliniken selbst. Und die zahlenden Kunden kommen wegen Aravinds Reputation für medizinische Behandlung der Spitzenklasse. Auch in Aravinds Fall unterstützt die Organisationsform die Strategie. Aravind arbeitet bei Forschung und Ausbildung mit den führenden Lehr-Krankenhäusern der USA zusammen. Obwohl Aravind insgesamt also sehr günstig operiert, befindet man sich immer auf dem neuesten Stand der Technik. Darin liegt die Anziehungskraft für zahlende Kunden – und für Ärzte. Denn Chirurgen arbeiten bei Aravind länger als bei der Konkurrenz und bekommen weniger Gehalt, dürfen sich aber in dem Wissen sonnen, mit den Besten ihrer Fachrichtung zusammenzuarbeiten und eine wichtige soziale Mission zu erfüllen. Aravind hat die Anreize so gesetzt, dass die Menschen in Verfolgung ihres Eigennutzes Dinge tun, die gut für Aravind und die Erfüllung seiner Mission sind.

Aravind und die anderen in diesem Kapitel beschriebenen Organisationen illustrieren einen fundamentalen Punkt: Es gibt nicht die eine, beste Organisationsform – auch wenn viele Managementbücher das behaupten. Die optimale Größe und Struktur eines Unternehmens sowie die optimale Produktionsbreite und -tiefe hängen entscheidend davon ab, was man überhaupt vorhat. Das Problem neuer Organisationstrends ist, dass jeder sie gerne nachäfft. Unternehmen schlucken andere Unternehmen oder lagern aus, weil alle anderen es auch machen. Viele Manager schämen sich inzwischen, ganz altmodisch von oben herab Befehle auszugeben, obwohl das vielleicht nötig wäre.

Könnten wir Organisationen detaillierter und über längere Zeit hinweg untersuchen, würde sich noch etwas zeigen: Es ist ungeheuer frustrierend, Organisationen aufzubauen und anzupassen. Denn mit der Zeit wird noch der beste Plan unweigerlich obsolet: Auf die eine oder andere Weise sprengt jedes Unternehmen irgendwann einmal seine Struktur. Deswegen muss man den Organisationsplan ständig anpassen und ändern. Doch weil das Ganze ein komplexes System darstellt, führt jede Änderung möglicherweise zu ungeplanten Nebenwirkungen an ganz anderen Stellen des Systems.

Darüber hinaus ist die Planung von Organisationsstrukturen auch deswegen frustrierend, weil die meisten wichtigen Entscheidungen eine schmerzhafte Güterabwägung erfordern – an der einen Stelle verbessert sich die Koordination, an einer anderen verschlechtert sie sich. Als Manager wählen Sie die am besten scheinende Option, wohl wissend, dass es sich rächen kann, nicht eine andere Option wahrgenommen zu haben. Bereiten Sie sich auf eine Enttäuschung vor, wenn Sie den Managementbüchern glauben und den jeweils letzten Organisationstrend als Allheilmittel ansehen. Behalten Sie statt dessen immer im Auge, welche Optionen Sie *nicht* gewählt haben und wie Sie einen Ausgleich dafür schaffen können.

Teil II Umsetzung: Von der Kunst, Pläne zu verwirklichen

Eine Vision, die man nicht umsetzen kann, ist letztlich vielleicht nur eine Halluzination.

STEPHEN M. CASE, CHAIRMAN VON
AOL-TIME WARNER

Kapitel 5
Aug' in Auge mit der wirklichen Welt: Welche Zahlen wichtig sind und warum

Nicht alles, was man zählen kann, zählt auch.
Und nicht alles, was zählt, kann man auch zählen.
Albert Einstein

Die in Teil I vorgestellten Konzepte helfen dabei, gute Pläne zu schmieden. Jetzt wenden wir uns der Durchführung zu, der Kunst, Pläne in Erfolge zu verwandeln. Dieses kurze Kapitel schafft dafür die Grundlagen; es zeigt, warum Kennzahlen für die Umsetzung von Plänen wichtig sind, und beschreibt, wie viel jeder Beschäftigte in einer Organisation von Zahlen verstehen sollte. Manager haben nicht nur – wie jede andere Berufsgruppe – ihre eigene Fachsprache entwickelt, sondern auch eigene mathematische Konzepte. Auf Nichteingeweihte wirken sie abschreckend, doch das müssten sie nicht. Denn aussagekräftige Zahlen helfen einem, der Realität ins Auge zu sehen und etwas zu unternehmen. Ein Beispiel:

Am 25. Juli 2000 stürzte eine Concorde der Air France kurz nach dem Start ab. Ein Reifen war geplatzt und hatte einen Treibstofftank durchschlagen. 113 Menschen starben, die ersten Toten in der 31-jährigen Geschichte des Überschallflugzeugs. Tage später wurde ein generelles, unbegrenztes Flugverbot über die Concorde verhängt.

Warum wurde das schnellste Passagierflugzeug der Welt so rigoros aus dem Verkehr gezogen? In den 31 Jahren war nur drei Mal ein Reifen an einer Concorde geplatzt, nie zuvor hatte das einen Unfall verursacht. Diese Zahlen vermitteln den Eindruck, die Concorde sei ein höchst zuverlässiges Flugzeug.

Dass das Gegenteil stimmt, sieht man, wenn man die Zahl der Zwischenfälle in Relation zur Zahl der Flugbewegungen setzt. Weltweit sind nur wenige Concordes im Dienst gewesen und nur wenige Male am Tag geflogen. Drei Zwischenfälle mit geplatzten Reifen sind daher *extrem viel*. Würden bei amerikanischen Airlines die Reifen mit vergleichbarer Häufigkeit platzen, käme es einmal täglich zu einem kritischen Zwischenfall, bei dem Reifenfetzen in Rumpf und Triebwerke einschlagen. Einmal täglich! Deswegen erhielt die Concorde Flugverbot.

Dieses Beispiel zeigt hoffentlich, warum jeder Manager mit Zahlen umzugehen lernen muss. Aussagekräftige Zahlen zeigen uns die Realität und helfen uns, einen Sinn hinter Ereignissen zu erkennen, der unserer Intuition entgangen wäre.

Jede Organisation braucht Kennzahlen, um funktionieren zu können. Doch keine Angst! Sie müssen kein Genie sein, um die Mathematik hinter den Kennzahlen zu verstehen. Die meisten Zahlen haben hauptsächlich mit gesundem Menschenverstand zu tun, nicht mit höherer Mathematik. Die Kunst liegt darin zu sehen, was die Zahlen aussagen, nicht wie sie errechnet wurden. Manchmal allerdings muss man wissen, wie sie entstanden sind, um ihre Bedeutung erfassen zu können.

Alles beginnt, indem man etwas misst. Will man wissen, wie viel man wiegt, muss man auf eine Waage steigen. Das Gleiche gilt für Organisationen. Es braucht Disziplin, diesen ersten Schritt zu tun. Keiner von uns hält das, was er tut, freiwillig oder automatisch in Zahlen fest. Die meisten Leute tendieren dazu, ihre eigene Leistung zu überschätzen. Unterbewusst wissen sie das auch, und fürchten sich entsprechend vor einer objektiven Messung ihrer Leistung. Es erfordert Disziplin, die Realität objektiv und eindeutig in Zahlen zu fassen. Denn das zwingt uns, ihr ins Auge zu sehen. Objektiv gemessene Werte sind die Ausgangsbasis für jede Aussage über ein Unternehmen. An ihnen lässt sich nichts deuteln, sie erlauben keinen Spielraum für individuelle Interpretationen. Jack Welch fasste das einmal so zusammen: »Wenn jeder die gleichen Tatsachen kennt, kommt normalerweise auch jeder zum gleichen Schluss.«

Allerdings ist korrektes Messen notwendig, aber nicht hinreichend. Denn letztlich kommt es nur auf Zahlen an, die auch wirklich etwas darüber aussagen, wie es der Organisation geht. Damit Daten aber etwas aussagen, muss man sie in einen Kontext stellen. Gehen wir zu dem Beispiel mit der Waage zurück. Angenommen, wir wissen, Müller wiegt 70 Kilo. Das ist zwar objektiv, nützt uns aber noch nichts. Denn es macht einen Unterschied, ob Müller ein 1,80 Meter großer Mann ist oder eine 1,60 Meter große Frau. Angenommen, wir erhalten die zusätzliche Information, dass Müller vor drei Monaten noch 90 Kilo gewogen hat. Reden wir von oben erwähntem Herrn Müller, muss uns diese Entwicklung alarmieren. Wir brauchen dringend weitere Informationen über die Gründe für Müllers Gewichtsverlust, um ihn eventuell aufhalten zu können.

Bei Frau Müller könnte der Gewichtsverlust etwas Gutes oder Schlechtes bedeuten; auch hier brauchen wir zusätzliche Informationen, bevor wir die Entwicklung beurteilen können.

Viele Kennzahlen, die auf Nichteingeweihte wie reines Fachchinesisch wirken, sind einfache Verhältniszahlen. Sie vergleichen einen gemessenen Wert mit einem klaren, vorgegebenen Referenzwert. Das Ergebnis wird oft in Prozent oder Bruchteilen ausgedrückt und sagt im Grunde nur aus, bei wie vielen Prozent der Versuche man ein gegebenes Ziel erreicht hat. Nehmen Sie als Beispiel Six Sigma, ein Qualitätskonzept, das im vergangenen Jahrzehnt der letzte Schrei war (und es mindestens noch das nächste Jahrzehnt lang sein wird). In manchen Unternehmen wurde Six Sigma zur Religion erhoben, während der Normalbürger nur Bahnhof versteht. Dabei ist Six Sigma einfach eine Fehlerquote.

Mit Sigma bezeichnen Statistiker die Standardabweichung. Ein Sigma bedeutet, dass 68 Prozent des Outputs vorgegebene Qualitätsstandards erfüllen. Drei Sigma bedeuten, dass 97 Prozent die Vorgaben erfüllen. Bei sechs Sigma sind 99,99966 Prozent des Outputs in Ordnung. Anders ausgedrückt: Von einer Million Produkte sind nur 3,4 fehlerhaft. Ende der 1990er arbeiteten die meisten Unternehmen bei etwa 3,5 Sigma oder 35 000 Fehlern pro Million Versuche. Diese Zahl galt für die verschiedensten Tätigkeiten, von der Produktion über die Ausstellung von Rechnungen oder Rezepten bis hin zu Gehaltsabrechnungen. Von einer Million Gepäckstücke kamen 35 000 bis 50 000 nicht in der richtigen Maschine mit – darüber mag man sich ärgern, gleichzeitig sagt die Zahl aber auch aus, dass die meisten Passagiere am Ende der Reise ihr Gepäck wieder erhalten. In punkto Sicherheit übertreffen Fluglinien aber die Six Sigma, mit weniger als einem halben Fehlversuch (Absturz) pro Million Flugbewegungen. So muss es auch sein – und die Concorde erreicht diesen Grad der Zuverlässigkeit nicht.

Welche Kennzahl man betrachten sollte, hängt natürlich davon ab, was einen interessiert. Ein Anleger, der überlegt, ob er einem Unternehmen Geld leihen soll, interessiert sich besonders für Kennzahlen, die etwas über die Bonität einer Firma und ihre Fähigkeit aussagt, einen Kredit zu bedienen. Den Manager eines Call Centers interessiert die durchschnittliche Zeit, die Kunden in der Warteschleife hängen.

Trendzahlen sind mit den Verhältniszahlen verwandt. Eine Zeitreihe verfolgt, wie sich eine Größe im Zeitablauf verändert, zum Beispiel die Umsätze oder Kosten eines Unternehmens in den letzten fünf Jahren. (Wachstumsraten sind einfach Verhältniszahlen, die Gestern und Heute miteinander vergleichen.) Wie Verhältniszahlen stiften auch Zeitreihen dadurch Sinn, dass Zahlen in einen Kontext gesetzt werden. Betrachten Sie dazu das Beispiel Apple Computer.

Trotz seines geringen Marktanteils bei PCs war Apple im Geschäft mit Schulen und Universitäten lange Marktführer. Als Steve Jobs 1999 als CEO zu Apple zurückkam, bemerkte er entsetzt, dass Apples Anteil am Geschäft mit Schulen und Universitäten 12,5 Prozent betrug. Den Grund für seine heftige Reaktion erkennen Sie erst, wenn Sie die Zahlen von 1998 zum Vergleich heranziehen: 1998 war Apple mit 14,6 Prozent Marktanteil der Branchenprimus. Doch 1999 rutschte Apple auf Rang zwei ab, und Dell übernahm mit 15,1 Prozent Marktanteil die Führung. Jede dieser Zahlen sagt alleine nichts aus – doch gemeinsam verraten sie, dass Apple ein Problem hat. Wenn Sie Steve Jobs heißen, dann zeigen Ihnen diese Zahlen einen Trend auf, den Sie schnellstens umkehren müssen. Mit Erbsenzählerei hat das überhaupt nichts zu tun. Diese Zahlen verraten Ihnen etwas sehr Wichtiges darüber, wie die Welt beschaffen ist.

Zahlen entstehen nicht einfach im luftleeren Raum; sie erfassen das reale Verhalten von Leuten aus Fleisch und Blut. Denken Sie beispielsweise daran, was passiert, wenn eine neue Technik einen Markt umwälzt, sei es DVD, Mobiltelefonie oder E-Mail. Anfangs nutzen nur wenige Pioniere die neue Technik, doch bald werden die neuen Produkte besser und billiger. Die Pioniere zeigen den restlichen Menschen, dass die Technik tatsächlich funktioniert. Also springen immer mehr Leute auf den fahrenden Zug. Und bald glaubt jeder, er müsse den Trend auch mitmachen. Sobald die große Masse der Konsumenten die neue Technik erworben hat, brechen die Wachstumsraten ein (kein Wunder, schließlich haben die meisten potentiellen Kunden die neue Technik bereits übernommen). Dieses Verbraucherverhalten hat fast jeder schon erlebt; fast jeder versteht, wie es zustande kommt. Man konnte es vor hundert Jahren beobachten, im Zusammenhang mit George Eastmans Kamera, oder in den 1990ern bei Mobiltelefonen.

Die meisten Leute hätten allerdings Schwierigkeiten, dieses Konzept zu verstehen, wenn man es nicht anhand menschlichen Verhaltens beschriebe, sondern als Verlauf einer S-Kurve (oder »Lebenszykluskurve«). Alle, die mit Mathematik nichts am Hut haben, würden abschalten. Und mathematisch gebildete Leute kämen zwar mit der Algebra zurecht, würden aber vielleicht übersehen, dass hinter der Gleichung der Kurve Menschen stecken, die sich auf eine ganz bestimmte Weise verhalten. Gute Manager nutzen Zahlen als Instrumente, die einem etwas über die Realität verraten. Man muss nicht wissen, wie ein Kompass funktioniert, sondern nur, wie man ihn benutzt. Ein Kompass ermöglicht – ebenso wie aussagekräftige Zahlen – zielgerichtetes Handeln. Denn Zahlen erlauben einem, Muster zu erkennen und geeignete Maßnahmen zu ergreifen. Beispielsweise macht es für einen Manager im Mobilfunk-Geschäft einen Riesenunterschied (etwa beim Marketing oder beim Supply Chain Management), an welchem Punkt der S-Kurve sich die Mobiltelefonie gerade befindet.

Es steckt überhaupt keine Zauberei dahinter, wenn man bekannte Muster in Zahlen ausdrückt – wichtig ist nur, das menschliche Verhalten im Auge zu behalten, das das Muster überhaupt erst generiert. Also Vorsicht! Fixieren Sie sich nicht auf die Zahlen, behalten Sie immer im Hinterkopf, dass die Zahlen nur ausdrücken, was Menschen tun. Trotzdem: Ohne die Zahlen würde man viele Muster überhaupt nicht erkennen.

Keine Angst! Die Mathematik hinter den Kennzahlen ist einfach (zumindest in fast allen Arbeitsbereichen des Managements). Fast jeder versteht innerhalb von Minuten, *wie* man eine einfache Verhältniszahl errechnet, sei es eine Ausschussquote oder die interne Verzinsung des eingesetzten Kapitals. Und jedem kann man innerhalb von Stunden beibringen, *warum* er diese Berechnungen anstellen sollte. Warum ist zum Beispiel der Schuldendeckungsgrad (debt ratio) wichtig? Weil er etwas über die Fähigkeit eines Unternehmens aussagt, seine Schulden zu bedienen: Je mehr Schulden man im Vergleich zum Cashflow hat, desto größer die Gefahr, dass man seine Schulden nicht mehr bedienen kann.

Es bedarf allerdings einiger Erfahrung, bis man ein Gefühl dafür bekommt, was eine Zahl *bedeutet*. Um eine Zahl zu interpretieren braucht man Erfahrungs- oder Richtwerte darüber, wie sie aussehen »sollte«. Erst Erfahrung verrät Ihnen, wie Sie Zahlenverhältnisse richtig einordnen; Erfahrung lehrt Sie, auf bestimmte Zahlenwerte zu reagieren, indem Sie zusätzliche Informationen einholen, bis Sie den Sachverhalt in seiner Gänze erfassen (wie beim Beispiel von Müllers Gewichtsverlust).

Zahlen, die jede Organisation braucht

In Kapitel 2 haben wir Geschäftsmodelle als Geschichten beschrieben, die glaubhaft sein müssen. Die Testfrage zur Überprüfung lautet: Ist eine Geschichte in sich stimmig? Hat ihr Autor verstanden, wer die Hauptpersonen sind und wie sie sich wahrscheinlich verhalten werden? Zahlen bringen Sie bei der Beantwortung dieser Fragen einen wichtigen Schritt voran: Wenn die »Story« stimmt, gehen auch die Zahlen auf.

Wenn Ihre Story darüber, wer die Kunden sind und was sie schätzen, stimmt, dann zeigt sich das in den Umsatzzahlen. An Ihren Kosten können Sie ablesen, ob Ihre Story darüber, wie Sie Wert schaffen, stimmt. Und wenn Ihre Geschichte darüber, wie Sie sich von den Alternativen unterscheiden, stimmt, dann zeigt sich das an Gewinn und Cashflow. Umsatz, Kosten, Gewinn, Cashflow – ohne diese Zahlen kommt kein Unternehmen aus.

Viele Unternehmen aus der ersten Welle des E-Commerce sind gescheitert, weil es selbst an den Grundrechenarten der Betriebsführung gehapert hat. Beispielsweise arbeitet der Lebensmittelhandel mit extrem knappen Gewinnspannen. Wenn Sie also Waren zum gleichen Preis anbieten wie Ihre Konkurrenz, aber zusätzliche Kosten für Service und Lieferung tragen müssen, die nirgendwo sonst kompensiert werden, dann kann Ihre Rechnung niemals aufgehen. Der Internet-Lebensmittelhändler Webvan hat das am eigenen Leib erfahren.

Dank moderner Technik stehen uns immer mehr Informationen zur Verfügung; deswegen wird es auch immer wichtiger, die Grundlagen der Mathematik zu verstehen und Zahlen interpretieren zu lernen. Eine ganze neue Branche widmet sich allein dem Sammeln von Daten; Data Mining hat sich zu einem lukrativen neuen Geschäftszweig gemausert. Computer erlauben es, die Informationen aus verschiedenen Quellen miteinander zu verknüpfen. Heutzutage kann ein Pharmakonzern zum Beispiel herausfinden, welcher amerikanische Arzt welche Arznei verschreibt.

Manager verfügen nicht nur über viel mehr Informationen als je zuvor, sondern bekommen diese Informationen auch immer schneller, in so genannter Echtzeit. Die Informationen trudeln nicht mehr im Nachhinein ein, sondern stehen sofort zur Verfügung. Das eröffnet dem Manager die Möglichkeit, im Notfall sofort gegenzusteuern. Probleme werden zunehmend noch während ihres Entstehens gelöst. So fließen beispielsweise Echtzeitinformation über die Kapazitätsauslastung von Flügen in eine ausgeklügelte Software, die die Ticketpreise dann so anpasst, dass die unbelegten Sitzplätze gerade noch verkauft werden. *Load Management* – so der Fachausdruck für die Maximierung des Auslastungsgrads – kann darüber entscheiden, ob eine Airline Gewinn oder Verlust macht.

Weil aber so viele Informationen auf Sie einströmen, ist es wichtiger denn je, den Überblick zu behalten. Halten Sie sich jederzeit vor Augen, was Sie zu erreichen versuchen und welche Zahlen Ihnen etwas nützen. Ohne Leistungszahlen gäbe es keinen Fortschritt. Andererseits begehen Manager auch immer wieder den Fehler, sich in ihre quantitativen Methoden zu verlieben. Dann vergessen sie, dass diese Methoden nur ein Werkzeug sind, eine Entscheidungshilfe. Selbst die beste Stoppuhr sagt Ihnen nicht, wie spät es ist, oder gar, wie Sie Ihre Zeit einteilen sollten.

Bedenken Sie das Erbe der Whiz Kids (»Wunderknaben«): Diese Spezialeinheit erhielt während des Zweiten Weltkriegs an der Harvard Business School eine Ausbildung in den neuesten quantitativen Methoden zur Entscheidungsunterstützung. Später sorgten die Whiz Kids für außergewöhnliche Leistungen der amerikanischen Kriegswirtschaft in Produktion und Logistik. Vor Kriegsbeginn verwaltete das Army Air Corps (der Vorläufer der Air Force) etwa 400 Flugzeuge. Bei Kriegsende verfügte man über 230 000 Flugzeuge und die nötigen Ersatzteile, um sie einsatzfähig zu halten. In diesem Maßstab Menschen und Materialflüsse zu koordinieren stellt eine herausragende Managementleistung dar. Nach 1945 schieden die Whiz Kids aus dem Militär aus und prägten mit ihren quantitativen Methoden das Wirtschaftsleben des zivilen Amerika.

Robert McNamara, eine herausragende Persönlichkeit seiner Generation, wurde 1949 von Henry Ford II eingestellt und führte bei dem Autobauer quantitative Managementmethoden ein. Damals befand sich das Unternehmen in schlechter Verfassung, bei den Finanzen ging es drunter und drüber. McNamara erhielt die Vollmacht für den Aufbau einer schlagkräftigen, mächtigen Finanzabteilung. Bald nannten die in der Produktion Beschäftigten McNamaras Leute »Erbsenzähler«; man beneidete sie um ihre Machtfülle und mokierte sich darüber, dass sie nichts von Autos verstanden. Dieses Schimpfwort für Leute, die mit Zahlen jonglieren, ohne ihre tiefere Bedeutung zu erkennen, hat sich bis heute in unserem Sprachgebrauch erhalten.

In den 1970ern lernte Amerika anhand des Ford Pinto das Prinzip der Kosten-Nutzen-Analyse. Mindestens 59 Menschen starben, weil der Benzintank des Modells schlecht konstruiert war. Selbst leichte Auffahrunfälle brachten die Tanks zum Bersten und lösten Explosionen aus. Mit Gummiabdichtungen hätte man das Problem beseitigen können – zu Gesamtkosten von 137 Millionen Dollar. Doch eine akribische Berechnung der Ersparnisse – alle Kosten für Behandlung und Entschädigung der Opfer (bis hin zu den Ausgaben für Blumen bei Beerdigungen) – ergab nur 49,5 Millionen. Die Kosten-Nutzen-Analyse der Ford-Manager ergab, dass es sich einfach nicht *lohnte*, den Pinto umzurüsten. Kein Wunder, dass viele Leute, die in dieser Zeit aufwuchsen, von Managern und ihren zynischen Methoden nicht viel hielten. Man glaubte (in Anlehnung an Oscar Wilde), Manager kennten den Preis von allem und den Wert von nichts. Dieser Vorwurf hat sich in Spuren bis heute erhalten, vor allem bei gemeinnützigen Institutionen. Vergessen Sie aber nicht, dass die quantitative Methode nicht nur für den Ford Pinto verantwortlich war, sondern im Zweiten Weltkrieg entscheidend mithalf, den Faschismus zu besiegen. Die Methode ist eben nur ein Werkzeug, nicht mehr.

Diese Erkenntnis gerät immer wieder in Vergessenheit und muss regelmäßig neu gelehrt werden. Angesichts der ständig wachsenden Rechengeschwindigkeit von Computern und der Möglichkeit, Zahlen auf nie zuvor gekannte Art und Weise zu sammeln und zu verarbeiten, erliegt man leicht der Illusion, man könne alle Ereignisse perfekt steuern. Doch in Wirklichkeit sind Disziplinen wie »Betriebliche Finanzierung« keine exakte Wissenschaft, auch wenn die Professoren des Gebiets dies gerne behaupten. Lassen Sie sich den spektakulären Zusammenbruch von Long Term Capital Management (LTCM) von 1998 eine Warnung sein:

LTCM war ein Hedgefonds, der von einer Gruppe Finanzgenies aufgelegt worden war, darunter einige Nobelpreisträger. Die Fondsmanager wendeten ihre Theorien zum Umgang mit Unsicherheit auf die Realität der weltweiten Kapitalmärkte an – und machten schreckliche Verluste. Ihre Methode hieß Dynamic Hedging (dynamische Risikoabsicherung) und bestand darin, Risiken dadurch abzusichern, dass man auf zwei Dinge wettete, die sich gegenseitig ausschlossen. Dadurch glaubte man sich für jede Eventualität gerüstet. Diese scheinbare Sicherheit wiederum ermutigte die Investoren, Risiken einzugehen, vor denen sie normalerweise zurückgeschreckt wären. Das Dynamic Hedging basierte auf historischen Zusammenhängen zwischen Märkten der ganzen Welt, auf der Erfahrung, dass der eine Markt tendenziell gewann, wenn ein anderer verlor. Während der Krisen in Asien und später Russland setzte LTCM massiv darauf, dass die historischen Zusammenhänge auch weiterhin gelten würden. Das taten sie aber nicht, beziehungsweise die Märkte reagierten zu langsam. LTCM brach zusammen, Milliarden gingen verloren.

Ziehen Sie aus diesem Beispiel folgende Lehre: Bei Unternehmen und Märkten dreht sich letztlich alles um Menschen und deren komplexes Verhalten. Dank der Fortschritte auf dem Gebiet der betrieblichen Finanzierung und der Computertechnik verfügen wir heute über bessere Instrumente für den Umgang mit Risiko. Aber die Instrumente sind nur Werkzeuge, die uns bei der Entscheidungsfindung helfen. Einfache Zahlen, richtig verwendet, helfen dem Manager zu verstehen, was passiert. Sie zeigen ihm, wo er steht und in welche Richtung er sich bewegen muss, um sein Ziel zu erreichen. Zahlen zwingen uns, der Realität ins Auge zu sehen. Der Mathematiker John Allen Paulos hat das sehr nett auf den Punkt gebracht: »Man kann sich den Streit um die Beschreibung der Welt als einen olympischen Wettkampf vorstellen. Auf der einen Seite stehen die Vereinfacher – Naturwissenschaftler allgemein, Statistiker ganz besonders –, auf der anderen Seite die Verkomplizierer – Humanisten, Geschichtenerzähler. Diesen Wettkampf sollten beide Seiten gewinnen können.«

Kapitel 6
Worauf es wirklich ankommt: Mission und Kennzahlen

Das Endergebnis steht da, wo es hingehört: am Ende. Zuvor kommen – viel wichtiger! – die unendlich vielen Ereignisse, die zu Gewinn oder Verlust führen.
Paul Hawken, Gründer von Smith and Hawken

Die Ziele eines Unternehmens zu vermitteln – dies gehört zu den zentralen Aufgaben eines Managers. Klare Ziele zeigen den Beschäftigten, was wichtig ist, und sorgen dafür, dass alle am selben Strang ziehen. Manager setzen Ziele, indem sie die Mission des Unternehmens in einen Katalog von Vorgaben übersetzen, der jedem klar macht, wie sich »Leistung« definiert. Denn der Erfolg jeder Organisation ermisst sich daran, ob sie ihre Mission auch erfüllt – das gilt für Unternehmen ebenso wie für Schulen oder Krankenhäuser. Jeder Manager muss die Frage beantworten »Wie definiert sich angesichts unserer Mission ›Leistung‹?« Dieses Kapitel wird zeigen, dass der Zweck einer Organisation bestimmt, auf welche Ergebnisse es ankommt und welche Maßstäbe angelegt werden müssen.

In der Realität ist aber leider nur selten offensichtlich, welche Maßstäbe für Leistung angemessen sind. Ein Beispiel: Der Schokoladenmagnat Milton Hershey starb 1945. Hershey, selbst Waise, gründete 1909 eine Schule für »Unterhalt, Unterstützung und Unterweisung« von armen Waisenjungen. Ende der 1990er stand die Milton Hershey School vor einem selten auftretenden Problem: Der Aktienboom der späten 1990er hatte den Kapitalstock der Schule durch die Decke schießen lassen. 1998 besaß sie fünf Milliarden Dollar, mehr als Stanford, das MIT und fast alle anderen Universitäten Amerikas. Das »Problem«: Die Schule konnte das Geld gar nicht so schnell ausgeben, wie die Stiftungssatzung verlangte.

Was hat das mit Management und der Leistung von Organisationen zu tun? Die etwa tausend Schüler der Hershey School sind gut angezogen und bewegen sich über einen wunderschönen Campus, der mit allem ausgestattet ist, was Geld kaufen kann. Pro Jahr und Schüler wendet die Stiftung 60 000 Dollar auf – eine Steigerung scheint nur noch schwer vorstellbar. Deswegen brach ein Streit darüber aus, wie man das Geld der Stiftung in Zukunft ausgeben sollte. In anderen Worten: Man stritt sich, auf welche Weise man die Mission der Schule in Leistungsvorgaben umsetzen sollte, die jedem zeigen, wo die Prioritäten der Organisation liegen.

Einige vertraten die Ansicht, dass ein Forschungsinstitut für Lernverhalten und Entwicklung der Mission der Stiftung am ehesten entspräche. Die Leistung würde sich dann an Quantität und Qualität der Forschungsergebnisse bemessen. Andere erschauerten angesichts der Vorstellung, das Waisenhaus in einen Think Tank zu verwandeln; diese Leute argumentierten, dass von einer solchen Lösung hauptsächlich Berater und Akademiker profitieren würden, nicht arme Waisenkinder. Doch selbst wenn man allein das Wohl der Waisenkinder im Auge hatte, konnte man die verschiedensten Leistungsmaßstäbe ansetzen. Eine Seite sprach sich dafür aus, mehr Kinder aufzunehmen; für diese Leute stellte die Schülerzahl das beste Leistungsmaß dar. Andere plädierten dafür, mehr Geld für die weitere Ausbildung der Schüler zurückzulegen, also mehr College-Stipendien zu finanzieren. Diese Leute maßen Leistung nicht daran, *wie vielen Kindern* geholfen wird, sondern *wie viel den einzelnen Kindern* geholfen wird.

Dieser Streit ist bis heute nicht entschieden; jetzt müssen Anwälte und Richter darüber befinden, wie das Geld im Sinne Hersheys verwendet werden soll. Wir finden, das Beispiel zeigt das fundamentale Problem jedes Managers recht anschaulich, die (abstrakte) Mission seiner Organisation in konkrete Handlungen und schließlich Leistung zu übersetzen. Im Fall der Hershey School trifft ein Gericht die Entscheidung – normalerweise fällt diese Aufgabe dem Management oder Aufsichtsrat zu. Das Problem: Die eine, richtige Entscheidung gibt es nicht – weder für Unternehmen noch für Institutionen. Doch ohne klare Vorgabe von oben fangen die Beschäftigten an, sich selbst Ziele zurechtzuzimmern, eigene Annahmen und Interpretationen zu machen.

Eines der stereotyp wiederholten Vorurteile über modernes Management behauptet, es sei ausschließlich auf Gewinn und Shareholder Value fixiert. Und natürlich zeichnet sich eine gute Führungskraft dadurch aus, dass sie »ihre Zahlen erreicht«. Dennoch verwischt das Stereotyp die fundamentale Unterscheidung zwischen dem *Zweck* eines Unternehmens und dem *Ergebnis,* das sich aus der Erfüllung dieses Zwecks ergibt. Gewinne sind ein Ergebnis, kein Zweck. David Packard, der legendäre Mitbegründer von Hewlett-Packard, drückte es so aus: »Gewinne sind nicht das eigentliche Ziel des Managers – Gewinne erlauben es nur, die eigentlichen Ziele zu verfolgen.«

Heute, da wir fast alle Aktionäre und Investoren sind, denken mehr Leute denn je, dass der Zweck eines Unternehmens einzig darin bestehe, Profite zu erzielen. (Der Aufstieg und Fall all der unprofitablen dot.coms war die Ausnahme, die letztlich die Regel bestätigte.) Sowohl Medien als auch Manager selbst geben dieser Einschätzung ständig neue Nahrung. Doch in Wirklichkeit hat jedes Unternehmen allein den Zweck, für die Kunden Wert zu schaffen (und *als Ergebnis* Gewinne zu machen).

Man mag die Unterscheidung zwischen Zweck und Ergebnis für Haarspalterei halten. Doch zu Unrecht! Nur wer zwischen Zweck und Ergebnis trennt, kann aus seinem Unternehmen Leistung holen. Denn man kann niemandem befehlen, pro Aktie 1,23 Euro zu verdienen. Organisationen sind zweckgerichtete Gebilde: Individuen tun sich in ihnen zusammen, um gemeinsam etwas zu erreichen, das ein Einzelner nicht vermag. Doch dieser Prozess des Zusammenschließens läuft nicht automatisch ab. Vielleicht stolpern wir zufällig über einen sinnvollen Unternehmenszweck und raufen uns zu einer Zusammenarbeit zusammen, doch wahrscheinlich ist das nicht. Peter Drucker meinte einmal sarkastisch: »Das Einzige, was in Unternehmen von selbst entsteht, sind Chaos, Reibungsverluste, Leistungsabfall.« Trotz all der Aufmerksamkeit, die man dem Gewinn widmet, gibt es kein Patentrezept, keine Zauberformel, die den Zweck jeder Organisation erfasst. Sonst wäre die Aufgabe der Manager auch viel weniger anspruchsvoll und spannend.

Vom Model T zur Marsmission: gute und schlechte Kennzahlen

Als Henry Ford 1903 sein Unternehmen gründete, wollten seine Partner, dass er teure Autos mit großen Gewinnspannen produziert. Damit verhielten sich die Miteigentümer wie die typischen Investoren in der Anfangszeit des Automobilbaus; sie glaubten, der Gewinn pro Auto sei der beste Leistungsmaßstab. Ford sträubte sich gegen diese Einstellung. Sein alles überragendes Ziel bestand darin, »ein Auto für die Massen zu bauen«, das Auto zu demokratisieren. Ford plante, das Auto so billig zu machen, dass es das Pferd ersetzen würde. Er träumte davon, das Auto zu einer Selbstverständlichkeit zu machen – damals ein gewagter Traum!

1907 hatte Ford so viele Anteile seines Unternehmens aufgekauft, dass er selbst bestimmen konnte, wo es lang ging. Sofort wechselte er den Kurs des Unternehmens. In seinen Augen ermaß sich der Erfolg des Unternehmens in der Stückzahl verkaufter Autos. Viele Autos mit einem »angemessenen, kleinen Gewinn« zu verkaufen, erlaubte ihm, seine zwei wichtigsten Ziele im Leben zu erreichen: die massenhafte Verbreitung des

Autos zu fördern und in seinen Fabriken viele Menschen zu einem fairen Lohn zu beschäftigen. Ford schuf den »Wagen fürs Volk«, indem er zwischen 1908 und 1916 die Preise um 58 Prozent senkte, obwohl er sich vor Aufträgen kaum retten konnte und die Preise problemlos hätte erhöhen können. Die Aktionäre rebellierten gegen diesen Kurs und verklagten Ford sogar. Zu dieser Zeit führte Ford den revolutionären »Fünf-Dollar-Tag« ein; damit bezahlte das Unternehmen das Doppelte des branchenüblichen Lohns. Das *Wall Street Journal* verdammte Ford für diese Maßnahme und mäkelte, er führe »moralische Prinzipien in einem Bereich [ein], wo sie nicht hingehören«.

Aus der Rückschau erkennt man, dass Ford »Leistung« richtig definiert hatte – der Maßstab »Anzahl verkaufter Autos« passte zum Unternehmenszweck, zum Geschäftsmodell und – vorübergehend – zur Wettbewerbssituation auf dem Automobilmarkt. Aus der Konzentration auf große Stückzahlen folgte die Politik niedriger Preise, und auch die Entscheidung für den Fünf-Dollar-Tag ist eine Konsequenz des Leistungsmaßstabs: Ford konnte sich einfach die astronomisch hohe Fluktuation der Arbeitskräfte, die damals in der Branche herrschte, nicht leisten; die Produktion musste reibungslos laufen, damit Ford auch wirklich so viele Autos herstellen konnte wie geplant. Der Fünf-Dollar-Tag sorgte dafür, dass die Arbeiter dem Unternehmen treu blieben – und sich sogar selbst ein Auto leisten konnten.

Ebenfalls aus der Rückschau erkennen wir, dass die NASA für ihr Marsprogramm Ende der 1990er einen falschen Leistungsmaßstab gewählt hat. Budgetstreichungen hatten die NASA dazu gezwungen, ihren Ansatz bei der Weltraumerforschung zu überdenken. Die NASA-Spitze gab milliardenteure Großprojekte auf und sattelte auf eine Vielzahl kleinerer Projekte um, die jeweils nur zwei, drei Jahre dauerten und wenige hundert Millionen Dollar kosteten. NASA-Chef Daniel S. Goldin definierte Leistung für seine Institution so: mit weniger Geld mehr tun.

Der neue Ansatz lautete: »schneller, besser, billiger«. Dies wurde für jeden NASA-Mitarbeiter die Definition von Erfolg. Doch dann gingen 1999 innerhalb weniger Monate zuerst der Mars Climate Orbiter und dann der Mars Polar Lander verloren. Die darauf folgenden Untersuchungen kamen zu dem Schluss, dass der »schneller, besser, billiger«-Ansatz zu weit getrieben worden war. Fehlerhafte Schalter an den Landebeinen hatten den Antrieb des Mars Polar Lander zu früh abgeschaltet, worauf das 165 Millionen Dollar teure Gerät auf der Marsoberfläche zerschellt war. Hätte die NASA bei den Tests vor Beginn der Mission nicht so geknausert, wäre dieses Problem schon in Probeläufen aufgetreten und hätte durch eine Umprogrammierung des Computers behoben werden können. Auch der 125 Millionen Dollar teure Mars Climate Orbiter ging durch eine Schludrigkeit verloren, wie sie auftreten, wenn man Projekte zu schnell durchzieht: Das Navigationssystem versagte, weil die Umrechnung englischer Maße in metrische nicht funktionierte. Die Qualität hatte gelitten, weil man jeden Cent zwei Mal umdrehte.

Wir wollen hier aber nicht die Führung der NASA kritisieren; rückblickend lässt sich leicht klug daherreden. Nein, das Beispiel soll uns als Lehrstück dienen – als Lehrstück dafür, wie schwierig es ist, »Erfolg« richtig zu definieren. Zum Beispiel waren die Budgetzwänge der NASA höchst real. Die NASA-Definition von Erfolg trichterte allen Beteiligten des Marsprogramms ein, wie sehr es an Geld fehlte; insoweit erreichte die Definition *teilweise* ihren Zweck.

Bei den meisten Organisationen definiert sich Leistung in mehreren Dimensionen; eine gute Definition von Leistung findet die richtige Balance zwischen diesen Dimensionen. Keine Kennzahl kann zu 100 Prozent erfassen, was Leistung für eine spezifische Organisation bedeutet. Deshalb hat jede Kennzahl auch unerwünschte Nebeneffekte, die unter Umständen die Gesundheit der Organisation gefährden. Zusammengefasst: Ohne

Kennzahlen kann man nicht managen, doch man muss sich genau überlegen, ob sie auch zu der Aufgabe passen, die man sich vorgenommen hat.

Auf der Suche nach der letztgültigen Kennzahl

Auch wenn es abgedroschen klingt, stimmt es dennoch: Nur was gemessen wird, wird gemanagt. Ohne Messung gibt es keine Leistung. Kennzahlen helfen einer Organisation, in unbekannten Gewässern einen Kurs zu steuern. Gute Kennzahlen helfen Ihnen dabei, Ihren Weg zu finden; sie zeigen an, wenn Sie unterwegs Richtung oder Geschwindigkeit anpassen müssen. Außerdem dienen sie allen Angehörigen des Unternehmens als Leuchtturm, sie kommunizieren ein gemeinsames Ziel und dienen als gemeinsame Grundlage für jede Diskussion über den Kurs des Unternehmens.

Weil Kennzahlen so wichtig sind, suchen Manager auf der ganzen Welt nach der letztgültigen, universellen Kennzahl. Regelmäßig erhebt jemand den Anspruch, die letztgültige Kennzahl gefunden zu haben, die einem Manager alles verrät, was er über sein Unternehmen wissen muss. Der letzte Kandidat in dieser Kategorie heißt EVA (economic value added, wirtschaftlicher Mehrwert), während ROI (return on investment, Kapitalrentabilität) schon längst zu den Klassikern gehört.

Wäre es doch nur so einfach! Ziehen Sie nur kurz ein Beispiel aus der Medizin heran: Wir alle wissen, dass es keinen einzelnen Parameter (wie Blutdruck oder Cholesterinwert) gibt, der für sich allein genommen ausdrückt, wie es um Ihre Gesundheit steht. Nein, um sicherzustellen, dass es Ihnen gut geht, muss Ihr Arzt eine ganze Reihe von Untersuchungen vornehmen. Und das gleiche gilt selbstverständlich auch für ein Unternehmen: Einzelne Kennzahlen sagen unter Umständen enorm viel über die Gesundheit eines Unternehmens aus, aber sie vermitteln nie ein Gesamtbild. Daraus folgt, dass die Suche nach der letztgültigen, universellen Kennzahl von vornherein zum Scheitern verurteilt ist.

Betrachten Sie nur einmal den Gewinn, sicherlich einer der wichtigsten Lackmustests für ein Unternehmen. Am Gewinn zeigt sich, ob Ihr Unternehmen überhaupt Wert geschaffen hat. Natürlich sagt der Gewinn nicht alles, aber er liefert eine erste Orientierung darüber, wie es um Ihr Unternehmen steht. Denn wenn die Kunden bereit waren, Ihr Produkt zu einem Preis zu kaufen, der über Ihren Produktionskosten liegt, dann haben Sie offenbar einen Wert für sie geschaffen. Ein solider Gewinn zeigt Ihnen, dass der Kunde schätzt, was Sie tun. Unter Umständen drückt er darüber hinaus auch aus, dass Sie Ihre Kosten einigermaßen im Griff haben; denn wenn die Kosten ausufern, sinkt die Gewinnspanne. Versäumt man es, für die Kunden einen reellen Wert zu schaffen, merkt man das an sinkenden Verkaufszahlen und zunehmendem Druck auf die Preise. Der Gewinn ist also ein guter Indikator, wie es um ein Unternehmen steht – zumindest kurzfristig.

Doch der Gewinn verrät nicht alles. Denn naturgemäß errechnet er sich aus den Zahlen der *Vergangenheit*. Wie es aber um den *zukünftigen* Gewinn steht, darüber sagt der *heutige* Gewinn nichts. Zum Beispiel zeigt er nicht, ob Sie Ihre Kunden mit überhöhten Preisen ausgebeutet oder die Ausgaben für Forschung und Entwicklung oder Kundendienst kurzfristig gesenkt haben. Alles gerade Erwähnte erhöht heute den Profit, allerdings auf Kosten zukünftiger Gewinne.

Die Suche nach Effizienzmaßen, die eine Organisation überhaupt erst steuerbar machen, geschah und geschieht nach dem Prinzip Versuch und Irrtum. Wenn Manager mit neuen Herausforderungen konfrontiert wurden, erfanden sie neue Kennzahlen, die mehr oder weniger geeignet waren, mit dem Problem umzugehen. Viele einfache Effizienzmaße stammen aus der Zeit der Industriellen Revolution. Man erhielt beispielsweise Kennzahlen, indem man Inputs und Outputs maß und zueinander in Verhältnis setzte. Ergebnis waren dann Verhältnisse wie »Kosten pro laufendem Meter produziertem Stoff« oder »Kosten pro Eisenbahnkilometer«.

Als die Unternehmen immer größer und komplexer wurden, gelang es den Eigentümern nicht mehr, alle Bereiche selbst zu überwachen. Also wurde eine mittlere Führungsebene eingeführt, um die Spitzenmanager bzw. Eigentümer zu entlasten. Als nächstes mussten Informations- und Berichtssysteme installiert werden, um das mittlere Management zu leiten, zu kontrollieren und zu beurteilen. Als Alfred Sloan bei General Motors anfing, »herrschte unter den Managern ›Spezlwirtschaft‹, die einzelnen Abteilungen schacherten wie Pferdehändler miteinander«. Wollte Sloan diesen versprengten Haufen zu einem funktionierenden Ganzen fügen, brauchte er Kennzahlen, mit denen sich Leistung über die verschiedenen Tätigkeiten und Bereiche hinweg erfassen ließ. Doch wie sollte das gehen? Verglich man nicht Äpfel und Birnen, wenn man an die Effizienz einer Montagehalle und einer Zündkerzenfabrik die gleichen, einheitlichen Maßstäbe setzte?

Die Lösung bestand darin, alle Leistungen in Geldeinheiten zu bewerten. Zu diesem Zweck erfand Donaldson Brown, Sloans Finanzchef, das Konzept des ROI. ROI ermittelt die Rendite von Investitionen in jedem einzelnen Geschäftsbereich. Das Ergebnis der Berechnung zeigt, welche Teile des Unternehmens einen hohen Ertrag abwerfen und welche Teile dahindümpeln oder sogar Wert vernichten. Daraus ersieht der Manager, wie er die Ressourcen im Unternehmen am besten verteilt und welche Bereiche sanierungsbedürftig sind. Als Konzept ist ROI außerordentlich aussagekräftig; es trug nicht unerheblich dazu bei, GM zum größten Unternehmen der Welt zu machen, und entwickelte sich in den folgenden Jahren zur bekanntesten und meistverwendeten Leistungskennzahl für Unternehmen.

Wie so oft führte der Erfolg von ROI auch zu seinem Untergang. In den 1960ern und 1970ern fixierten sich Manager derart auf finanzielle Kennzahlen, vor allem ROI, dass sie oft die Realität aus den Augen verloren, die hinter den Zahlen steckte. Der Weckruf ertönte in Form eines einflussreichen Artikels in der *Harvard Business Review*. Unter dem Titel »Managing our Way to Economic Decline« argumentierten Robert Hayes und William Abernathy eindringlich, dass eine übermäßige Fixierung auf kurzfristige Kennzahlen wie ROI langsam alle Investitionen in Neuerungen abwürgen und damit zu Stagnation führen könnte.

Man benötigte also neue, weiter gehende Konzepte – und erfand den »Wert«. Heutzutage verwenden Manager ein ganzes Arsenal von Kennzahlen, um nicht nur nachträglich die Leistung eines Unternehmens zu ermitteln, sondern auch aktiv dazu beizutragen, die Leistung zu steigern. Dazu bedarf es einer ganzen Palette subtilerer Kennzahlen, die oft auf die spezifische Organisation zugeschnitten sein müssen. Operationelle und finanzielle Kennzahlen verraten dem Manager, wie gut er seine Ressourcen, Leute, Anlagen und sein Kapital nutzt. Die Fluktuationsrate der Mitarbeiter sagt viel über die allgemeine Stimmung im Unternehmen. Kennzahlen für externe Leistung, zum Beispiel die Rate von Wiederholungskäufen, die Zu- bzw. Abwanderungsrate von Stammkunden oder der Marktanteil, verraten dem Manager, ob es dem Unternehmen gelingt, einen Wert für den Kunden zu schaffen. Gleichzeitig spiegeln diese Kennzahlen wider, wie gut man relativ zu den Rivalen abschneidet.

Die meisten Kennzahlen sagen für sich betrachtet nicht viel aus, trotzdem braucht man sie, um die Leistung des Unternehmens systematisch zu erfassen und zu steigern. Gute Manager wissen, dass sie ohne Leistungsindikatoren nicht leben können, dass diese Indikatoren aber ihre Grenzen haben. Die Fehlschläge der NASA illustrieren das nur zu deutlich. Gute Manager verwenden Kennzahlen wie Werkzeuge: flexibel und fast immer in Kombination mit anderen Kennzahlen. Und wenn neue Fragestellungen auftreten, erfinden gute Manager neue Kennzahlen.

Eine bedeutende Mission

Hören Sie den Beschäftigten irgendeiner Organisation nur lang genug zu, dann stolpern Sie bestimmt über eine Abkürzung – ROI, SVA, ROIC, EVA, EBIT –, die sehr viel über die Prioritäten der Organisation verrät. Denkfaule Manager verwenden Standardkennzahlen, als ob diese allein schon etwas aussagten. In gut geführten Organisationen werden die entscheidenden Kennzahlen aus der breiten Palette von möglichen Indikatoren ausgewählt; die Kennzahlen müssen nämlich zur Mission und Strategie des Unternehmens sowie zur aktuellen Situation passen.

Unternehmen am Rande der Pleite spüren den Druck der Umwelt besonders stark: Sie müssen schnell herausfinden, wo sie stehen, oder sie gehen unter. Aus der Standortbestimmung ergeben sich die wichtigsten Aufgaben für die unmittelbare Zukunft. Um die Erfüllung dieser Aufgaben sicherzustellen, muss der Manager dann geeignete Leistungsziele setzen, die jeder Beschäftigte versteht.

Nehmen Sie als Beispiel die Rettung von Continental Airlines. Man schrieb das Jahr 1994, und 18 Prozent der Flüge von Continental brachten einen negativen Cashflow. Der Präsident der Fluglinie, Greg Brenneman, fand, dass die beste Methode des Geldverdienens darin bestehe, die Verlustlöcher sofort zu stopfen. Also versammelte er die Leute, die für den Flugplan verantwortlich waren, in einem Konferenzraum und fing an zu fragen: »Warum fliegen wir sechs Mal täglich von Greensboro nach Greenville, wenn die zwei einzigen Passagiere in der Frühmaschine sitzen?«

»Das hat strategische Gründe«, sagte irgendjemand.

»Wann hat die Strecke zum letzten Mal Gewinn gemacht?«

»Noch nie.«

»Was kann denn das für eine Strategie sein?«

Schweigen. Brenneman fragte weiter: »Hat irgendeiner von Ihnen vielleicht seinen Lebenspartner dort? Wenn ja, warum chartern wir dann nicht einfach einen Learjet? Das käme billiger.«

Ergebnis: Die Verbindung wurde eingestellt, wie etliche andere verlustbringende Verbindungen auch.

Brenneman meint, sein Sanierungsplan »war nicht kompliziert; ich habe einfach meinen gesunden Menschenverstand benutzt«. Das Wichtigste sei gewesen, sich die unmittelbaren Imperative klarzumachen: Hör auf, 120-Sitzer mit 30 Passagieren herumzufliegen! Bring Leute und ihr Gepäck pünktlich an ihr Ziel! Bring ihnen Essen, wenn sie Hunger haben! Schaffe eine Atmosphäre, in der Leute gerne arbeiten! Um diese Imperative zu operationalisieren, musste man sie als nächstes in Kennzahlen übersetzen – Kapazitätsauslastung, Zahl der verloren gegangenen und verspäteten Gepäckstücke, Mitarbeiterfluktuation, Krankenstand – und die Entwicklung der Zahlen genauestens verfolgen. Brenneman drückt das so aus: »Die Basis jedes erfolgreichen Unternehmens ist eine Strategie, die jeder versteht, verbunden mit wenigen, zentralen Kennzahlen, die kontinuierlich überwacht werden.«

Die passende Kennzahl zur Mission

Continental steckte in der Klemme; ohne die richtigen Kennzahlen und Maßnahmen wäre das Unternehmen pleite gegangen, und zwar schnell. Ein drohender Untergang führt der Unternehmensleitung drastisch vor Augen, worauf es *wirklich* ankommt. Idealerweise sollten aber Mitarbeiter die Ziele ihres Unternehmens jederzeit deutlich vor Augen haben, nicht nur in

Notsituationen. Gutes Management schafft das, wie das Beispiel Fidelity Investment zeigt.

Fidelity ist die größte Investmentfondsgesellschaft der USA mit einem verwalteten Vermögen von über 800 Milliarden Dollar. Sein Geld verdient Fidelity mit Verwaltungsgebühren in Prozent des angelegten Vermögens. Einfach ausgedrückt: Je mehr Geld bei Fidelity investiert wird, und je stärker dieses Vermögen an Wert gewinnt, desto besser verdient das Unternehmen. Zu Anfang der 1990er führte das Geschäft mit Pensionsfonds bei Fidelity nur ein Nischendasein, doch am Ende der Dekade brachte es 30 Prozent des Umsatzes.

Klingt nach einem schönen Erfolg. Doch diese Zahlen »sagen für sich genommen nur aus, dass Pensionsfonds jetzt bei Fidelity mehr Gewicht haben als früher. Sie verraten aber nicht, ob wir unsere Mission erfüllt haben.« Diese Aussage stammt von Ellyn McColgan, einer ehemaligen Leiterin des Bereichs Pensionsfonds bei Fidelity. Wie lautet aber die Mission? Um das zu beantworten, genügen so offensichtliche Parameter wie verwaltetes Vermögen, Kundenzahl oder Ertrag nicht. McColgan meint: »Unsere Mission lautet, sicherzustellen, dass die Leute, die bei Fidelity investieren, genug Geld für ihren Ruhestand haben. Wenn wir das nicht schaffen, gehen die Zahl der Kunden, die Größe des verwalteten Vermögens und letztlich auch der Gewinn nach unten. Das dauert vielleicht, aber letztlich passiert es.«

»Sicherstellen, dass die Leute genug Geld für den Ruhestand haben«, ist eine ganz andere Mission als etwa »den größten Marktanteil bei Pensionsfonds erobern«. Die Eindeutigkeit der Mission half McColgan dabei, die richtigen Parameter zu überwachen. Sie erklärt: »Wir verstehen was von Vermögensbildung. So sollten junge Leute beispielsweise ihr Vermögen nicht vollständig in festverzinsliche Anlagen stecken. Jeder Sparer sollte seine Deckungslücke bei der Rente frühzeitig berechnen. Wir achten auf diese Dinge und sprechen gezielt Leute an, die offenkundig zu wenig oder falsch investiert haben. Wir bieten ihnen Hilfe bei ihrer langfristigen Finanzplanung an und behalten im Auge, wie sich ihr Portfolio im Vergleich zu ihren Plänen entwickelt.« Kurz: Die Mission wurde in relevante Parameter übersetzt, und diese Parameter wurden in Handlungen übersetzt.

Die Kennzahlen, auf die es bei Dell Computer ankommt, sind ebenso genau auf die Mission abgestimmt, aber ganz andere. Michael Dell gründete sein Unternehmen 1984 mit einem einfachen Ziel: die Zwischenhändler auszuschalten und Computer günstiger anzubieten als die Konkurrenz. Anfangs, als er allein von seiner College-Bude aus operierte, musste er dieses Ziel nicht formulieren oder erklären, wie sein Geschäft funktionierte. Um zum Branchenriesen werden zu können, musste Dell aber das Ziel seines Unternehmens konkretisieren. Er musste Vorgaben setzen und Leistung so definieren, dass das gesamte Unternehmen sich auf die richtigen Dinge konzentrierte.

Wie bereits erwähnt, lag der Schlüssel zu Dells Erfolg unter anderem in der Geschwindigkeit. Je schneller die Bauteile für einen Computer nach ihrer Anlieferung zu einem fertigen Rechner zusammengesetzt werden und dieser Rechner ausgeliefert wird, desto geringer die Wahrscheinlichkeit, dass Bauteile oder fertige Rechner vom Fortschritt der Technik überholt werden und im Lager versauern.

Schon sehr früh erkannte Dell den Zusammenhang zwischen seinem Geschäftsmodell und konkreten Kennzahlen. Dell und seine Manager übersetzten das Geschäftsmodell – den Kunden die modernste Technik zum niedrigstmöglichen Preis anzubieten – in Kennzahlen. Je öfter zum Beispiel ein Bauteil, zum Beispiel ein Monitor, von einem Dell-Mitarbeiter in die Hand genommen wurde, desto länger dauerte die Fertigung und desto mehr Ausschuss entstand. Also begann Dell, »Berührungen« zu zählen und ihre Zahl systematisch zu senken. Bei den Monitoren reduzierte man sie schließlich auf Null: Dell vereinbarte mit seinem sehr zuverlässigen Zulieferer Sony, dass die Monitore gleich direkt mit dem Dell-Logo ausgeliefert werden. Michael Dell meint dazu: »Warum sollte man einen Monitor erst nach Austin bringen, vom Laster laden, durchs Lager kutschieren und dann wieder in einen Laster verfrachten?«

Auch in Dells Finanzstrategie fand die Notwendigkeit, schnell zu sein, ihren Niederschlag. Viele expandierende Unternehmen – selbst hochprofitable – kämpfen mit einem Liquiditätsproblem: Wenn sie nicht aufpassen, geht ihnen das Geld aus. (Deswegen sorgen sich neugegründete Unternehmen oft um die Burn Rate, die Rate, mit der das Startkapital aufgezehrt wird.) Thomas J. Meredith, der frühere Finanzchef bei Dell, schuf ein System, mit dem die schnelle Expansion finanziert wurde. Die Frage scheint einfach: Wie vereint man rasches Wachstum mit Profitabilität und Liquidität? Ein traditionelles Maß für die Profitabilität heißt *Bruttogewinnspanne* (Verkaufserlös minus Kosten). Allerdings erfasst dieses Maß nicht die Kosten, die man für Wachstum aufwenden muss (für Werbung, um den Marktanteil zu erhöhen, für neue Anlagen oder für zusätzliche Lagerhaltung). Meredith verschob das Augenmerk bei Dell von der Bruttogewinnspanne auf die *Verzinsung des investierten Kapitals* (Return on Invested Capital, ROIC). Diese Kennzahl erfasst auch die Kosten für Lagerbestände und wurde zur treibenden Kraft hinter dem massiven Abbau von Lagerbeständen. Sogar das Nummernschild von Merediths Auto trug die Buchstabenkombination ROIC – das klingt vielleicht albern, aber sagt einiges aus. Wenn Tausende Leute an einem Strang ziehen sollen, braucht man Symbole und eine Prise Theatralik.

Dell plante, rasch zu wachsen, ohne sich groß zu verschulden. Um die Kapitalbindung möglichst gering zu halten, führte man das Leistungsmaß *Inventartage* ein (Lagerbestand geteilt durch Verbrauch pro Tag). Dieses Maß zeigt an, in wie vielen Tagen man das Lager komplett räumen würde, wenn nichts mehr nachgeliefert würde. Dell schwor alle Mitarbeiter darauf ein, immer neue Ideen zu entwickeln, wie man diese Zahl weiter senken könnte. Warum? Je weniger Inventar ein Unternehmen hat, desto weniger Kapital ist darin gebunden.

Neue Kennzahlen bei GE

Unter der Führung von Jack Welch hat GE zwanzig Jahre lang außergewöhnliche Erfolge verbucht. Welche Kennzahlen verwendete er? Das kam auf den Zustand des Unternehmens und die Lage der Weltwirtschaft an. In seinen Jahren als CEO führte Welch das Unternehmen durch verschiedene Phasen, die sich jeweils durch eigene Schlagworte oder Slogans unterschieden. Die aktuellen Slogans wurden ständig wiederholt und von den entsprechenden Kennzahlen begleitet. GE ist ein riesiges Konglomerat, deswegen waren die Themen ganz weit gefasst, und die Kennzahlen wurden so gewählt, dass sie sich in den verschiedensten Bereichen anwenden ließen. Welch gab konzernweite Ziele vor, wo Einnahmen und Gewinne herkommen sollten, und verschob den Schwerpunkt von der Produktion auf die Dienstleistung und vom amerikanischen auf den Weltmarkt.

Welch stieß die Transformation von GE in den 1980ern mit klaren strategischen Vorgaben an. Er fand, das Management sei durch frühere Erfolge selbstzufrieden geworden und richte seinen Blick viel zu stark *nach innen*, ins Unternehmen. Deswegen forderte er, jeder Geschäftsbereich bei GE müsse die Nummer 1 oder 2 auf seinem jeweiligen Markt sein. Diese Lektion hatte Welch von Peter Drucker gelernt: Dank ihrer starken Stellung im Markt üben die Marktführer Macht aus und erzielen mit größerer Wahrscheinlichkeit überdurchschnittliche Ergebnisse. Stand ein Geschäftsbereich in seinem Markt nicht an erster oder zweiter Stelle, gab es nur drei Möglichkeiten: »fix, close, sell«. Entweder unternahm die Leitung des Geschäftsbereichs also etwas, um an die Spitze des Marktes zu gelangen, oder der

Laden wurde dichtgemacht oder verkauft. Der simple Slogan »fix, close, sell« zeigte jedem bei GE, von wo der Wind wehte. Das Maß – erster oder zweiter im relevanten Markt – zwang jeden Beschäftigten bei GE, sich die Wettbewerbsposition seines Geschäftsbereichs und die zukünftigen Gewinnaussichten vor Augen zu halten.

Nachdem Welch GE umgebaut (und demoralisiert) hatte, verschob er in den 1990ern das Augenmerk auf Produktivitätskennzahlen. Damit wollte er den Blick wieder auf die Basics richten und das Selbstbewusstsein der Beschäftigten aufrichten. Welch forderte nun »dramatische, dauerhafte Produktivitätssteigerungen«, sein Slogan für das gesamte Unternehmen lautete: »Geschwindigkeit, Einfachheit, Selbstbewusstsein«. Um diesen Slogan zu konkretisieren, konzentrierte er sich auf einige Schlüsselindikatoren, darunter drei »fürs tägliche Leben: Kundenzufriedenheit, Zufriedenheit der Beschäftigten, Cashflow. Hohe Kundenzufriedenheit bedeutet großen Marktanteil. Zufriedene Beschäftigte sind produktive Beschäftigte. Und wenn man am Ende Geld in der Kasse hat, läuft der Rest von allein«.

Mitte der 1990er ersetzte Welch die »Nummer 1 oder Nummer 2«-Regel durch ein neues strategisches Ziel. Er wies seine Geschäftsbereichsleiter an, ihre Märkte breiter zu definieren – so, dass der Marktanteil unter zehn Prozent lag – und dann einen Plan zu entwickeln, wie man in diesem breit definierten Markt wachsen könne. Diese neue Strategie wurde notwendig, weil man die »Nummer 1 oder Nummer 2«-Regel zu leicht umgehen konnte. Die Beschäftigten in jeder Organisation zeigen enormen Einfallsreichtum, wenn es darum geht, Leistungsvorgaben auszuhebeln. Die Manager bei GE beispielsweise hatten bald gelernt, ihre Märkte so eng zu definieren, dass sie mindestens die Nummer zwei wurden. Welchs neuer Ansatz zwang sie, sich auf Wachstum zurück zu besinnen.

1996 blies Welch zum Six-Sigma-Kreuzzug. Six Sigma ist, wie bereits gezeigt, ein Qualitätsmaß. Doch so, wie Six Sigma bei GE angewendet wird, erfasst der Ansatz die gesamte Wertkette. Dies ist möglich, weil Six Sigma ein Unternehmen *als System* sieht. GE startete den Prozess, indem es seine Kunden bat, den Wert zu definieren, den sie suchten (mit anderen Worten: GE begann mit einem Blick von außen nach innen). Dann passte GE jedes Element der Wertkette, vom Design über die Herstellung bis zum Vertrieb so an, dass genau der Wert geschaffen wurde, den der Kunde verlangte.

Welch war von Six Sigma wie besessen, vielleicht weil sich dadurch Qualität objektiv messen lässt und das Konzept gleichzeitig erlaubt, wichtige Ideen zu kommunizieren, an denen sich die über 300 000 Beschäftigten orientieren können. Zum Beispiel schuf Welch eine neue »Kriegerkaste«, an deren grünen, schwarzen und Meistergürteln sich ablesen ließ, welche Ausbildung diese Leute hatten und welche Verdienste um das Unternehmen sie sich erworben hatten. Fortschritte im Six-Sigma-Programm wurden die Grundvoraussetzung für Beförderungen. Damit sandte Welch eine klare Botschaft: »Macht bei dem Programm mit, sonst habt ihr hier nichts verloren.«

Was ist Erfolg, wenn es keinen betriebswirtschaftlichen Erfolg gibt?

Der Glaube, Mission und Erfolg ließen sich nicht miteinander vereinbaren, ist weit verbreitet, vor allem im Sozialbereich. Dort gibt es keinen Gewinn im betriebswirtschaftlichen Sinn, was zu folgendem Denkfehler führt:

Mission = Leute
Erfolg = Gewinn
Leute ≠ Gewinn
Also: Mission ≠ Erfolg

Doch das stimmt nicht. Denn Leistung steht nicht in Widerspruch zu einer Mission, sondern sorgt im Gegenteil erst dafür, dass eine Mission erfüllt werden kann. Leistung und sozialer Auftrag sind keine Gegensätze – wenn Leistung richtig verstanden und definiert wird. Ganz im Gegenteil: Ohne Mission gibt es keine Leistung. Dies gilt für Unternehmen wie für gemeinnützige Institutionen.

Früher hielten Museen sich für die Hüter der Kultur, die Bewahrer von Schätzen. Interpretiert man ihre Mission so, dann ermisst sich ihre Leistung am Wert oder der Bedeutung der verwahrten Gegenstände. Heutzutage verfolgen Museen allerdings eine radikal andere Mission, die meisten verstehen sich als Sachwalter der Kunst, die sich bemühen, ihr Publikum zu erziehen, zu erfreuen und zu inspirieren. Wie die Museumsangestellten sich verhalten, hängt davon ab, wie Erfolg definiert ist. Besteht das oberste Ziel darin, die Besucherzahlen zu steigern, wird die Museumsleitung hauptsächlich Ausstellungen mit einem sehr breiten Zielpublikum veranstalten. Plant man stattdessen, eine möglichst breite Schicht von »Stammkunden« aufzubauen, muss man definieren, welche Art von Kunde man ansprechen will, und dann herausfinden, wie man das tut. Im ersten Fall wäre »Zahl der verkauften Eintrittskarten« ein gutes Leistungsmaß, im zweiten Fall »Anzahl der Wiederholungsbesucher« oder »Anzahl der Mitglieder im Förderverein«. Indem man Leistung auf die eine oder andere Weise definiert, macht man jedem Beschäftigten klar, worauf es ankommt.

Ein Beispiel: Angenommen, Sie leiteten die Notaufnahme eines Krankenhauses. Wie würden Sie Erfolg definieren? Die Anzahl der Wiederholungsbesucher oder Stammkunden wäre sicher kein gutes Maß. Worauf sollte man statt dessen abzielen? Auf kurze Wartezeiten der Patienten? Auf möglichst niedrige Mortalitätsraten bei Infarktpatienten? Auf etwas ganz anderes?

Die meisten gemeinnützigen Institutionen messen ihren Erfolg am Aufwand statt am Ertrag. Stiftungen berichten beispielsweise über die Zahl der vergebenen Stipendien, nicht über die Studienerfolge der Geförderten. Polizeireviere brüsten sich gerne damit, wie viele Streifen durch ein bestimmtes Gebiet laufen oder wie viele Notrufe bearbeitet wurden. Doch all das dokumentiert nur den Aufwand, nicht den Ertrag. Wie man es richtig macht, zeigte William Bratton, als er Mitte der 1990er Polizeichef in New York wurde. Er definierte Erfolg im Sinne von gesunkener Kriminalität.

Nach Brattons Amtsantritt begann eine Zeit, in der sich New Yorker Polizisten intensiv mit Kriminalstatistiken beschäftigten. Früher »hatten einem die Statistiken am Ende des Jahres gezeigt, wo man stand. Jetzt wurden Maximalzahlen vorgegeben«. Im Zuge der »broken windows«-Theorie der Veränderung bekam jedes Revier Vorgaben, zum Beispiel, wie viele Verdächtige es durchsuchen und verhaften musste.

Es ist eine sehr subtile, komplexe Aufgabe, einen Auftrag in Leistungskennzahlen zu übersetzen. Die Erfahrung von The Nature Conservancy illustriert das: Jahr für Jahr wuchsen die Fläche der geschützten Gebiete, die Mitgliederzahl und das Spendenaufkommen. Nahm man die gewohnten Erfolgsmaßstäbe, Dollars und Hektar, dann verzeichnete der Verein außerordentliche Erfolge. Doch der Zweck der Organisation besteht darin, gefährdete Arten zu schützen. Und während man immer mehr Dollars sammelte und Flächen aufkaufte, verlor man den Krieg um den Artenschutz. 1990 zog der damalige Vorsitzende John Sawhill die Notbremse und zwang die Organisation, ihre Strategie und Vorgehensweise zu überdenken.

Auslöser war der Kauf eines Geländes namens Schenob Brook in Massachusetts. Denn trotz der Maßnahme ging die Population der Sumpfschildkröten, die man damit schützen wollte, weiter zurück. Sawhill erzählt: »Einflüsse von außen verschlechterten die Wasserqualität im Reservat, von der die Schildkröten abhängig waren. Darin bestand das Problem: Wir hatten gedacht, wir könnten ein Stück Land kaufen, einen Zaun darum herum ziehen und damit alle Arten im Reservat schützen. Doch dieser Ansatz erwies sich als falsch, und das bedeutete auch, dass unsere alten Leistungsmaßstäbe nicht mehr galten. Wir konnten nicht einfach weiter machen wie bisher. Gewinnorientierte Unternehmen können jeden Tag in ihre Bücher sehen und überprüfen, wie es um sie steht. Entweder verdienen sie Geld oder nicht. Gemeinnützige Institutionen unterliegen diesem Druck, Gewinn zu machen, nicht. Deswegen kommen sie auch leichter vom Kurs ab. Für uns von The Nature Conservancy kann nur die Wissenschaft definieren, was Erfolg ist.«

Und die Wissenschaft wies den Weg zu neuen Leistungsmaßstäben. Heute stellt sich der Verein bei jedem Projekt fünf Leitfragen: Welches ökologische System versuchen wir zu schützen? Welchen Stressfaktoren unterliegt es? Woher kommen diese Stressfaktoren? Wie gehen wir mit diesen Problemen um? Wie messen wir unseren Erfolg in diesem Projekt? Das Fish Creek Project des Vereins im nordöstlichen Indiana gibt ein gutes Beispiel für die Auswirkungen der neuen Denkweise ab. Ziel des Projekts ist, den Lebensraum von Süßwassermuscheln zu schützen; der Stress stammt von einer zu großen Menge Schlick im Wasser. Verantwortlich dafür ist die landwirtschaftliche Nutzung der umliegenden Äcker bis an den Rand des Gewässers. Durch direkte Zahlungen an die Bauern subventioniert The Nature Conservancy jetzt eine Anbaumethode, bei der der Boden nicht umgepflügt wird. Den Erfolg bemisst der Verein anhand von drei Parametern: der Anzahl von Hektar, die nicht gepflügt werden, der Schlickmenge im Wasser und der Größe der Muschelpopulation. Sawhill meint: »Unser Erfolg ermisst sich letztlich allein daran, wie viele Arten wir retten. Kurzfristig müssen wir uns aber an anderen Messgrößen orientieren, die uns zeigen, ob wir noch auf Kurs sind.«

Doch wie sollen gemeinnützige Institutionen, die keine wissenschaftlichen Maßstäbe anlegen können, ihre Leistung messen? Meistens lassen sich im Sozialbereich die Inputs besser erfassen als die Ergebnisse. Nehmen Sie nur den Bildungssektor: Man kann viel leichter messen, was man für Bildung aufwendet – die Anzahl der Klassenzimmer, der Bibliotheken, der Unterrichtsstunden usw. – als ein bestimmtes Ergebnis vorschreiben, zum Beispiel, was für einen Typen Mensch das Erziehungssystem hervorbringen soll. Angenommen, das Idealziel sei ein produktiver Bürger, wie misst man dann »Erfolg«?

Im Wahlkampf reden Politiker gern von Kostenbewusstsein und Ergebnisorientierung, die im öffentlichen Sektor gefragt seien. Doch was würden Sie als Rektor einer High School tun, wenn Sie einer Gemeinde Rechenschaft schuldeten, die sich uneins darüber ist, was Schulbildung überhaupt erreichen soll? Wie lässt sich in einem solchen Umfeld Leistung definieren? Die aktuelle Bildungsdebatte in den USA zeugt von dieser Schwierigkeit. Das vorliegende Kapitel zeigt eines ganz deutlich: Bevor man die Qualität der Bildung erhöhen kann, muss man sich zuerst einigen, welches Ziel man überhaupt verfolgt. Erst wenn die Ziele feststehen, lassen sie sich in konkrete Leistungskennzahlen übersetzen.

Die richtigen Ziele und Kennzahlen helfen jeder Organisation, ihren Zweck zu erfüllen. Ganz allgemein gilt: Die Schwierigkeit, im Sozialbereich Leistung zu definieren, greift zunehmend auch auf die normale Wirtschaft über. Das Ergebnis physischer Arbeit lässt sich problemlos ermitteln, doch in einer Wissensökonomie, in der Dienstleistungen und ungreifbare Faktoren eine immer größere Rolle spielen, verschwimmt die Leistung des Einzelnen immer mehr. In Zukunft müssen Organisationen aller Art daher noch disziplinierter darüber nachdenken, was sie erreichen und wie sie ihre Leistung messen wollen.

Kapitel 7
Wetten auf die Zukunft: Innovation und Unsicherheit

Nehmen Sie zum Beispiel die Schildkröte: Sie kommt nur voran, wenn sie ihren Kopf riskiert (und aus dem Panzer streckt).

James Bryant Conant (1893-1978)
Präsident der Harvard University

Wie die Seefahrer des Entdeckungszeitalters haben gute Manager immer den Horizont und ihre aktuelle Position im Auge. Sie sind für kurzfristige Ergebnisse (im aktuellen Quartal) ebenso verantwortlich wie für langfristigen Erfolg. Wie leben Manager gleichzeitig in zwei Zeitzonen? Meistens sehr unbequem.

Manager führen heute Neuerungen ein oder sie fallen morgen zurück. Doch jeder Euro, den sie heute ausgeben, geht von ihrem aktuellen Gewinn ab. Sie verderben sich also ständig die aktuellen Zahlen, zu Gunsten der zukünftigen Zahlen.

Ob die Investitionen sich auszahlen werden, ist allerdings keineswegs garantiert. Denn die Zukunft ist per definitionem unbekannt. Deswegen werden Investitionsausgaben auch oft mit Wetten auf Rennpferde verglichen. Dieser Vergleich ist ganz hilfreich – solange man seine Grenzen im Auge behält. Denn erstens muss das Management seine eigenen Wetten erfinden. Das ist die Aufgabe der *Innovation*, einer ganz besonderen Art des Problemlösens. Innovation ist die Suche nach neuen Methoden, Wert zu schaffen, und nach neuen Werten, die man schaffen kann. Unternehmen mit besseren Informationen und exakterem Wissen darüber, was Wert ist, können Wetten abschließen, die ihren Rivalen nicht zur Verfügung stehen.

Zweitens dreht das Management aktiv an den Wetten, um die Gewinnwahrscheinlichkeit zu erhöhen. Auf der Pferderennbahn geht das nicht (bzw. es ist illegal); dort muss man die gegebenen Quoten hinnehmen und dann passiv auf den Rennausgang warten.

Dieses Kapitel erklärt, wie Manager am besten mit dem riskanten Geschäft der Innovation umgehen. Es zeigt, wie gute Führungskräfte Informationen sammeln und nutzen, um günstigere Wetten zu erfinden, aus verschiedenen Wetten die beste zu wählen und die Gewinnwahrscheinlichkeit nach Abschluss der Wette zu erhöhen.

Ein Kompromiss zwischen Gegenwart und Zukunft

Im Mai 1927 tat Henry Ford etwas höchst Außergewöhnliches: Er stoppte das Fließband, schickte seine Arbeiter heim und setzte sich an den Zeichentisch. Es bleibt eine der größten Ironien der Geschichte, dass Henry Ford, einer der innovativsten Geister, die je gelebt haben, sich in der Vergangenheit verrannt hatte. Er hatte nicht vorausgesehen, dass der Erfolg des Model T auch seinen Untergang bedeuten würde. Wäre Ford etwas weniger verliebt in seine Schöpfung gewesen, hätte er die mahnenden Vorzeichen erkannt. Doch so sah er sich gezwungen, die berühmteste Fabrik der Welt vorübergehend zu schließen.

Ford hatte nicht realisiert, dass er das Leben in Amerika total verändert hatte. Er hatte das Auto für die Massen erst erschwinglich gemacht; für fast jeden Kunden war das Model T, das er kaufte, sein *erstes* Auto. Ford sah nicht voraus, dass diese Leute bei ihrem *zweiten* oder *dritten* Auto höhere Ansprüche an Komfort, Leistung oder Design stellen würden. Doch genau das taten sie: Wachsender Wohlstand und das Aufkommen der Ratenzahlung führten dazu, dass die Leute nach immer besseren Autos verlangten.

Dies bedeutete gleichzeitig, dass die Autos der ersten Generation jetzt als Gebrauchtwagen weiterverkauft wurden. Damit kamen plötzlich Fahrzeuge auf den Markt, die noch billiger waren als neue Model Ts. Fords Rivale Alfred Sloan beschrieb die Umwälzung: »Als die Leute ihr erstes Auto verkauften und das Geld als Anzahlung für einen neuen Wagen verwendeten, tauschten sie ein reines Fortbewegungsmittel gegen ein Fahrzeug ein, das weiter gehende Bedürfnisse erfüllte.«

Schon 1925 hätte Ford die dunklen Wolken am Horizont bemerken müssen. In jenem Jahr hielt er seine Verkaufszahlen konstant, bei zwei Millionen Autos und Lastern. Da der Gesamtmarkt aber stark wuchs, fiel sein Marktanteil von 54 auf 45 Prozent. Im folgenden Jahr nahm Chevrolet ihm noch mehr Anteile ab. Im Mai 1927 schließlich musste Ford zugeben, dass das Spiel vorbei war. Er schickte seine Leute heim und entwickelte einen Nachfolger des Model T.

Wenigstens riss Fords Kurzsichtigkeit sein Unternehmen nicht in den Abgrund. Anderen ist es da schlechter ergangen, denken Sie nur an das schmähliche Ende der Digital Equipment Corporation (DEC), deren Gründer sich so auf Großrechner fixiert hatte, dass er sich noch 1977 nicht vorstellen konnte, dass irgendjemand einen eigenen Computer würde haben wollen. Ein Jahrzehnt später schluckte Compaq, was von DEC noch übrig war.

Große Umwälzungen, wie das Aufkommen des PC, gehen immer mit gewaltigen Risiken einher. Jeder weiß, dass die Biotechnologie im 21. Jahrhundert gewaltige Veränderungen auslösen wird (ähnlich wie die Chemieindustrie im 20. Jahrhundert). Aber dieses Wissen allein verrät den Unternehmen nicht, wann und wohin sie ihre Ressourcen umschichten müssen. Monsanto, einer der führenden Chemieriesen, setzte voll auf Biotechnologie. Zunächst schien, als ob das Unternehmen alles richtig gemacht hätte. Monsanto brachte eine Reihe von genetisch veränderten Pflanzen auf den Markt, mit deren Hilfe die

Produktivität der Landwirtschaft gesteigert werden konnte, bei geringerer Umweltbelastung durch Chemikalien. Neu gezüchtete krankheitsresistente Pflanzen erlaubten den Bauern, sich den massiven Einsatz von Pestiziden zu sparen. Vielleicht wird Monsantos Chef, Robert Shapiro, später einmal als Visionär gefeiert, doch fürs erste verlor er seinen Job und sein Unternehmen, weil er den politischen Widerstand gegen gentechnisch veränderte Pflanzen unterschätzt hatte. Die Produkte standen also zur Verfügung, doch der Markt war noch nicht bereit. Am Ende wurde Monsanto von Pharmacia aufgekauft. Erst in fünf oder zehn Jahren werden wir wissen, ob Shapiro seiner Zeit voraus war – oder ein Träumer.

Auch Kodak steht vor dem Problem einer Gratwanderung zwischen Heute und Morgen. Angesichts der Herausforderung durch die digitale Fotografie stellt sich nicht die Frage, *ob* Kodak den Übergang vollzieht, sondern wann und wie. 1999 stammten 80 Prozent des Umsatzes und der gesamte Gewinn aus der traditionellen Fotografie. Doch digitale Kameras verkaufen sich in immer größerer Zahl, und so gibt Kodak jährlich 500 Millionen Dollar für Forschung im Bereich digitale Fotografie aus, stellt neue Führungskräfte mit Erfahrung in diesem Gebiet ein und zieht die Grenzen in der Organisation neu. Die Herausforderung besteht darin, sich für das digitale Zeitalter in Position zu bringen, ohne das gewinnträchtige traditionelle Geschäft unnötig früh aufzugeben.

Radikale Veränderungen in Märkten und bei Technologien, wie Monsanto und Kodak sie erlebt haben, sind Extremfälle. Und doch: Das grundsätzliche Dilemma – die Gratwanderung zwischen Gegenwart und Zukunft – stellt sich jedem Manager. Selbst Managern von gemeinnützigen Institutionen, auch wenn das im ersten Moment seltsam klingt. Wohltätige Organisationen unterliegen einem solch überwältigenden Druck, jeden Cent sofort für konkrete Maßnahmen auszugeben – für Maßnahmen *heute* –, dass jede Investition für eine Leistungssteigerung *in der Zukunft* verhindert wird. Nur wenige Geldgeber oder Manager in diesem Bereich sind sich bewusst, dass man nur dann morgen höhere Leistung erbringen kann, wenn man heute in die Zukunft investiert.

Deswegen benötigt jede Organisation Mechanismen, die sie vorwärts treiben, Richtung Zukunft. Sonst, so Andy Grove, unternehme man wahrscheinlich »zu wenig und zu spät«. Er fügt hinzu: »Alle reden ständig davon, dass es bei Management um Veränderungen geht. Tatsache ist aber, dass wir Manager Veränderungen hassen, vor allem, wenn sie uns betreffen.« 3M, ein Unternehmen, dessen Innovationsfreude schon lange bewundert wird, hat bereits vor Jahren die Regel aufgestellt, dass jeder Geschäftsbereich mindestens 25 Prozent seines Umsatzes mit Produkten machen müsse, die seit weniger als fünf Jahren auf dem Markt sind. 1993 verschärfte sich der Konkurrenzkampf, und 3M legte die Latte auf 30 Prozent und vier Jahre. Diese Zahlen sind vielleicht willkürlich gewählt, doch jedes Unternehmen benötigt Mechanismen und Anreize, die es vorwärts treiben, in die Zukunft.

Jeder gute Manager denkt unternehmerisch

Es braucht Disziplin und ein gewisses Maß an Mut, um vorausschauend zu managen. Vor allem muss man als Führungskraft aber einen radikalen Glauben an eine goldene Zukunft haben. Ende des Zweiten Weltkriegs fielen bei Hewlett-Packard schlagartig alle Rüstungsaufträge weg, der Umsatz halbierte sich. Bill Hewlett und David Packard mussten Leute rauswerfen, um das kränkelnde Unternehmen zu retten. Gleichzeitig erkannten sie aber auch eine Chance. Denn andere Unternehmen (die sich in einer ähnlichen Klemme befanden) entließen einige der begabtesten Ingenieure der Branche. Trotz der miesen Wirtschaftslage stellten Hewlett und Packard sie alle ein, quasi auf Vorrat.

Auch in der Flaute sorgte das Unternehmen bereits für seine strahlende Zukunft vor.

Manager beschließen Investitionen, um ihre Unternehmen in die Zukunft zu führen – darin spiegelt sich der fundamentale Optimismus des Managements. Im 19. Jahrhundert erhielt die Wirtschaftswissenschaft einen Beinamen, den sie seitdem nicht mehr loswurde: »the dismal science«, die trostlose Wissenschaft. Verantwortlich dafür war die Erkenntnis von Thomas Malthus, dass die Bevölkerung notwendigerweise schneller wachse als die Nahrungsmittelgrundlage, jede Hoffnung auf wachsenden Wohlstand des Einzelnen also sinnlos sei. Manager denken da ganz anders; gnadenlos optimistisch und selbstbewusst. Es gibt für sie kein Problem, das man nicht lösen, keinen Status quo, den man nicht verbessern könnte.

Normalerweise schreiben wir diese optimistische, innovationsfreudige Einstellung Unternehmern zu, nicht Managern. Allerdings haben wir allmählich auch verstanden, dass gute Manager auch unternehmerisch denken müssen. In den Boomjahren nach dem Zweiten Weltkrieg wuchsen Unternehmen automatisch, wenn sie sich nur im Strom mittreiben ließen. Es genügte, fest in einem Markt etabliert zu sein, um vom Wachstum des Marktes zu profitieren. Heute läuft das Wirtschaftsleben anders, und wir wissen besser, wie Wachstum entsteht. Wissenschaftler wie Paul Romer haben gezeigt, dass Innovationen und neue Ideen zu den wichtigsten Triebkräften hinter dem Wirtschaftswachstum gehören.

Von Managern angeführt, die diszipliniert, systematisch und zielgerichtet nach Neuerungen streben, hat sich Amerika zu einer Nation von Unternehmern entwickelt. Ständiger Wandel wird als die Norm anerkannt. Im Gegensatz zu anderen Institutionen, die von Natur aus einen bewahrenden Charakter haben – beispielsweise Familien oder Gemeinden – denkt das moderne Unternehmen revolutionär; es ist so konstruiert, dass es stetig Veränderungen hervorbringt. Wirklich umwälzende Ideen stammen oft von neugegründeten Unternehmen, die beim aktuellen Status quo nichts zu verlieren haben. Beispielsweise musste erst Starbucks kommen, bevor die alteingesessenen Kaffee-Röster wie Nestlé merkten, dass es einen Markt für Spitzenkaffee gibt. Allerdings verfügen bereits etablierte Unternehmen in mancher Hinsicht über beträchtliche Vorteile, und heutzutage betrachten die meisten von ihnen Innovation als oberste Priorität. (Alteingesessene Unternehmen sind also längst nicht mehr so selbstzufrieden und verknöchert wie früher.)

Die Rollen des Managers und des Unternehmers widersprechen sich keineswegs, wie das beliebte Vorurteil glaubt. Peter Drucker predigt seit Jahrzehnten, dass Management und unternehmerisches Denken »zwei Seiten derselben Medaille sind«. Ein Unternehmer, der nicht zu organisieren lernt, geht bald baden. Und umgekehrt kann sich kein Manager halten, der keine Innovationen durchzusetzen weiß. Der einsame Tüftler, das kreative Genie im Hobbykeller – das sind Klischeebilder des Erfinders. Die meisten Neuerungen hingegen sind das Ergebnis einer gemeinsamen Anstrengung, eines sehr systematischen Vorgehens. Niemand kann lernen, wie man ein Genie wird, doch wir alle können lernen, wie man Innovationen durchführt.

Der Blick *innerhalb* der Box

Irgendwann in den frühen 1990ern begann die Management-Literatur uns aufzufordern, *über die Box hinaus* zu denken. Seitdem wurde diese Aufforderung bis zum Erbrechen wiederholt, oft von Leuten, die in ihrem ganzen Leben noch keinen wirklich originellen Gedanken gehabt haben.

Das Problem mit Wendungen wie »über die Box hinaus denken« ist, dass sie schnell zu reinen Phrasen verkommen, die ständig und wahllos dahergeplappert werden. Schade, denn das Bild selbst drückt recht gut aus, dass ganz normale Leute außer-

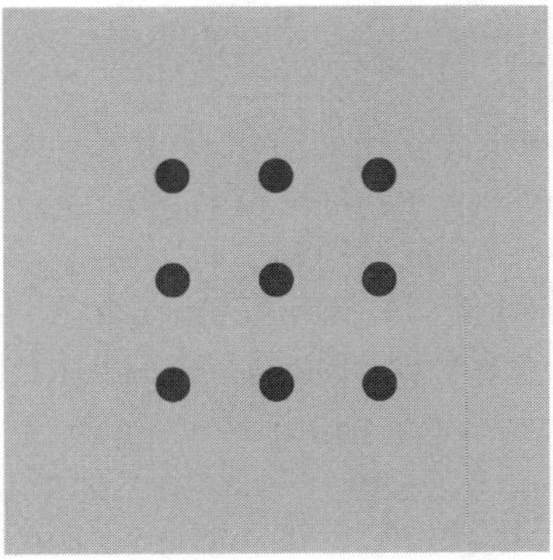

Abb. 1: Das Neunpunkt-Problem

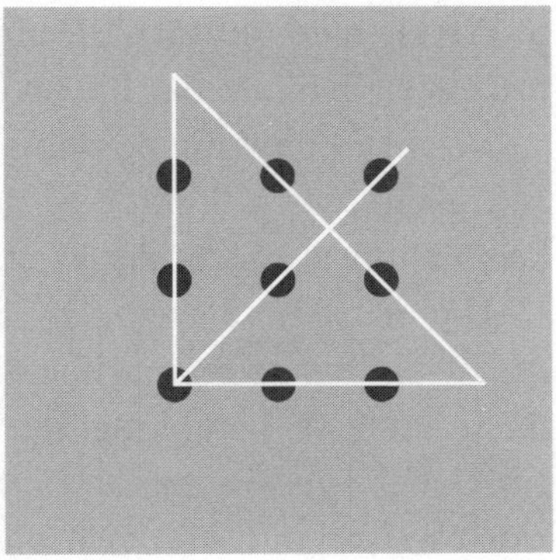

Abb. 2: Lösung des Neunpunkt-Problems

ordentlich große Werte schaffen können, wenn sie in einem Unternehmen die Köpfe zusammen stecken.

Die Tatsache allerdings, dass solche Phrasen aufkommen und gebetsmühlenartig wiederholt werden, weist auf ein wirklich existierendes Problem hin. So kämpften etwa vor einem Jahrzehnt Organisationen aller Art mit der Schwierigkeit, interne Widerstände gegen Neuerungen zu überwinden. In kürzester Zeit hatte sich der Wettbewerb dramatisch verschärft, doch die Leute in großen Organisationen sträubten sich dagegen, ihren gewohnten Trott aufzugeben und neue Denkweisen zu übernehmen.

Ursprünglich verrät die Wendung die Lösung zu einer berühmten Knobelei, dem so genannten Neunpunkt-Problem. Stellen Sie sich neun Punkte vor, die in drei Dreierreihen angeordnet sind. Die Aufgabe: Verbinden Sie alle neun Punkte mit vier Geraden, ohne den Stift vom Papier zu nehmen (s. Abb. 1).

Das Problem ist deswegen so knifflig, weil wir beim Anblick der Punkte unweigerlich ein Quadrat (»eine Box«) sehen. Diesem bekannten Muster können sich die meisten Leute nicht entziehen; sie nehmen unbewusst an, dass sie für die Lösung des Rätsels innerhalb dieser imaginären Box bleiben müssen. Doch in Wirklichkeit müssen Sie einige Linien über die gedachte Box hinaus ziehen, um das Rätsel zu lösen (s. Abb. 2).

»Denken über die Box hinaus« ist also eine Metapher für die Fähigkeit, über althergebrachte geistige Modelle hinaus zu denken, die unsere Sicht der Welt bestimmen.

Die meisten derjenigen, die vom »Denken über die Box hinaus« schwätzen, machen sich den Ursprung des Ausdrucks nicht bewusst. Heute meinen die meisten damit »*Denke kreativ!*« oder »*Verdammt, warum kannst du nicht kreativer sein!*« Doch Kreativität lässt sich nicht anordnen; mit solchen absurden Befehlen schafft man nur Frust. Von ihrem ursprünglichen Sinn gelöst, legt die Wendung eine zu starke Betonung auf Originalität als Selbstzweck. Viele wertvolle Neuerungen entstehen jedoch, *weil* es eine Box und Beschränkungen gibt. Zwar betrachten wir Künstler nicht als typische Problem-Löser, doch großartige Kunst erfindet oft neue Lösungen innerhalb eines fest vorgegebenen und oft recht beengenden Rahmens. Shakespeares Sonette sind deswegen so großartig, weil Shakespeare innerhalb der und gegen die Beschränkungen der Sonettform gedichtet hat. Toyota erfand das Just-in-time-Prinzip, weil es keinen Platz für ein Lager hatte.

Jeder, der den Film *Apollo 13* gesehen hat, wird sich an diese Szene erinnern: Nach einer Explosion an Bord ist das Raumschiff schwer beschädigt, der Kohlendioxid-Gehalt der Luft steigt bedrohlich. Wenn Mission Control in Houston sich keinen Behelfsluftfilter ausdenkt, den die Astronauten mit den im Raumschiff vorhandenen Gegenständen basteln können, stirbt die Besatzung. Ein Projektleiter leert den Inhalt von drei Kartons auf einen Tisch und weist sein Team an: »Wir müssen eine Methode finden, wie *das* [ein viereckiges Objekt] in *diese* [runde] Öffnung passt. Verwenden dürfen wir nichts außer *dem* [deutet auf den Haufen auf dem Tisch].« Der Adapter, der schließlich aus einem Stück Schlauch, Klebeband, dem Deckblatt des Flugplans und einer Socke zusammen gebastelt wird, funktioniert.

Was lehrt uns dieses Beispiel? Dass man sich zunächst einmal über das Problem und die herrschenden Beschränkungen im klaren sein muss. Akribische Datensammlung gehört also unbedingt zum Prozess des Problemlösens. Dieser Aspekt wird oft vernachlässigt; doch wenn man nicht weiß, wo man sich befindet, weiß man auch nicht, welche Richtung man einschlagen muss, um ein gegebenes Ziel zu erreichen.

Das macht den Kern von Innovationen aus: Problemlösung innerhalb gegebener Beschränkungen. Vergleichen Sie nur Kodaks 25-Dollar-Kamera mit der Brownie für einen Dollar. Beschränkungen. Gute Manager nutzen die Beschränkungen, die durch Strategie, Geschäftsmodell, Budget usw. gesetzt werden, geschickt aus, um die Kreativität und den Einfallsreichtum ihrer Mitarbeiter anzuspornen. Ohne diese Fähigkeit gibt es keine effektive Innovation.

David Pottruck, Co-CEO bei Charles Schwab, führt ein hervorragendes Beispiel dafür an, wie der Prozess der Innovation idealerweise abläuft. Ein Team seiner Firma erhielt die Aufgabe, eine bessere Methode zur Erfassung und Behandlung von Kundenbeschwerden zu erfinden. Nun, die Aufgabe war zwar weniger heroisch als diejenige von Mission Control, ähnelte dafür aber eher den Problemen, mit denen wir in unserem Arbeitsalltag konfrontiert werden. Innovation passiert meist in einer Abfolge winziger Schritte, nicht schlagartig aufgrund einer genialen Idee. Zunächst zeichnete das Team die Arbeitsabläufe im Beschwerdemanagement auf und entdeckte einige Möglichkeiten, um den Prozess von ursprünglich zwei Wochen um einige Tage zu verkürzen. Danach setzte man sich ein anspruchsvolleres Ziel – Behandlung jeder Beschwerde innerhalb einer Woche. Um dieses zu erreichen, analysierte man den Prozess noch genauer. Beispielsweise hatte man als gegeben hingenommen, dass man den Kunden aus rechtlichen Gründen schriftlich antworten musste. Der Aufwand für die Korrespondenz verzögerte den Prozess um einige Tage – doch die Schriftform hatte sich nur gewohnheitsmäßig eingebürgert und wurde vom Gesetzgeber nicht vorgeschrieben. Also beschloss man, Beschwerden künftig per Telefon zu beantworten und damit einen Haufen Zeit zu sparen.

Bald hatte das Team es geschafft, die Bearbeitungszeit auf eine Woche zu halbieren. Doch anstatt sich damit zufrieden zu geben, stellte das Team eine gewagtere Frage: Könnten wir alle Beschwerden innerhalb von 48 Stunden beantworten? Jetzt ging es nicht mehr um inkrementelle Problemlösung – das Team definierte das Problem neu. Es begann ganz von vorne und ging zuerst die grundsätzliche Frage an, welchen Wert das Beschwerdemanagement überhaupt schuf. Mit anderen Worten: Das Team definierte die Box neu. Man stellte alles in Frage. Was wollten die Kunden überhaupt? Das schien klar: kurze Bearbeitungsfristen. Doch Moment mal! Wollten sie *in Wirklichkeit* nicht vielmehr, dass ihren Beschwerden stattgegeben wird? Was würde für das Unternehmen folgen, wenn es gar nicht um Beschwerdemanagement ginge, sondern um die Chance, Kunden zufrieden zu stellen und so die Kundenbindung zu erhöhen? Damit hatte das Team eine bedeutende Erkenntnis darüber gewonnen, wo der Wert für die Kunden liegt. Sie führte zur Frage, wie viel es Schwab denn kosten würde, alle Beschwerden im Sinne der Kunden zu regeln. Um sie zu beantworten, analysierte das Team, wie viel Geld Schwab für die Bearbeitung von Streitfällen ausgab.

Dabei fand das Team heraus, dass es in 80 Prozent der Beschwerden um Summen ging, die unter den Kosten dafür lagen, einen Fall zu untersuchen. Wenn das eigentliche Ziel also hieß, die Kunden nicht zu vergraulen, warum gab man dann nicht einfach in jedem Fall nach, wo die geforderte Entschädigung unter den Kosten für die Untersuchung des Falles lagen?

Indem das Team die Ausgangsfrage neu stellte, gelang ihm

ein gigantischer Durchbruch; heute behandelt Schwab 80 Prozent aller Beschwerden innerhalb von 48 Stunden, immer im Sinne der Kunden und zu geringeren Kosten als zuvor. Um die Geschichte abzurunden, änderte Schwab den Leistungsindikator der Beschwerdeabteilung – von »Bearbeitungsdauer« zu »Kundenzufriedenheit«, damit auch jeder versteht, worum es *wirklich* geht.

Ist diese Geschichte ein Beispiel für Denken über die Box hinaus? Ja und nein. Indem man die Problemstellung neu formulierte, beschrieb man im Grunde eine neue Box mit genau definierten Beschränkungen. Egal, welche Metapher man verwendet, um den Innovationsprozess zu beschreiben, im Kern läuft er immer auf eines hinaus: auf eine orchestrierte Suche nach neuen Möglichkeiten, Wert zu schaffen. Der Manager denkt wie ein Unternehmer und hilft mit, eine produktivere Zukunft zu erfinden. Innerhalb seiner Box zu denken ist dabei absolut in Ordnung; allerdings muss man sich immer fragen, welche Grenzen die Box *wirklich* hat, was also die »richtige« Box ist.

Die nötigen Informationen

Wo kommen nun neue Erkenntnisse über Wert her? Wie gelangt man an die notwendigen Informationen, die man braucht, um die Box zu zeichnen? Wie im Kapitel über die Schaffung von Wert bereits beschrieben, erhält man sie, indem man das Unternehmen aus der Perspektive des Kunden betrachtet, von außen nach innen. So weit das Konzept; nun aber zur Durchführung.

Viele Unternehmen brüsten sich, »immer ein offenes Ohr für die Kunden zu haben«. Doch das genügt nicht. Informationen helfen wie gesagt dabei, bessere Wetten zu erfinden. Deswegen muss man sie *aktiv* sammeln, nicht nur passiv zuhören. Unterdrücken Sie Ihr eigenes Urteil für eine Weile, beobachten

Sie das Verhalten anderer Leute, vermeiden Sie voreilige Schlüsse und fragen Sie nach den Gründen für ein bestimmtes Verhalten.

Diese Vorgehensweise erfordert Disziplin, denn sie verlangt gleich in mehrerer Hinsicht, gegen die Intuition zu handeln. Die meisten Leute reden lieber anstatt zuzuhören. Je größeren Erfolg sie in der Vergangenheit gehabt haben, desto größer ist ihre Überzeugung, dass ihnen keiner mehr was über ihr Geschäft erzählen kann. Echte Neugier anderen Menschen gegenüber sieht man nur selten; die Wenigsten interessiert, *warum* Leute etwas tun. Neugier, exakte Beobachtung, Zurückstellung des eigenen Urteils – dies sind die Gegenstücke (und manchmal Gegengifte) zu den Branchenweisheiten und den Einflüsterungen von Instinkt und Intuition.

Marktforschung wird oft unterschätzt; nur selten wird ihre Kunst gewürdigt, Bedürfnisse der Kunden zu entdecken, von deren Existenz die Kunden selbst nicht wussten. Das Vorgehen von Marktforschern lehnt sich eng an die Methoden der Anthropologie an. Nehmen Sie als Beispiel noch einmal den Cola-Krieg, den wir im Strategie-Kapitel bereits beschrieben haben. Lassen Sie uns hier untersuchen, wie Pepsi zu der Entscheidung gelangte, Plastikflaschen einzuführen.

In den 1970ern war Pepsi auf dem heimischen Cola-Markt weit hinter Coke zurück gefallen. Wild entschlossen, sich die Führung zurück zu erobern, begannen die Marktforscher von Pepsi, das Kauf- und Konsumverhalten von Softdrinkkäufern zu beobachten. In einer Studie durften 350 Familien jede Woche so viel Limonade zu einem Schnäppchenpreis einkaufen, wie sie wollten. Bei der Beobachtung des Verhaltens dieser Leute zeigte sich etwas Unerwartetes: Die Menge an Limonade, die diese Leute tranken, wurde allein von der Menge begrenzt, die sie nach Hause tragen konnten.

Im Lichte dieser Erkenntnis konzentrierte Pepsi seine Bemühungen darauf, seine Flaschen so leicht und transportabel wie möglich zu machen. Pepsi ersetzte Glas durch Plastik und Sechserpackungen durch Multipacks. Das Ergebnis sieht man in jedem Supermarktregal der Welt. Eine solche Neuerung wäre den Marktforschern bei Coke oder Pepsi nie eingefallen, wenn sie sich nur auf ihre Intuition verlassen hätten. Es hätte nicht einmal etwas genützt, die Kunden zu befragen. Nein, die Erkenntnis wurde geboren, weil man das Verhalten des Kunden vorurteilslos beobachtete und neugierig auf die Gründe für dieses Verhalten war.

Im Zusammenhang mit Innovationen liegt das Augenmerk viel zu sehr auf der Kreativität; meist wird unterschätzt, eine wie wichtige Rolle die Neugierde spielt. Als Jack Welch Jeff Imelt zu seinem Nachfolger an der Spitze von General Electric erkor, erwähnte er wahrscheinlich nicht bloß zufällig die Innovationsfreude und Neugier Imelts in einem Atemzug. Ray Kroc, der Gründer von McDonald's, war ein erfahrener Verkäufer von Milchshakemaschinen und wusste, dass die meisten Restaurants nur eine oder zwei dieser Maschinen brauchten, weil jede gleichzeitig fünf Shakes machen konnte. Warum orderte dann ein Restaurant in San Bernardino acht Maschinen? Was für eine Art Laden konnte eine Kapazität von 40 Milchshakes gleichzeitig brauchen? Neugierig geworden, besuchte Kroc die Besitzer, die Brüder MacDonald. Dies war die Geburtsstunde einer neuen Branche.

Die Geschichte von 3M ist geprägt durch Innovationen ohne Zahl; verantwortlich dafür ist ein Geist der Neugier, der durch das Unternehmen weht. 1920 schickte Francis Okie, ein Hersteller von Druckerschwärze, einen Brief an mehrere Sand- und Sandpapierunternehmen, unter anderem auch an 3M. Darin bat er um »Proben von jeder Korngröße, die Sie bei der Produktion von Schleifpapier verwenden.« Da 3M kein Rohmaterial verkaufte, war Okie kein potenzieller Kunde. Doch der Chef von 3M, William McKnight – neugierig geworden und immer auf der Suche nach interessanten neuen Ideen, die sich für sein

Unternehmen nutzen ließen – fragte nach: »*Warum* will Mr. Okie diese Proben?« Keines der anderen Unternehmen, die Okie angeschrieben hatte, machte sich diese Mühe. Okies Antwort führte dazu, dass 3M die Rechte an einem seiner wichtigsten Produkte aller Zeiten erwarb, Wetordry (ein wasserfestes Sandpapier), und Mr. Okie einstellte.

Auch bei Schwab resultierten viele Innovationen aus der Beobachtung von Leuten und der Frage nach den Gründen für ein bestimmtes Verhalten. Warum war Schwabs TeleBroker bei Kunden so beliebt, deren Muttersprache nicht Englisch war? TeleBroker ist ein vollautomatisches System für den Handel mit Wertpapieren, das über Telefontasten gesteuert wird. Bei der Beobachtung, welche Kunden TeleBroker wie benutzten, stieß Schwab auf ein ungestilltes Bedürfnis seiner Kunden: Für jemanden, der nicht gut Englisch sprach, war es einfacher, das System zu benutzen, als mit einem Berater zu reden. Was diese Kunden sich aber *wirklich* wünschten, war, in ihrer Muttersprache beraten zu werden. Also führte Schwab eine spezielle Beratung auf Chinesisch und Spanisch ein.

Manchmal darf man nicht so genau nehmen, was Leute sagen. Vor allem, wenn sie das eine sagen und das andere tun. Fragt man Schwabs Kunden, wie wichtig ihnen Zweigstellen vor Ort sind, antworten sie meist mit: »nicht besonders wichtig«. Und doch verdoppelt sich der Umsatz an jedem Ort, an dem eine Zweigstelle aufmacht. Dies ist deswegen besonders verwirrend, weil es den Weisheiten der Internet-Ära total zu widersprechen scheint. Normalerweise sollte sich Schwab die Fixkosten für reale Zweigstellen sparen. Und doch: Obwohl Schwabs Kunden 80 Prozent ihrer Transaktionen elektronisch abschließen, werden 70 Prozent der neuen Konten in einer Zweigstelle eröffnet, von Angesicht zu Angesicht. Offenkundig spielt der persönliche Kontakt zu einem Kundenbetreuer eine Rolle, auch wenn die Kunden in Umfragen das Gegenteil behaupten. Deswegen, so Co-CEO Pottruck, »müssen die Ergebnisse der Marktforschung von Menschen aus Fleisch und Blut interpretiert werden.«

So trifft man Entscheidungen über eine ungewisse Zukunft

Bis hierher haben wir darüber geredet, wie man Daten sammelt, sortiert und auswertet, um bessere Wetten auf die Zukunft abschließen zu können. Die richtige Information hilft Ihnen, die Gewinnwahrscheinlichkeit zu Ihren Gunsten zu verbessern. Doch vollständige Information gibt es nie; die Zukunft bleibt immer teilweise im Dunklen.

Viele unternehmerische Erfolgsstorys wirken aus der Rückschau unvermeidlich. Erinnern Sie sich an die Entscheidung von Hewlett und Packard, nach dem Zweiten Weltkrieg talentierte Ingenieure einzustellen, obwohl sie kaum das Geld hatten, ihre Miete zu bezahlen. Der Rest ist Geschichte: Diese neuen Leute sorgten über Jahrzehnte hinweg für außergewöhnlich hohe Wachstumsraten des Unternehmens. Doch, wie der Historiker David McCullogh gerne mahnt: In der Geschichte ist nichts vorbestimmt oder unvermeidlich. Auch wenn Geschichte die Vergangenheit betrachtet, haben doch alle Leute, die Geschichte gemacht haben, in ihrer eigenen, lebendigen und verwirrenden Gegenwart gelebt. Ihre Abenteuer hätten auch ganz anders ausgehen können.

Es kann immer anders kommen als vorhergesehen – diese Plattitüde gilt für jede Entscheidung, die eine Führungskraft trifft. Man ist gezwungen, heute Ressourcen einzusetzen, um in einer ungewissen Zukunft bessere Ergebnisse zu erzielen. Man bezahlt mit harter Münze und erkauft sich damit nur Hoffnung, ohne die Garantie, dass sie sich je erfüllt.

Ob eine Investition sich auszahlt, hängt von vielen Faktoren ab. Führt man ein gut etabliertes Geschäft oder tätigt man eine Routine-Investition, scheint die nahe Zukunft vertraut und vorhersehbar. Doch bei einem neugegründeten Unternehmen kann schon völlig ungewiss sein, wie das nächste Quartal verläuft. Immer gilt aber: Je weiter man die Zahlungsströme in der Zukunft voraussagen will, desto größer die Wahrscheinlichkeit, dass etwas Unvorhergesehenes passiert – die Technik oder der Kundengeschmack ändert sich, neue Wettbewerber treten auf, ein Abschwung setzt ein und so weiter. Verlassen kann man sich allein darauf, dass man nie alle Informationen hat, um eine Entscheidung zu treffen. Und trotzdem muss man sich entscheiden. An irgendeinem Punkt muss man den Sprung ins Ungewisse wagen, wie Bill Hewlett und David Packard.

Die meisten wichtigen Entscheidungen im Leben treffen wir auf der Grundlage unvollständiger Information. Wir schließen Wetten ab, die sich später nicht mehr zurücknehmen lassen. Wie es dem Manager dabei geht, hat der Anlageberater und Autor Peter Bernstein in seinem »Klagelied des Neuerers« pointiert zusammengefasst:

> Die Information, die man hat, ist nicht die, die man will;
> die Information, die man will, ist nicht die, die man braucht;
> die Information, die man braucht, ist nicht die, die man bekommen kann;
> die Information, die man bekommen kann, kostet mehr, als man zu zahlen bereit ist.

Zunächst muss man die verfügbaren Informationsbrocken auseinander klauben: Was sind Tatsachen, was Annahmen, was reine Behauptungen? Was lässt sich überhaupt herausfinden, was nicht? Hängt der Erfolg entscheidend von der Information ab, die man nicht hat? Falls die Antwort *ja* lautet: Lässt sich die Information aus Pilotprojekten und Experimenten gewinnen, bevor man sich endgültig festlegt? Wie repräsentativ oder relevant sind die Informationen, über die man verfügt? Nicht nur

Statistiker nehmen Stichproben – wir alle treffen Entscheidungen über die Zukunft anhand von Teilinformationen aus der Vergangenheit. Wenn Ihnen beispielsweise ein Buch von John Grisham gefallen hat, gehen Sie davon aus, dass Sie auch das nächste mögen werden. Um solche Aussagen über die Zukunft treffen zu können, benötigen Sie keine Kristallkugel. Es genügt ein wenig Logik.

Wenn Schwab eine neue Zweigstelle aufmacht oder Starbucks ein neues Café eröffnet, weiß im Vorhinein niemand, wie viele Kunden aufkreuzen werden. Doch die Unternehmen wissen eine Menge anderer relevanter Dinge. Beispielsweise, welche Leute zu ihrer typischen Kundschaft gehören. Nun wählen sie die Standorte so, dass die Wahrscheinlichkeit, diese Zielkundschaft anzuziehen, möglichst groß ist. Ebenso wissen die Unternehmen, wie viel Geld eine zusätzliche Filiale kostet, und wie viele Kunden man braucht, um diese Kosten wieder hereinzuholen. (Diese Technik heißt Break-even-Analyse.) Aufgrund ihrer Erfahrungswerte und einer systematischen Analyse der Lage schätzen die Unternehmen ab, mit wie vielen Kunden sie *vernünftigerweise* rechnen dürfen. Gäbe es keine Unsicherheit, müsste man auch keine Entscheidungen treffen – man täte einfach das offensichtlich Richtige. Doch im wirklichen Leben gibt es kein sicheres Wissen über die Zukunft. Deswegen stellen Manager sich einfache Fragen: Was müssen wir bezüglich X annehmen, damit sich eine bestimmte Initiative lohnt? Und dann: Sind diese Annnahmen auch *realistisch*?

Welche Wetten man abschließen sollte

Ohne Risiko kein Gewinn – dieser Satz stammt aus dem 16. Jahrhundert, einer Zeit, in der eine neue Generation von Händlern ihr Glück im Seehandel suchte. Erinnern Sie sich an Shakespeares *Kaufmann von Venedig* (1596): Fast vierhundert Jahre, bevor Harry Markowitz für seine Arbeiten zur Portfoliotheorie den Nobelpreis bekam, wusste Shakespeares Kaufmann schon, wie wichtig eine Streuung der Risiken ist. Seine wertvolle Ladung wurde auf einem halben Dutzend Schiffen transportiert, die jeweils verschiedene Häfen ansteuerten. Der Kaufmann wusste, dass er nicht alle Eier in einen Korb legen durfte.

Händler wie Antonio hatten ein intuitives Verständnis von Wert, Wahrscheinlichkeit und Risiko, auch wenn der venezianische Kapitalmarkt noch zu wünschen übrig ließ (bekanntlich durfte der Geldgeber Shylock Antonio ein Pfund Fleisch aus dem Leib schneiden, wenn dieser nicht rechtzeitig bezahlte). Alle Entscheidungen unter Unsicherheit – selbst bei so bizarren Geschäften – erfordern eine gewisse Abschätzung von Konsequenzen und Wahrscheinlichkeiten. Leute, die Lotterielose kaufen, wissen, wie schlecht ihre Chancen stehen. Aber *wenn* sie Glück haben ... Natürlich verlieren sie im Durchschnitt, aber die meisten Loskäufer finden, sie bezahlen nur einen kleinen Preis für einen großen Traum.

Gier und Angst sind die Zwillingsdämonen, die unsere Einschätzungen bezüglich Risiko und Ertrag verzerren. In der Regel überwiegt die Angst; oft zeigt sich, dass Menschen aus Angst vor Verlusten selbst minimale Risiken scheuen. Bei Lotterien verhält es sich genau anders herum: Der riesengroße mögliche Gewinn weckt die Gier der Spieler und lässt sie das Risiko unterschätzen.

Manager können es sich nicht leisten, nichts zu tun. Also gehen sie Risiken ein – müssen sich aber bei der Auswahl der Wetten vernünftiger und disziplinierter verhalten als Privatleute. Der unternehmerische Teil der Arbeit eines Managers hat nicht nur mit Glücksspiel zu tun, auch wenn die Börse immer wieder von einer Casino-Mentalität erfasst wird. Heute verfügen Manager über einen Satz einfacher, aber höchst nützlicher Werkzeuge, um Entscheidungsprozesse unter Unsicherheit zu strukturieren. Die Verfahren laufen unter verschiedenen Bezeichnungen (quantitative Methoden, betriebliche Finanzierung, Entscheidungstheorie oder Verhandlungen), liefern aber alle eine Systematik, wie man mit dem Unbekannten umgeht. Sie erlauben dem durchschnittlichen Händler – oder Unternehmer –, intelligentere Entscheidungen hinsichtlich der Zukunft zu treffen, bessere Wetten zu günstigeren Zeitpunkten abzuschließen.

Was ist eine Maßnahme wert?

Neue Chancen, Wert zu schaffen, kosten auch immer etwas. William Clay Ford, Urenkel von Henry Ford und mittlerweile CEO von Ford, investiert zwei Milliarden Dollar, um das Werk River Rouge zu einem Vorbild in Sachen Umweltschutz zu machen, und steckt Hunderte Millionen Dollar in die Entwicklung spritsparender Fahrzeuge. Diese Investitionen schaffen nur dann einen Wert, wenn sie später mehr einbringen, als sie heute kosten. So viel ist offensichtlich. Überhaupt nicht offensichtlich ist aber, wie man Ergebnisse bewertet, die man zu erreichen hofft, und die Kosten berechnet, die mit dem eingegangenen Risiko verbunden sind. Diese Fragen haben über die letzten 50 Jahre einige der brillantesten Köpfe auf dem Gebiet der betrieblichen Finanzierung beschäftigt.

Risikoprämien sind, auch wenn sie abstrakt klingen und manchmal unsichtbar sind, ebenso real wie Kosten für Arbeiter oder Stahl. Der Unternehmer bezahlt sie dem Geldgeber, damit dieser überhaupt bereit ist, sein Kapital in ein gewagtes Vorhaben zu investieren. Je riskanter ein Plan, desto höhere Risikoprämien verlangen die Geldgeber. Diese Risikoprämien sind ein Teil des Preises, den Sie dafür bezahlen, die Zukunft zu gestalten.

Vor dem Aufkommen von Taschenrechnern und Computern trafen Manager ihre Investitionsentscheidungen nach der Methode »Pi mal Daumen«. Als einfaches Näherungsmaß für Risiko und Ertrag verwendeten sie die Amortisationszeit. Investiert man beispielsweise zehn Millionen Euro in eine Fabrik, die dann jährlich zwei Millionen Euro zusätzlichen Gewinn abwirft, hat man die Anfangsinvestition nach fünf Jahren wieder hereingeholt. Dieses Verfahren hat den Vorteil, einfach zu sein, doch es lässt das Risiko außer Acht und übersieht die Tatsache, dass verschiedene Investitionen unterschiedliche Zeithorizonte haben und unterschiedlichen Risiken unterliegen. Aus der (sehr simplen) Konstruktion der Kennzahl »Amortisationsdauer« ergibt sich – wie übrigens bei jeder Kennzahl – eine natürliche Verzerrung: Setzt man allein den Maßstab »Amortisationsdauer« an, unterliegt man unweigerlich der Versuchung, hauptsächlich kurzfristige Projekte durchzuführen.

Eines der wichtigsten Konzepte in der betrieblichen Finanzierung heißt »Nettobarwert« (*net present value*, NPV). Der Nettobarwert steht für diejenige Geldsumme, die man heute zu zahlen bereit wäre, um alle zukünftigen Netto-Einnahmenströme aus einer Investition zu erhalten. Der Nettobarwert ist die Antwort auf die fundamentale Frage: Was ist eine Maßnahme wert?

Um den Barwert einer Investition zu berechnen, müssen wir zuerst alle zukünftigen Zahlungsströme *diskontieren.* (Damit berücksichtigen wir zwei Dinge: erstens, dass uns ein Euro, den wir morgen bekommen, weniger lieb ist als ein Euro, den wir heute schon in Händen halten, und zweitens, dass die Zahlungsströme nicht sicher fließen, sondern einer gewissen Unsicherheit unterliegen.) In einem zweiten Schritt ziehen wir den Barwert aller Ausgaben vom Barwert aller Einnahmen ab und erhalten den Nettobarwert einer Investition. Ein positiver Nettobarwert signalisiert: Das Projekt lohnt sich. Er sagt aus, dass man auch nach Berücksichtigung aller Risiken mehr aus einem Projekt herausbekommen wird, als man hineinsteckt.

Die Barwertmethode ist seit 30 Jahren *das* Markenzeichen

professioneller Manager und hat sich weltweit als Standardverfahren durchgesetzt. Die Berechnung des Barwerts dauert viel zu lange, wenn man sie »zu Fuß« machen muss, also mit Zettel und Stift. Doch seit dem Aufkommen des Taschenrechners spricht nichts mehr gegen die Barwertmethode. Inzwischen ist die Barwertmethode nicht nur ein Werkzeug, sondern eine Geisteshaltung. Denn wer die Barwertmethode anwendet, zeigt, dass er die Welt auf eine ganz bestimmte Weise betrachtet. Sie liefert einen gemeinsamen Denkrahmen, innerhalb dessen man sich weltweit über »Bewertung« unterhalten kann.

Um die Frage: »Was ist eine Maßnahme wert?« zu beantworten, gibt man nicht einfach Zahlen in ein Tabellenkalkulationsprogramm ein. Nein: Man geht von einer Zukunft aus, die man schaffen will, und argumentiert von dort aus rückwärts. Dafür muss man sich zuerst folgende Fragen stellen: Wie definiert sich Erfolg überhaupt? Welche Ressourcen muss ich einsetzen, um mein Ziel zu erreichen? Wie lange wird es dauern? Nur zu oft werden diese schwierigen Fragen überhaupt nicht aufgeworfen oder – noch schlimmer! – zwar kurz in den Raum gestellt, aber dann abgetan. Leute verwechseln den Idealfall (das *erhoffte* Ergebnis) mit dem Normalfall (das *wahrscheinlichste* Ergebnis). Ob die Höhe der Cashflows, die Sie ansetzen, überhaupt stimmt, hängt entscheidend davon ab, wie gut Sie folgende Fragen beantwortet haben: Was könnte schief gehen? Was könnte funktionieren? Wie wahrscheinlich sind die jeweiligen Ereignisse?

Die Barwertmethode erlaubt Managern, in die Zukunft zu blicken und sie scheinbar zu kontrollieren. Darin liegt die Stärke der Methode, aber auch ihre Schwäche. Denn oft beruht das Gefühl, alles im Griff zu haben, auf einer nur vorgespiegelten Präzision. Wir sehen die Zahlen schwarz auf weiß auf dem Papier und glauben, sie seien schon deswegen real. Dabei vergessen wir, dass die Barwertmethode (wie jedes Modell) auf einigen Annahmen beruht. Erstens: die Annahme, man könne alle Erwartungen hinsichtlich der Zukunft in spezifische Voraussagen über Einnahmen und Ausgaben übersetzen. Zweitens: die Annahme, man könne den Einfluss der Zeit und des Risikos auf den Barwert der Zahlungsströme mit dem gewählten Diskontfaktor korrekt erfassen. Und drittens: die Annahme, dass man den einmal gewählten Pfad in der Zukunft niemals verlassen will.

Wenn Sie sich diese Annahmen bewusst machen, ist die Barwertmethode ein nützliches Instrument, um Investitionsentscheidungen zu strukturieren und in Zahlen auszudrücken. Und von richtigen Entscheidungen hängt Ihre Zukunft ab. Wenn Sie aber vergessen, welche Annahmen hinter der Methode stecken, und den Zahlen blind vertrauen, wiegen Sie sich in einer falschen Sicherheit und riskieren zu viel.

Bedenken Sie immer: das Konzept des Barwerts beruht auf einem Modell der Realität, das einige wichtige Aspekte völlig ausblendet. Zum Beispiel erfasst es überhaupt nicht, dass man im Verlauf der strategischen Investition dazu lernt und seinen Kurs korrigiert. Nehmen wir an, ein Pharmaunternehmen investiere in die Entwicklung einer neuen Arznei. Alle Folgeinvestitionen – für Zulassung, Herstellung, Marketing usw. – werden aber natürlich nur getätigt, wenn die Forschung auch wirklich erfolgreich war. Die Barwertmethode erfasst also nicht, dass wir auf Ereignisse in der realen Welt aktiv und flexibel reagieren.

Dank schnellerer Computer und einer ausgefeilteren Theorie der betrieblichen Finanzierung steht uns heute eine alternative Methode zur Bewertung von Investitionen dieser Art zur Verfügung. Sie beruht auf der Methode zur Ermittlung von Optionspreisen.

Wenn Sie beispielsweise eine bestimmte Aktie für attraktiv halten, aber nicht zu viel riskieren wollen, können Sie statt der Aktie eine Call-Option auf die Aktie kaufen. Diese erlaubt Ihnen, die Aktie später zu einem Kurs zu kaufen, den Sie heute schon festlegen. Dann warten Sie ab, wie sich der Kurs entwickelt, bevor Sie sich endgültig festlegen und die Option ausüben bzw. verfallen lassen. Optionen funktionieren also ähnlich wie Versicherungspolicen: Fällt der Kurs der Aktie, verlieren Sie nur, was Sie für die Option ausgegeben haben (»die Versicherungsprämie«). Steigt der Kurs, profitieren Sie, indem Sie die Option ausüben und die Aktie zum vorher festgelegten, niedrigen Kurs erwerben.

Der Wert einer Option besteht darin, dass man sich das Recht vorbehält, etwas Bestimmtes zu tun. Dank einer Option kann man erste vorsichtige Schritte in eine bestimmte Richtung tun und sehen, ob ein bestimmter Weg einen auch weiter bringt. Es ist bares Geld wert, wenn man sich nicht sofort festlegen muss, sondern erst abwarten kann, welche zusätzlichen Erkenntnisse sich im Lauf der Zeit ergeben. Der Preis von Optionen spiegelt diesen Wert wider. Zunehmend wird die Methode zur Ermittlung von Optionspreisen auch zur Beurteilung von Investitionen in Unternehmen verwendet, zum Beispiel bei Entscheidungen über den Bau neuer Werke oder die Entwicklung neuer Arzneien.

Xerox, früher ein Vorzeigeunternehmen Amerikas, hat seine Zukunft ziemlich verpfuscht, allerdings nicht, weil es keine Neuerungen eingeführt hätte, sondern weil es unterließ, seine Neuerungen zu vermarkten. Dies geschah zum Teil, weil man die falschen Methoden zur *Bewertung* von Neuerungen verwendete. Xerox hatte schon in den 1970ern einen ersten PC entwickelt, Jahre vor Apple und IBM. Doch das Gerät namens Alto kam nie auf den Markt. Der damalige CEO, Archie McCardell, und der Leiter der Entwicklungs- und Fertigungsabteilung, Jim O'Neill, kamen beide aus der Finanzabteilung von Ford (den »Erbsenzählern« um Robert McNamara). Entsprechend fest vertrauten sie auf quantitative Methoden und unterzogen alle Entscheidungen dem Barwert-Test. Dabei fiel der Alto durch – was auch kein Wunder war. Denn wie die meisten Pioniertaten mit neuen Technologien oder in neuen Märkten rechnete sich der Alto als isoliertes Projekt nicht. Hätte Xerox erkannt, dass der Alto die vielversprechende Option eröffnete, weiterhin im Computergeschäft mitzumischen, wäre die Geschichte vielleicht anders verlaufen. Behalten Sie also immer im Kopf, dass es nie völlig vergeblich ist, sich Möglichkeiten offen zu halten, neue Dinge zu probieren und dazu zu lernen, selbst wenn Optionen später nicht wahrgenommen werden oder Experimente letztlich scheitern. Die »Optionspreismethode« erfasst also eine Facette, die der Barwertmethode entgeht, und ist deswegen ein geeigneter Ansatz zur Unterstützung von Entscheidungen unter Unsicherheit.

Wie man die Zukunft plant und Chancen verbessert

Angenommen, Sie hätte die Wahl zwischen folgenden zwei Wetten. Welche würden Sie wählen?

Wette A: Einsatz 1 Euro, möglicher Gewinn 25 Euro

Wette B: Einsatz 1 Euro, möglicher Gewinn 100 Euro

Die Gewinnchancen bei Wette A liegen bei 50 Prozent, bei Wette B bei zehn Prozent.

Die Frage, welche Wette man wählen sollte, ist ganz einfach zu beantworten: Zwar gewinnt man im günstigen Fall bei Wette B mehr, doch angesichts der Gewinnchancen ist A die intelligentere Wahl. Fünf von zehn Mal gewänne man 25 Euro, fünf Mal verlöre man den Einsatz von einem Euro. Der *Erwartungswert* einer Wette errechnet sich aus den Auszahlungen für jeden denkbaren Fall (gewinnen / verlieren), gewichtet mit den Wahrscheinlichkeiten für den Eintritt der jeweiligen Fälle. Wette A hat einen Erwartungswert von 12 Euro, Wette B von 9,10 Euro. (Rechnung für Wette B: Erwartungswert = 0,1 x 100 Euro + 0,9 x - 1 Euro = 10 Euro - 0,9 Euro = 9,10 Euro). Doch wenn es um echte Entscheidungen hinsichtlich der Zukunft geht, schließt man nicht einfach eine Wette ab und wartet dann passiv auf das Eintreten des Ergebnisses.

Vielmehr steht eine ganze Reihe von Unsicherheiten und zukünftigen Entscheidungen zwischen Ihrer anfänglichen Investition und dem gewünschten Endergebnis. Anders als am Spieltisch stecken im wirklichen Leben oft innerhalb der Unsicherheiten wieder neue Unsicherheiten. Kluge Entscheidungen berücksichtigen das. Darüber hinaus ist Management aktiv, nicht passiv. Während ein Projekt fortschreitet, trifft man Hunderte Entscheidungen, aufgrund neu auftretender Informationen oder weil man dazu gelernt hat. Jedes Mal, wenn man eine neue Entscheidung trifft, muss man den Erwartungswert des Projekts neu berechnen.

Im Fall von sequentiellen Entscheidungsprozessen hilft es, diese in Form eines Entscheidungsbaums graphisch darzustellen. Dieses vielseitig anwendbare Instrument unterstützt einen dabei, Entscheidungen aller Art (berufliche oder persönliche) systematisch durchzuspielen. Schon beim Zeichnen des Entscheidungsbaums werden Sie dazu gezwungen, systematisch von der heutigen Entscheidung in die Zukunft weiter zu denken und alle Ereignisse in Betracht zu ziehen, die im Zeitverlauf eintreten könnten. Dabei wird Ihnen so manches Licht aufgehen. Ein Beispiel: Die Entwicklung von neuen Arzneien ist ein riskantes Geschäft. Bevor ein neues Medikament auf den Markt kommt, muss es zahlreiche wissenschaftliche und aufsichtsrechtliche Hürden überspringen. Möglicherweise versagt ein Wirkstoff im Tierversuch, obwohl er im Labor vielversprechend ausgesehen hatte. (Damit wäre eine Unsicherheit beseitigt.) Oder ein Medikament wirkt bei Tieren, scheitert aber bei der klinischen Erprobung an Menschen. (Eine weitere Unsicherheit.) Oder es durchläuft alle Tests erfolgreich und wird dann von der Aufsichtsbehörde abgelehnt. (Ein dritter Unsicherheitsfaktor.) Doch selbst nach Überwindung dieser drei Hürden hat es das Medikament noch längst nicht geschafft – auf dem Markt unterliegt es den allgegenwärtigen Risiken der Konkurrenzwirtschaft: ein rivalisierendes Unternehmen könnte ein besseres Produkt entwickeln, eine bessere Verkaufsmannschaft haben oder einen zeitlichen Vorsprung.

Entscheidungsbäume zwingen Sie, jedem wichtigen Unsicherheitsfaktor eine Wahrscheinlichkeit zuzuordnen und die Auswirkungen dieses Risikos auf den Erwartungswert bis zum Ende dieses Zweigs weiter zu verfolgen. Fast immer wird ihnen beim Zeichnen eines Entscheidungsbaums ein Licht aufgehen. Urplötzlich taucht dann aus dem Nebel von Entscheidungen und Unsicherheiten ein Eisberg auf, der Ihren Kurs kreuzt. Dieser Eisberg repräsentiert den zentralen Unsicherheitsfaktor, der letztlich über Erfolg oder Misserfolg eines Projekts entscheidet. In der Pharmaindustrie etwa ist der Faktor Time-to-Market (Zeit, bis ein Produkt auf den Markt kommt) fast immer ein Eisberg – es macht einen riesigen Unterschied, ob man als erster ein Medikament gegen ein bestimmtes Leiden herausbringt, als zweiter oder erst als dritter. Mehrere Konzerne verfolgen gleichzeitig ähnliche Ansätze zur Heilung eines bestimmten Leidens (z.B. erhöhte Cholesterinwerte, Osteoporose, Arthritis). Wer immer als erster auf den Markt kommt, wird sich den Löwenanteil der Gewinne schnappen. Die Entscheidungsanalyse hilft einem dabei, abzuschätzen, wie viel es wert ist, ein Medikament einen Monat oder ein Jahr früher auf den Markt zu bringen.

Versetzen Sie sich einmal in die Lage von Dr. Edward Scolnick, dem Leiter der Produktentwicklung bei Merck. 1994 lag das Pharmaunternehmen im hochdotierten Rennen um die Entwicklung eines neuartigen Schmerzmittels (so genannter COX-2-Inhibitoren) hinter Monsanto zurück.

Bei Merck passierten zwei vielversprechende COX-2-Inhibitoren die Tierversuchsphase. Richtig teuer wird es dann in der nächsten Phase: den klinischen Tests am Menschen. Hier werden die richtig hohen Einsätze fällig. Was sollte Scolnick tun? Er konnte zuerst einen Wirkstoff testen und dann, wenn dieser versagte, mit dem zweiten von vorne anfangen. Diese Methode wäre die billigere. Alternativ könnte Scolnick die beiden Wirkstoffe gleichzeitig testen; damit würde er Zeit sparen.

Wofür entschied sich Scolnick? Für das Eilverfahren. Zwar schaffte es Merck nicht mehr, Monsanto zu schlagen, aber zumindest holte Merck so weit auf, dass sein Mittel Vioxx bei der Markteinführung 1999 einen großen Erfolg verbuchte. Übrigens hatte nur einer der zwei Wirkstoffe Mercks auch die klinischen Tests bestanden. Dr. Scolnick kommentierte: »Von den vorklinischen Ergebnissen sahen beide gleich vielversprechend aus. Kein Mensch hätte vorhersagen können, welcher auch am Menschen funktioniert. Es war einfach Zufall.«

Klar half der Zufall, vor allem aber verdankt Merck seinen Erfolg der klugen Entscheidung Scolnicks. In diesem Fall war die Wette mit den höheren Einsätzen die bessere. Wohlgemerkt: Die Entscheidung wäre auch dann klug gewesen, wenn beide Wirkstoffe die klinische Erprobung nicht bestanden hätten. Diese Geschichte zeigt schön, dass gute Führungskräfte nicht einfach Wetten abschließen und dann Däumchen drehend auf Ergebnisse warten. Sie schaffen durch Innovationen neue Wettmöglichkeiten und arbeiten dann systematisch daran, die Gewinnwahrscheinlichkeit bei den abgeschlossenen Wetten zu erhöhen. Dabei konzentrieren sie sich auf die zentralen Unsicherheitsfaktoren und versuchen, sie zu ihren Gunsten zu beeinflussen.

Ist es ihnen unmöglich, die Umstände zu kontrollieren, die über den Erfolg einer Investition entscheiden, dann suchen sie nach anderen Möglichkeiten, ihr Risiko zu begrenzen. Zum Beispiel hängt die Profitabilität von Fluglinien sehr stark vom Kerosinpreis ab, auf dessen Entwicklung die Manager der Airlines jedoch keinerlei Einfluss haben. Zur Risikobegrenzung machen sie das gleiche, was Privatleute auch machen: Sie schließen Versicherungen ab und schützen sich damit gegen Risiken, die sie nicht selbst tragen können. Sie erwerben die Versicherung in Form von Terminkontrakten auf Kerosin. Dies erlaubt ihnen (gegen eine Prämie), schon heute den Preis festzulegen, zu dem sie morgen ihr Kerosin kaufen. So entziehen sich Fluglinien den Schwankungen der Mineralölpreise, die unter Umständen die Bilanz verderben. So exotisch viele Verträge zur Risikobegrenzung an der Wall Street auch geworden sind, letztlich geht es immer um »Versicherungen«, die es Unternehmen erlauben, Risiken abzuwälzen, die sie selbst nicht tragen können oder wollen.

Es ist ein riskantes Geschäft, die Zukunft zu gestalten. Für Manager ist das eine gute Nachricht: Denn gäbe es keine Unsicherheit, gäbe es auch kaum Möglichkeiten, neuen Wert zu schaffen. Je besser Manager und Privatleute die Bedeutung von Wert, Zeit und Risiko verstehen, desto intelligentere Investitionsentscheidungen treffen sie und desto effizienter finanzieren die Kapitalmärkte Innovation und Wachstum. Heute verfügen wir über bessere Methoden denn je, um Risiken zu verstehen und zu begrenzen. Dies hilft uns, bessere Entscheidungen unter Unsicherheit zu treffen. Dank dieser Methoden erkennen wir genauer, auf was wir heute verzichten müssen, um morgen ein gegebenes Ziel zu erreichen. Dank dieser Methoden steht auch viel mehr Kapital zur Verfügung, mit dem die Zukunft überhaupt erst gestaltet werden kann.

Doch die Methoden bieten nur eine Entscheidungshilfe; sie helfen dabei, komplexe Probleme zu strukturieren. Letztendlich treffen *Menschen*, nicht Methoden, die schwierigen Entscheidungen, aus denen die Zukunft erwächst. Dabei stehen sie Unsicherheiten gegenüber, die nicht beseitigt werden können – Manager müssen also notgedrungen eigene Einschätzungen treffen. Ohne Risiko und Innovation gäbe es keinen Fortschritt, und die Managementlehre trägt ihren Teil dazu bei, die Wahrscheinlichkeit dafür zu erhöhen, dass sich das riskante Geschäft der Innovation auch auszahlt.

Kapitel 8
Der Weg zum Erfolg: Am Anfang steht die Konzentration

Resultate erzielt man, indem man Chancen nutzt, nicht, indem man Probleme löst.

Peter F. Drucker

Einen erfahrenen Profi erkennt man daran, dass er Jahr für Jahr gute Resultate erzielt. Unter Führungskräften gilt der Satz »Er schafft regelmäßig seine Zahlen« als hohes Lob. Er bedeutet, dass man sich absolut darauf verlassen kann, dass die betreffende Person ihre Versprechen erfüllt bzw. ihre Vorgaben erreicht. Das garantiert dem Vorgesetzten, dass er am Ende des Monats, des Quartals oder des Jahres keine bösen Überraschungen erleben wird. Er weiß, das Unternehmen wird seinen Plan erfüllen.

Resultate fallen nicht einfach vom Himmel, lassen sich aber auch kaum durch größeren persönlichen Einsatz oder brutalere Methoden erzwingen. Ebenso wenig ist die Fähigkeit, Resultate zu erzielen, angeboren. Man erwirbt sie üblicherweise im Job, wie ein Lehrling. Und sie lässt sich lehren, denn sie basiert hauptsächlich auf einigen wenigen Grundtechniken, die sich in Jahrzehnten der Praxis herausgebildet haben. Diese Techniken beruhen wiederum auf einigen sehr einfachen Prinzipien.

Das erste Prinzip heißt *Paretos Gesetz* bzw. *80/20-Regel* und wird manchmal auch als Prinzip der Unausgewogenheit bezeichnet. Was bedeuten die Zahlen 80 und 20? Sie beziehen sich auf die Antwort auf folgende Frage: »Wie viel Prozent des Resultats werden mit wie viel Prozent des Einsatzes erzielt?« Oft sorgen 20 Prozent der Kunden für 80 Prozent des Umsatzes bzw. Gewinns eines Unternehmens. Oder 20 Prozent der Produkte bringen zusammen 80 Prozent aller Gewinne. Ein näherliegendes Beispiel: 80 Prozent Ihres Haushaltsbudgets gehen vielleicht für 20 Prozent der Ausgabenposten drauf. Jack Welch bezieht sich unbewusst auf Paretos Gesetz, wenn er seinen Job als Chef von General Electric folgendermaßen beschreibt: »[meine Aufgabe ist,] die besten Leute auf die größten Chancen anzusetzen und die Dollars genau an den richtigen Stellen einzusetzen«. Auf Unternehmen angewandt, bedeutet Paretos Gesetz, dass der Gewinn ganz unverhältnismäßig stark davon abhängt, wie gut man einige wenige Dinge macht. Deswegen ist es auch ganz entscheidend, dass man die Ressourcen eines Unternehmens auch genau dort einsetzt, wo sie wirklich etwas bewirken.

Auch das zweite Prinzip läuft unter verschiedenen Namen und in verschiedenen Varianten. Im Silicon Valley heißt es *Moores Gesetz* und besagt, dass sich die Rechenleistung von Computern in konstanten Zeiträumen jeweils verdoppelt. In Japan kennt man das Prinzip als *kaizen,* als Prozess der schrittweisen Verbesserung. In Detroit und anderen Industriezentren nennt man dieses Prinzip *kontinuierliche Verbesserung*. All diese Ausdrücke gehören seit den 1980ern zum Vokabular von Führungskräften, doch das Prinzip der ständigen Verbesserung wurzelt viel tiefer in der Geschichte der westlichen Welt: Die Vorstellung, dass man heute Besseres leisten muss als gestern und morgen wiederum Besseres als heute, existiert in unserer Kultur seit dem ausgehenden Mittelalter. Sam Walton beschreibt das Prinzip so: »Man kann nicht einfach immer das weiter machen, was ein Mal funktioniert hat, weil sich um einen herum alles ständig ändert.«

Fünf Wochen nach ihrem Amtsantritt als CEO von eBay veranstaltete Meg Whitman ein zweitägiges Marketingseminar, auf dem die Kundenstruktur des Online-Auktionshauses untersucht wurde. Anhand der Umsätze, die jeder Anbieter bei eBay generiert, lässt sich ganz einfach eine Liste mit zwei Spalten erstellen. In der ersten Spalte stehen die Anbieter, nach Umsatz geordnet. Die zweite Spalte gibt den kumulierten Umsatz der Anbieter wieder. (Angenommen, der größte Anbieter sorgt für 50 000 Dollar Umsatz und der zweitgrößte für 40 000 Dollar, dann lautet die erste Zahl in Spalte zwei 50 000, die Zahl darunter 90 000 usw.). Gehen Sie nun im Geiste die zweite Spalte nach unten, bis der kumulative Umsatz der x größten Anbieter 80 Prozent des Gesamtumsatzes von eBay ausmacht. Wie weit müssen Sie wohl nach unten gehen? Wie stark konzentrieren sich die Umsätze bei eBay auf wenige Anbieter?

Whitman und ihr Team stellten fest, dass 20 Prozent der Anbieter für 80 Prozent des Umsatzes sorgten. Und was brachte diese Erkenntnis? Sehr viel: Diese Information floss in wichtige Entscheidungen ein, die das Wachstum und die Profitabilität von eBay betrafen. Denn als die Marketingleute von eBay sich diese 20 Prozent der Anbieter näher ansahen, erkannten sie, dass die meisten von ihnen ernsthafte Sammler waren. Diese Information führte zu einer neuen Strategie zur Kundengewinnung: Whitman und ihre Leute beschlossen, nicht auf den Seiten der großen Webportale zu werben, sondern in den Spezialveröffentlichungen für Sammler und bei Sammlermessen.

Die Konzentration auf die wichtigsten Anbieter führte auch zum Programm PowerSellers, das darauf abzielte, eBays Gewinn zu steigern, indem man den wichtigsten Anbietern half, *ihre* Gewinne zu erhöhen. Das Programm sieht besondere Anreize und Bonusprogramme für drei wichtige Anbieterklassen vor: Bronze-Anbieter mit einem Mindestumsatz von 2000 Dollar im Monat, Silber-Anbieter mit einem Umsatz von 10 000 Dollar und Gold-Anbieter mit einem Umsatz von 25 000 Dollar und mehr. Solange diese PowerSeller von ihren Kunden gute Bewertungen erhalten, setzt eBay ein spezielles Icon neben ihre Namen und bietet ihren Kunden einen erweiterten Service. (Beispielsweise organisiert eBay für Gold-Anbieter eine 24-Stunden-Kundenhotline.)

Die 80/20-Regel gehört zu den wichtigsten Prinzipien, die ein Manager ständig präsent haben muss. Der italienische Ökonom Vilfredo Pareto entdeckte gegen Ende des 19. Jahrhunderts, dass Ursache und Effekt oft in einem erstaunlichen Missverhältnis stehen. In den verschiedensten Lebensbereichen bewirkt ein geringer Aufwand bereits, dass ein Ziel weitgehend erreicht wird – sei es beim Putzen der Wohnung oder der Entwicklung eines neuen Produkts. Pareto entdeckte diesen Zusammenhang, als er die Verteilung von Vermögen und Einkommen untersuchte. Doch erst in den letzten Jahrzehnten findet die 80/20-Regel auch in Managerkreisen breite Anwendung. Die Anwendung von Paretos Gesetz hat die Arbeitsweise von Millionen Leuten beeinflusst – auch wenn die meisten Betroffenen Paretos Namen noch nie gehört haben.

Zwar wäre es ein Fehler, die 80/20-Regel wörtlich zu nehmen, doch oft liegen die tatsächlichen Zahlen erstaunlich nahe bei diesem Verhältnis. Beispielsweise sind von den zehn wichtigsten Todesursachen die zwei allerwichtigsten (20 Prozent) für 67 Prozent aller Todesfälle verantwortlich. Diese Unverhältnismäßigkeit charakterisiert die meisten Ursache-Wirkung-Zusammenhänge. Dies ist die zentrale Lehre aus Paretos Gesetz: In den meisten Fällen sind einige wenige Dinge viel wichtiger als alles andere.

Heutzutage führt jedes gut geführte Unternehmen Studien durch, die der von eBay ähneln. So fand man zum Beispiel heraus, dass im Jahr 2000 die reichsten 20 Prozent der Amerikaner insgesamt 60 Prozent der gesamten Nachfrage für Neuwagen ausmachten (ein Jahr zuvor waren sie nur für 40 Prozent der Nachfrage verantwortlich gewesen). Die Autokonzerne reagieren auf diese Entwicklung, indem sie verstärkt Produkte für diese Zielgruppe anbieten; daher der Trend zu immer größeren Autos mit allen möglichen teuren Extras wie Ledersitzen und erstklassigen HiFi-Systemen.

Auch die Fast-Food-Industrie lebt von ihren Stammkunden; 20 Prozent aller Kunden sorgen für 60 Prozent aller Restaurantbesuche und einen noch größeren Anteil an Umsatz und Gewinn. Der typische amerikanische Stammkunde ist ein alleinstehender Mann unter 30 und kommt über 20 Mal im Monat. Allerdings fürchten die Fast-Food-Ketten ein Image-Problem, deswegen zielen sie bei ihren Werbekampagnen nicht direkt auf diese Kundenschicht. Doch sie konzentrieren sich genau darauf, dass die Bedürfnisse dieser Klientel erfüllt werden. Kentucky Fried Chicken weiß zum Beispiel, dass der typische Stammkunde seine Mahlzeit mitnimmt und während der Autofahrt isst. Knochen stören dabei nur, weswegen das Unternehmen extra für die Autofahrer eine neue Reihe von Hühnchenfleisch-Sandwiches herausbrachte.

Eine wichtige Lehre aus der 80/20-Regel ist, dass Durchschnitts- und Gesamtzahlen nutzlos und manchmal sogar irreführend sind. Denn aggregierte Zahlen verhüllen Tatsachen, die für das Ergebnis eines Unternehmens wichtig sind. Wenn ein Teil der Kunden nur Verluste produziert, muss man wissen, um welchen Teil es sich handelt. Angenommen, eine Bank oder eine Fondsgesellschaft macht *im Durchschnitt* mit jedem Kunden einen Gewinn. Doch diese Betrachtungsweise verhüllt, dass das Unternehmen bei jedem Kleinkunden draufzahlt und die wenigen reichen Kunden für all die Gewinne sorgen. Erst wenn man die aggregierten Zahlen in ihre Bestandteile zerlegt (wie eBay es mit den Umsatzzahlen tat), erzählen sie eine sinnvolle Geschichte und zeigen, was man tun kann. Dass auch Banken ihre Kundenstruktur analysieren, merken Sie an den vielen neuen

Servicegebühren, die sie immer wieder einzuführen versuchen. Denn Kleinkunden bringen nur Verluste – also versuchen die Manager, sie loszuwerden oder das Geschäft mit ihnen profitabel zu machen.

Das Problem mit Gesamt- und Durchschnittszahlen liegt darin, dass Unterschiede innerhalb der untersuchten Größe verwischt werden. Nehmen Sie beispielsweise an, sie läsen am Thermometer eine Durchschnittstemperatur von 20 Grad in Ihrer Wohnung ab. Klingt gemütlich, oder? Ganz anders sieht die Sache aber aus, wenn Sie erfahren, dass es im Schlafzimmer 50 Grad heiß ist, im Wohnzimmer 20 Grad hat und in der Küche minus zehn. Die Durchschnittstemperatur beträgt also 20 Grad – und trotzdem ist es nur im Wohnzimmer behaglich warm. Die aufgeschlüsselten Zahlen verraten Ihnen also, dass Sie dringend etwas unternehmen müssen, und zwar in jedem Zimmer etwas anderes – Fenster aufmachen, nichts unternehmen, Heizung aufdrehen. Ein Durchschnitt von 1000 kann sich aus 1000 Messwerten von jeweils 1000 ergeben oder durch 500 Messwerte von 1999 und 500 von 1. Und obwohl im zweiten Fall der Durchschnitt bei 1000 liegt, liegt kein einziger Messwert auch nur in der Nähe dieser Zahl. Die 80/20-Regel zwingt Manager, aggregierte Zahlen auseinander zu nehmen, bis sie etwas aussagen. Überarbeitete Junganalysten nennen das, »die Daten so lange foltern, bis sie gestehen«.

Vor den 1980ern hielten die meisten Unternehmen alle ihre Kunden für gleich wertvoll. Doch seitdem hat sich das Auseinandernehmen von aggregierten Zahlen immer stärker eingebürgert. Dies geschah aus zwei Gründen: weil sich die 80/20-Denkweise in Managerkreisen durchsetzte und der Computer die Aufbereitung von Zahlen immer einfacher machte. Die Entscheidung, welche Art Kunden man überhaupt bedienen will, hat schon immer zu den wichtigsten Bestandteilen von Strategie gehört. Dank moderner Computer kann die *Kundenselektion* immer gezielter stattfinden. Aufgrund der Erkenntnisse, die eBay über seine gewinnbringendsten Kunden gewonnen hatte, konnte das Auktionshaus spezifische Maßnahmen ergreifen, um die wichtigste Klientel zufrieden zu stellen und sie dazu zu verleiten, noch mehr Umsatz zu generieren. Airlines legen schon lange Vielflieger- und andere Bonusprogramme auf, um sich die Loyalität ihrer wichtigsten Kunden zu sichern. Auch Banken und Fondsgesellschaften wissen genau, ob Sie ein gewinn- oder verlustbringender Kunde sind. Wenn Sie also das Gefühl haben, Ihre Bank wolle Sie loswerden, dann täuschen Sie sich wahrscheinlich nicht.

Paretos Gesetz und die Qualitätsrevolution

Im Verlauf der letzten zwei Jahrzehnte haben gut geführte Unternehmen weltweit rigorose Prozesse in ihre Abläufe eingebaut, um die Qualität ständig zu verbessern. Joseph Jurans grundlegendes *Quality Control Handbook* (1951) gehörte zu den Zündfunken für die Qualitätsrevolution. Juran, ein rumänischstämmiger Ingenieur in den USA, hatte festgestellt, dass der Ausschuss in der Produktion Paretos Gesetz gehorchte: Eine relativ geringe Zahl von Qualitätsproblemen verursachte den Großteil des Ausschusses. Daraus folgerte Juran, dass man die Ausschussquote dramatisch senken könnte, wenn man die 80/20-Regel auf den Produktionsprozess eines Unternehmens anwendete. Die amerikanische Industrie ignorierte diese bahnbrechende Idee anfangs, doch in Japan nahm man sie begeistert auf. Juran und W. Edwards Deming (ein weiterer amerikanischer Prophet der Qualitätsrevolution) wurden dort wie Helden verehrt. Erst später, nachdem amerikanische und europäische Hersteller lange genug von den Japanern gedemütigt worden waren, schwappte die Welle in den Westen zurück, unter den Bezeichnungen TQM, Total Quality Management oder Six Sigma.

Das Six-Sigma-Programm von General Electric zeigt die Elemente dieses Ansatzes sehr schön: Alles beginnt mit dem Blick *von außen* auf das Unternehmen; als erstes fragt man den Kunden, was er an einem Produkt oder einer Dienstleistung schätzt. General Electric nennt diese Elemente CTQs (Critical to Quality; entscheidend für Qualität). (Eine allgemeinere und gebräuchlichere Bezeichnung für diese Elemente ist »Treiber« im Sinne von Kostentreiber, Qualitätstreiber, Gewinntreiber. In jedem Fall repräsentiert der Treiber die 20 der 80/20-Regel, einen zentralen Faktor, der sich überproportional stark auf das Ergebnis auswirkt.) Sobald ein CTQ identifiziert wird, arbeiten sich die Manager von GE rückwärts durch alle Stufen des Wertschöpfungsprozesses und stellen auf jeder Stufe sicher, dass die Abläufe zu einem konsistenten, fehlerfreien Ergebnis führen. Wo immer die Qualität die Messlatte Six Sigma nicht überspringt, gehen die Manager auf Fehlersuche und stopfen die wichtigsten Fehlerquellen – nach der 80/20-Regel – nacheinander. Six Sigma führt also deswegen zu geringen Ausschussquoten, weil von den Bedürfnissen des Kunden ausgegangen wird, man sich dann rückwärts durch den Produktionsprozess bewegt und systematisch alle Fehler eliminiert, die außerhalb der Toleranz liegen.

Nehmen Sie als Beispiel das internet-gestützte Direktauslieferungssystem, das GE im Jahr 2000 gemeinsam mit Home Depot aufbaute. Zuvor hatte GE Haushaltsgeräte an Home Depot geliefert, wo sie auf Lager genommen wurden, bis ein Kunde sie kaufte. Home Depot stand nun aber vor dem Problem, dem Kunden mehr Auswahl bieten zu wollen, ohne selbst größere Lager zu halten. Die Lösung: ein Laden im Laden, wo der Kunde bei einem Verkäufer von Home Depot jedes beliebige Haushaltsgerät von GE bestellen kann. Diese Bestellung geht per E-Mail an das nächste Auslieferungslager von GE, von wo die Ware direkt an den Kunden verschickt wird.

Als Home Depot die Idee zu diesem Konzept vorstellte, hörte

GE aufmerksam zu. Denn es erlaubte GE, die geschäftliche Verbindung zu einem Einzelhändler auszubauen, der eine marktbeherrschende Stellung errungen hatte. Doch GE, ein Ausbund an Disziplin, sagte nicht sofort zu, sondern überprüfte erst einmal die Zahlen.

Nachdem GE sorgfältig ermittelt hatte, woran den Kunden besonders gelegen war (die CTQs) und was man selbst leisten konnte, erkannte man, dass man mit dem vorgeschlagenen System die meisten Kunden zufrieden stellen konnte, aber nicht alle. Diejenigen, die außerhalb eines gegebenen Radius um die Auslieferungslager von GE wohnten, konnten nicht effizient beliefert werden. Das System lief also darauf hinaus, dass eine Handvoll Kunden *nicht* angemessen bedient wurde. Doch das nahmen GE und Home Depot in Kauf. Diejenigen Kunden, die zu weit abgelegen wohnen, erwerben ihre Haushaltsgeräte deshalb weiter auf die altmodische Art: Die Geräte werden von GE an den Laden geliefert und dort vom Kunden mitgenommen.

Ein CTQ überraschte GE: Die Kunden erklärten, die Freundlichkeit des GE-Personals sei ihnen wichtiger als eine Lieferung innerhalb von 24 Stunden. Anders herum ausgedrückt: Wenn sie es mit höflichen und fähigen Angestellten zu tun bekämen, würden die Kunden sogar verspätete oder beschädigte Lieferungen tolerieren. Mit dieser neuen – und überraschenden – Information bewaffnet, investierte GE in ein spezielles Trainingsprogramm, in dem das Lieferpersonal auf Freundlichkeit getrimmt wird. Indem GE Wert aus der Perspektive des Kunden definierte und nach der 80/20-Regel einen zentralen Aspekt der Kundenzufriedenheit (Freundlichkeit des Personals) in Angriff nahm, gelang es dem Unternehmen, seine Ressourcen auf die wirklich wichtigen Dinge zu konzentrieren. Verfolgt man diesen Ansatz konsistent und methodisch, erzielt man Spitzenergebnisse, wie GE sie in den letzten zwei Jahrzehnten abgeliefert hat.

Die meisten Leute ziehen aus Paretos Gesetz zwei Schlussfolgerungen; eine positive und eine negative. Die negative: Auch wenn wir uns für noch so effizient halten, verschwenden wir doch eine Menge Energie und Zeit, schließlich bringen 80 Prozent unseres gesamten Arbeitseinsatzes gerade einmal 20 Prozent der Resultate. Die positive Schlussfolgerung: Massive Verbesserungen sind nicht nur möglich, sondern dank der Pareto-Methode auch machbar. Jurans Entdeckung hilft uns enorm weiter, weil wir jetzt wissen, dass Qualitätsprobleme, die auf vielfachen Ursachen beruhen, systematisch angegangen und gelöst werden können. Juran hat uns gezeigt, wie man seine Leistung steigert.

Das 80/20-Prinzip ist genau deswegen so nützlich, weil es der Intuition widerspricht. Jeder Mensch tendiert dazu, hochkomplexe Probleme mit vielen Ursachen für unlösbar zu halten. Darüber hinaus kämpfen im Berufs- wie im Privatleben die verschiedensten Probleme um unsere Aufmerksamkeit. Nur zu leicht verfällt man der Versuchung, sich zu verzetteln, an zu vielen Fronten gleichzeitig zu kämpfen. Wir sind ständig in Eile, hasten von einer Tätigkeit zur nächsten, als ob alle gleich wichtig oder produktiv wären. Wenn sich Manager bei Welch beschwerten, sie arbeiteten 90 Stunden die Woche, riet er ihnen, eine Liste aller Dinge aufzustellen, die sie taten, und diese Liste dann genau anzusehen. Welch meinte, von den vielleicht 20 Posten auf der Liste »sind garantiert zehn völlig überflüssig« oder ebenso gut delegierbar. Paretos Gesetz zeigt uns, wie wir mit geringerem Aufwand bessere Resultate erzielen.

Wer etwas bewirken will, muss sich ständig auf die 20 Prozent der Dinge konzentrieren, die den Unterschied ausmachen. Disziplinierte Manager gehen immer wieder nach der 80/20-Methode vor, widmen sich gezielt den Kostentreibern und kümmern sich intensiv um die Dinge, die den Gewinn nach oben schießen lassen. Nur mit dieser Methode erwirtschaften Unternehmen langfristig einen angemessenen Ertrag auf die eingesetzte Arbeitszeit.

Ressourcenallokation – allein bei diesem abschreckenden Ausdruck schalten die meisten Leute schon ab. Wie *Schaffung von Wert* ist auch der Begriff Ressourcenallokation farblos, abstrakt, konturlos. Gleichzeitig klingt die Übersetzung, nämlich: Mittel dort einsetzen, wo sie am meisten bringen, völlig trivial. Diese Anweisung ist so offensichtlich richtig – wie der Aktientipp »billig einkaufen, teuer verkaufen« –, dass man sie leicht als nichtssagend abtut. Selbstverständlich sollte man seine Mittel immer dort einsetzen, wo sie am meisten bringen, doch das ist leichter gesagt als getan.

Teilweise liegt die Schwierigkeit beim Einsatz von Ressourcen darin, dass Informationen fehlen: Oft weiß man nicht, wie vielversprechend eine Chance ist oder welche von Hunderten Gelegenheiten am meisten verspricht. Und die Information, die man für eine Entscheidung bräuchte, liegt oft bei Projektleitern, die miteinander um Ressourcen konkurrieren und deswegen nur die Informationen herausrücken, die ihren Interessen förderlich sind. Doch selbst bei vollständiger Information fällt es längst nicht so leicht, die Ressourcen eines Unternehmens in die richtigen Kanäle zu lenken, wie man meinen könnte. Leute streiten sich über Prioritäten. Sie verteidigen ihr Revier, das sie sich gesichert haben, mit Zähnen und Klauen. Sie klammern sich an die Vergangenheit, an das Bekannte. Nur widerwillig verzichten sie darauf, Dinge zu tun, die sie »schon immer getan haben«, weil das zu sehr nach Scheitern riecht. Es ist einfach, die Prioritäten zu erkennen. Aber sie auch umzusetzen, fällt schwer. Denn jeder Euro, den man *hier* investiert, wird *dort* nicht investiert. Mit anderen Worten: Man muss oft *nein* sagen, obwohl es immer angenehmer und einfacher wäre, *ja* zu sagen. Konkrete Zahlen helfen dabei (manchmal ganz enorm), die schwierige Frage der Prioritätensetzung zu entpolitisieren. Dennoch fallen die Entscheidungen immer schwer, schließlich geht es um den Erfolg des Unternehmens.

Die Medien und die allgemeine Öffentlichkeit sehen immer nur ein Gesicht der Ressourcenallokation: die Verlierer. Die Menschen, die ihren Job immer gut erledigt haben und jetzt trotzdem gefeuert werden. Sobald wir uns aber auf diese tragische Seite der Ressourcenallokation fixieren, verlieren wir das Gesamtbild aus den Augen: Ohne einen vernünftigen Umgang mit Ressourcen gäbe es noch viel mehr Arbeitslose. Im Gesundheitswesen zeigt sich das Problem von seiner schmerzlichsten Seite. Als Mitglieder einer menschlichen und gerechten Gesellschaft glauben wir fest daran, dass jeder ein Recht auf medizinische Versorgung hat. Doch als Beitragszahler verlangen wir Kostensenkungen und niedrige Beitragssätze. Für die beteiligten Manager führt dieser Widerspruch zu einem unlösbaren Problem.

Humana, ein großes Unternehmen im amerikanischen Gesundheitswesen, stand genau vor diesem Dilemma, nachdem es seine Ausgaben analysiert und festgestellt hatte, dass die zehn Prozent der teuersten Patienten 80 Prozent aller Kosten verursachten. Zu den teuersten Patienten gehören diejenigen mit Herzinsuffizienz, einer chronischen Krankheit, deren Behandlung allein in Amerika jährlich 17 Milliarden Dollar verschlingt. Im Rahmen seines Programms CorSolutions verfolgt Humana bei Herzinsuffizienz einen Ansatz, den man mit *Krankheits-Management* beschreiben könnte.

Dabei werden Krankenschwestern abgestellt, die sich speziell um die Risikopatienten kümmern. Sie rufen sie an, sprechen Ernährung und Medikation mit ihnen ab, und drängen sie, bei einer Verschlechterung des Zustands sofort zum Arzt zu gehen. Mit diesen Maßnahmen sollen akute Notfälle verhindert werden, die mit teuren Krankenhausaufenthalten verbunden sind. Landesweit sterben 20 Prozent aller Leute mit Herzinsuffizienz innerhalb eines Jahres; doch dank CorSolutions hat Humana die

Mortalitätsrate seiner Patienten auf die Hälfte gedrückt. *Das* ist ein Erfolg.

Doch jetzt kommt der Haken: Das Personal, das zur intensiveren Betreuung von Herzinsuffizienz-Patienten eingesetzt wird, wurde aus anderen Bereichen abgezogen, wo es nach Ansicht des Managements weniger Nutzen stiftete. Darunter litten wiederum Menschen, die sich in diesen Bereichen an einen gewissen Standard der Behandlung gewöhnt hatten. Sie verklagten Humana und erstritten 80 Millionen Dollar Schadenersatz. Es liegt uns fern, in diesem Fall Partei zu ergreifen, wir wollen lediglich aufzeigen, welchen Schwierigkeiten eine Führungskraft bei ihren Entscheidungen über den Einsatz von Ressourcen oft gegenübersteht und wie sehr diese Entscheidungen den Gewinn des Unternehmens beeinflussen. Solange die Außenwelt von einem Unternehmen etwas Eindeutiges verlangt und ausreichende Finanzierung vorhanden ist, kann der Manager effektiv über die Verwendung von Ressourcen entscheiden. Aber keine Führungskraft der Welt kann die wunderbare Brotvermehrung bewirken, nach der die Gesellschaft verlangt.

Oft wird bei Entscheidungen über die Ressourcenallokation irgendjemand weh getan, weshalb große Konzerne sich jahrzehntelang hinter festen Verteilerschlüsseln versteckten. Wenn der Bereich A 20 Prozent der Umsätze brachte, bekam er auch 20 Prozent des Investitionsbudgets. Wenn die Ausgaben um zehn Prozent gesenkt werden mussten, bekam jeder Bereich zehn Prozent weniger. Diese Aufteilung nach festen Schlüsseln erstickt alle Streitigkeiten im Keim und lindert den Schmerz der Einzelnen. Aber sie verhindert, dass man wirklich darüber nachdenkt, wo man seine Ressourcen am gewinnbringendsten einsetzen könnte.

Solche formelhaften Ansätze sind typisch für Bürokratien, für Organisationen, die hauptsächlich nach *innen* blicken und Nabelschau betreiben, statt sich um ihre Leistung *für die Au-*

ßenwelt zu kümmern. Wie sonst ließe sich erklären, dass der Schlüssel, nach dem die amerikanischen Verteidigungsausgaben auf die einzelnen Waffengattungen verteilt werden, sich seit Jahrzehnten nicht geändert hat, trotz dramatischer Veränderungen bei der Technik und der Bedrohungslage? Je weniger Druck die Außenwelt auf eine Organisation ausübt, desto eher wird diese Organisation ihre Ressourcen so verteilen, dass der Frieden im Inneren gewahrt bleibt. Man versucht, nur niemanden in der Organisation zu verärgern. Doch wenn es bei Entscheidungen nur mehr darum geht, die Mitglieder der Organisation zufrieden zu stellen, versinkt der gesamte Apparat immer weiter im Morast seiner Trägheit.

Gewinnorientierte Unternehmen haben intelligentere Methoden, um über die Ressourcenallokation zu entscheiden. Eine zu Recht berühmte Episode in der Geschichte von Intel soll dies illustrieren. Heute ist Intel der weltweit führende Hersteller von Mikroprozessoren und eilt seit 15 Jahren von Erfolg zu Erfolg, nicht zuletzt dank der hohen Gewinnspannen bei Prozessoren. Anfangs der 1980er fertigte Intel noch hauptsächlich DRAM-Chips (Speicherbausteine) und kämpfte gegen eine starke japanische Konkurrenz, die den amerikanischen Anbietern das Wasser abgrub.

Andy Groves schönes Buch *Nur die Paranoiden überleben* beschreibt, wie Intel den Sprung vom Speicher- zum Prozessorenhersteller schaffte. Noch bevor Intels Spitzenmanager sich überhaupt mit der undenkbaren Vorstellung befassten, sich aus dem DRAM-Geschäft zurück zu ziehen, verteilte die mittlere Führungsebene in aller Stille die Ressourcen bereits so um, dass der Wechsel überhaupt möglich wurde. Angesichts der knappen Produktionskapazitäten für Halbleiter mussten die Produktionsplaner und Finanzleute täglich entscheiden, was produziert werden sollte. Implizit legte diese Entscheidung natürlich auch fest, was *nicht* produziert wurde. Die Produktionsplaner teilten die Kapazitäten nach der Profitabilität der Chips auf (das interne Maß für die Profitabilität bei Intel lautete »Deckungsbeitrag pro Wafer«). Und dort schlugen die Prozessoren die Speicherchips um Längen.

Intels Kurskorrektur mag im Nachhinein naheliegend scheinen, vor allem im Lichte dessen, wie sich die Branche danach entwickelte. Überzeugt von der strategischen Bedeutung von Speicherchips, bauten japanische Unternehmen gigantische Kapazitäten auf, was zu einem Preissturz führte, der alle amerikanischen Hersteller vom Markt verdrängte. Dann stiegen auch noch die Koreaner in den Wettbewerb ein, und eine Welle von Billigchips überflutete den Markt. Heute kennen wir die ganze Geschichte, doch 1985 stellte sich das alles ganz anders dar. Andy Grove erzählt: »Intel hieß Speicherchips.« DRAMs waren das Herz und die Seele von Intel und es brauchte »eine nicht nachlassende Flut roter Tinte, bis wir den Mumm aufbrachten, völlig mit unserer Vergangenheit zu brechen«. Glücklicherweise hatte sich die mittlere Führungsebene bei Intel schon lange mit den »Zahlen einer objektiven Welt« herumschlagen müssen und die Ressourcen entsprechend umgelenkt. Als die Spitzenmanager beschlossen, das Speichergeschäft aufzugeben, war die Produktion in Wirklichkeit schon längst zum großen Teil Richtung Prozessoren umgeleitet worden. Grove meint: »Während wir an der Unternehmensspitze noch den alten Erfolgen nachhingen, stellte das mittlere Management längst die Weichen für die Produktion der profitableren Prozessoren.«

Die Kunst loszulassen

Andy Groves Kommentar zeigt, wie schwer es Unternehmen oft fällt, sich von alteingeführten Tätigkeitsbereichen zu trennen. Dennoch gehört das Loslassen unbedingt dazu, will man gute Resultate erzielen. Jeder, der einmal eine Produktentwicklungsabteilung in der Pharmaindustrie geleitet hat, wird Ihnen bestätigen, dass man, um Erfolg zu haben, nicht nur auf die richtigen Projekte setzen, sondern auch wissen muss, wann man aus einem Projekt aussteigt. Die Entwicklung eines neuen Medikaments dauert so lange und kostet so viel, dass ein Projektleiter in seiner ganzen Karriere vielleicht fünf oder sechs Projekte betreut. Stellen Sie sich einmal vor, welchen Druck das erzeugt, trotz aller Widrigkeiten immer weiter zu machen – und was für eine persönliche Katastrophe es darstellt, wenn die Vorgesetzten entscheiden, ein Projekt aufzugeben.

Doch man braucht solche Entscheidungen, nicht nur in der Forschung, sondern überall. Nur mit einem mutigen Schnitt kann man Ressourcen freisetzen, die zur Verfolgung längst überholter Ziele eingesetzt werden. Peter Drucker, wie immer ein scharfer Beobachter der menschlichen Natur, hat es wieder und wieder gepredigt: Der größte Hemmschuh für Investitionen in Unternehmen ist der Widerwille, sich von den gestrigen Erfolgen zu lösen und Ressourcen freizusetzen, die nichts mehr zum Unternehmenserfolg beitragen. Einmal bezeichnete Drucker die Produkte und Geschäftsbereiche, an die wir uns am hartnäckigsten klammern, obwohl sie keine nennenswerten Resultate bringen, als »Investitionen in das Ego des Managers«. Die Lösung sieht Drucker in der Disziplin der »systematischen Geschäftsaufgabe«. Jack Welch wendete sie an, als er 1981 GE umzukrempeln begann. Welch meint: »[wir mussten] uns die schwierige Frage Peter Druckers stellen: ›Wenn wir noch nicht in einem bestimmten Markt wären, würden wir dann heute eintreten?‹ Und falls die Antwort nein lautete, warf sich eine zweite schwierige Frage auf: ›Was sollen wir tun?‹«

Leute hassen es, Einfluss zu verlieren, ihr Gesicht zu verlieren, überhaupt zu verlieren. Sie stolpern in die Denkfalle der *Sunk Costs*. Sunk Costs sind die Summe aller Mittel und Anstrengungen, die man unwiederbringlich in ein Projekt gesteckt hat. Mit anderen Worten: Geld und Zeit sind futsch. Jeder Kurs über betriebliche Finanzierung behandelt dieses Konzept ziemlich zu Anfang, denn es vermittelt einen ganz wichtigen Gedanken: Wenn man prüft, ob man heute irgendwo investieren soll, muss man außer Acht lassen, was man bereits investiert hat. Stattdessen muss man sich fragen, ob Zeit und Geld, die man heute aufwenden würde, in der Zukunft einen guten Ertrag bringen.

Die Lektion mit den Sunk Costs ist wichtig, denn sie zwingt die meisten Leute zu einer rationalen, nüchternen Denkweise. Psychologen wissen schon seit Jahren, dass Leute nur ungern von einmal getroffenen Entscheidungen abweichen. Studien auf dem Feld der Behavioral Finance (die sich mit der Erforschung menschlichen Verhaltens in Gelddingen beschäftigt) haben dieses Ergebnis erneut bestätigt. Dabei macht es kaum einen Unterschied, ob man die falsche Aktie gekauft, einen inkompetenten Mitarbeiter eingestellt oder sich bei der Produktentwicklung vergaloppiert hat: Anstatt ihren Fehler einzusehen, wursteln die Leute lieber weiter und hoffen, dass sich ihre frühere Entscheidung doch noch als richtig herausstellt. Die Lektion mit den Sunk Costs hilft Managern, dieser Falle zu entgehen und dem schlechten Geld kein gutes hinterher zu werfen.

Der Wettbewerb hat sich beschleunigt, und Unternehmen müssen lernen, sich noch rigoroser von Bereichen zu trennen, sonst verplempern sie Ressourcen, die sie für die Gestaltung der Zukunft dringend bräuchten. Diese Herausforderung stellt sich auch im öffentlichen Sektor – der allerdings viel weniger damit umgehen kann. Im öffentlichen Sektor gibt es kaum natürliche Mechanismen, die ein Programm stoppen könnten, wenn es ein Mal angelaufen ist. Programme – und die damit verbundenen Ausgaben – entwickeln oft ein Eigenleben und tendieren dazu, sich in alle Ewigkeit fortzusetzen. Auch in gemeinnützigen Institutionen unterliegen die Mitglieder häufig dem Irrglauben, alle Tätigkeiten der Organisation seien gleich wertvoll und verdienten sämtlich, fortgeführt zu werden. In der Praxis aber werden immer einige Tätigkeiten sinnvoller und produktiver sein als andere. Wohltätige Organisationen, die nicht dem externen Druck durch Kapitalmärkte unterliegen und keinen objektiven Leistungsmaßstab wie Gewinn haben, sehen sich kaum je veranlasst, sich harten Entscheidungen zwischen konkurrierenden Prioritäten zu stellen. Es ist also unwahrscheinlich, dass wichtige Ressourcen in die produktivste Verwendung fließen – außer eine gemeinnützige Institution zwingt sich selbst dazu, auch einmal loszulassen.

Besser als gestern

Mitte der 1960er, als die Computer-Revolution gerade ausbrach, prophezeite Gordon Moore, der legendäre Mitbegründer von Intel, dass die Rechengeschwindigkeit der Computer sich alle 18 Monate verdoppeln würde. Diese Voraussage wurde als Moores Gesetz berühmt und entwickelte sich zum allgemeinen Glaubenssatz im Silicon Valley. In einem allgemeineren Zusammenhang verwendet, veranschaulichte das »Gesetz«, wie unaufhaltsam und rasant sich die Technik fortentwickelte. Man hielt Moores Gesetz für ein Naturgesetz. Zu Unrecht. In Wirklichkeit ist es eine geschäftliche Zielvorgabe, eine Latte, die sich Intels Manager und Ingenieure selbst auflegten.

Nimmt man Moores Gesetz im weiteren Sinne, spiegelt es eine Einstellung wider, die es schon seit Ewigkeiten gibt: Dass man sich ständig verbessern, weiterentwickeln müsse. Die Annalen der Wirtschaftsgeschichte sind voller Leute, denen »gut« nicht gut genug war. Die Einstellung zeigt sich in der hartnäckigen Weiterverwendung der tayloristischen Prinzipien des wissenschaftlichen Managements, um Arbeit immer effizienter zu organisieren. Auch im rastlosen Geist und ständigen Herumbasteln von Leuten wie Henry Ford und George Eastman zeigt sich diese Einstellung. Allerdings verwandelte sich, was früher die bewundernswerte Angewohnheit einer eifrigen Minderheit war, in den letzten 20 Jahren zu einer Obsession, die an Massenhysterie grenzt. Andy Grove, Gordon Moores Nachfolger bei Intel, prägte den Satz, der diese Besessenheit ausdrückt: »nur die Paranoiden überleben« (manchmal auch »Groves Satz« genannt).

Doch schon lange bevor *Benchmarking* und *Best Practice* in den Wortschatz der Manager eingingen, wies Sam Walton alle Filialleiter an, »Beat Yesterday«-Hauptbücher auszufüllen, die Tag für Tag die aktuellen Umsätze mit den Umsätzen des gleichen Tags vor einem Jahr verglichen. Dieser direkte Vergleich zwischen aktueller und vergangener Leistung gab den Führungskräften bei Wal*Mart einen starken Anreiz, die Latte immer höher zu legen und ihre Tätigkeiten einem stetigen Verbesserungsprozess zu unterwerfen.

Walton beschrieb seinen Plan so: »Wir haben von Anfang an versucht, die besten Macher zu werden – die professionellsten Manager. Zweifellos bin ich ein Verkäufertyp ... aber gleichzeitig war ich immer auch ein Macher. Ich will die Dinge gut zum Laufen bringen, dann besser, dann so gut wie nur irgend möglich.« Walton impfte diesen Geist seinem Unternehmen durch eine ganze Reihe von Mechanismen ein, mit denen Mitarbeiter angeregt wurden, neue Ideen zu äußern und umzusetzen. Zum Beispiel gab die Organisationsform des »Ladens im Laden« den Managern die Freiheit, innerhalb ihrer Abteilungen Neuerungen einzuführen.

Sobald ein Versuch, mit einer neuen Methode die Kosten zu drücken oder den Service zu verbessern, erfolgreich verlaufen war, übernahmen alle anderen Läden diese Praxis. Das für Wal*Mart typische Begrüßungspersonal am Ladeneingang wurde zum Beispiel eingeführt, nachdem die Filiale Crowley (Louisiana) versuchsweise einen Türsteher aufgestellt hatte und daraufhin der Schwund – der Branchenausdruck für Verluste durch Ladendiebstahl – deutlich zurückging. Zusätzlicher Vorteil der Maßnahme: Die Kunden schätzen die persönliche Begrüßung als einen Extraservice (und fassen sie nicht als die Maßnahme zur Kostensenkung auf, die sie ist).

All das, was Walton vor 30, 40 Jahren instinktiv richtig machte, praktizieren Manager jetzt auf systematischere Weise, unter den Bezeichnungen *Benchmarking* oder *Best Practice*. Diese verwandten Disziplinen sorgen dafür, dass immer mehr Unternehmen zum stetigen Takt kontinuierlicher Verbesserungen marschieren. Die dahinterstehende Idee lautet: Man vergleicht die Leistung der eigenen Produkte oder Prozesse mit der des Klassenprimus, selbst wenn man sich dafür außerhalb der eigenen Organisation oder Branche umsehen muss. Ziel ist herauszufinden, wer etwas am besten macht, und von diesem Beispiel zu lernen (beispielsweise bei der Auftragsbearbeitung oder der Führung eines Distributionszentrums). Benchmarking setzte sich in den 1980ern weiträumig durch, als Folge von verschärfter Konkurrenz und der damit verbundenen Notwendigkeit, Produktivität und Qualität zu steigern. Heutzutage wird Benchmarking breitflächig angewandt, um frischen Wind in Unternehmen zu bringen und einen Prozess der stetigen Verbesserung am Laufen zu halten.

Am Beispiel der Fastfood-Industrie lassen sich die Effekte dieser Methoden gut ablesen. Die neue Einsicht, die Ray Kroc über »Wert« gewann, war im Grunde das Ergebnis des Denkens in Best Practices. Erinnern Sie sich: Kroc verkaufte Milchshake-Maschinen und wunderte sich, dass die Brüder McDonald acht Maschinen kauften, wo ein typisches Restaurant doch maximal zwei davon brauchte. Als Kroc 1954 nachsah, was da los war, staunte er: Mit einer stark gekürzten Speisekarte und blitzschnellem Service hatten die Brüder McDonald Effizienz ins Restaurantgeschäft gebracht. Kroc, der die Abläufe in Hunderten Restaurants beobachtet hatte, erkannte Best Practices, wenn er sie sah. Das war die Geburtsstunde einer Branche, die später ihren Siegeszug in der ganzen Welt antrat.

In den 1970ern führte der Gründer von Wendy's, Dave Thomas, in seiner Hamburgerkette Drive-Through-Schalter ein. Er hatte erkannt, dass er dank der Autoschalter den Umsatz steigern konnte, ohne mehr Platz für Gäste oder mehr Personal zu brauchen. Bald stellte sich heraus, dass Wendy's höhere Gewinnspannen erzielte als die Konkurrenz, und der Einfall wurde übernommen. Mittlerweile hat sich in der amerikanischen Fastfood-Industrie das Geschäft am Autoschalter, früher nur ein Nebenaspekt, zum Hauptgeschäft gemausert: Die Hamburgerbrater machen aktuell 65 Prozent ihrer Umsätze am Autoschalter, Tendenz steigend. Deswegen versuchen die Produktentwickler der Fastfood-Ketten auch, ständig neue Gerichte zu erfinden, die sich unterwegs leicht verzehren lassen. Ein Beispiel: Salate, die in Schachteln verpackt sind, die in die Getränkedosenhalter der Autos passen.

Die unablässige Suche der Branche nach Best Practices zielt hauptsächlich auf schnellere Abläufe, aber nicht, weil dadurch die Kosten gesenkt würden (wie das bei Dell geschieht), sondern weil die Kunden Wert auf schnelle Bedienung legen – vor allem die Kunden am Autoschalter. Nach Aussagen von Jack Greenberg, dem CEO von McDonald's, erhöht sich der Umsatz an den Autoschaltern für alle sechs Sekunden Zeitersparnis um ein Prozent. Kein Wunder also, dass die Branche die Wartezeiten am Autoschalter akribisch überwacht und mit modernster Technik stetig zu verkürzen sucht. McDonald's experimentiert beispielsweise mit elektronischen Transpondern an der Windschutzscheibe von Autos. Diese Transponder, die bereits eingesetzt werden, um Mautgebühren automatisch zu bezahlen, sollen in Zukunft dafür sorgen, dass Drive-Through-Kunden gar nicht mehr zum Kassenschalter fahren müssen. Das Geld für die Mahlzeit wird automatisch von ihrem Konto abgebucht. Die Wendy's-Filiale in Darien (Connecticut) ist ein Wunder an Hightech und dient der ganzen Kette als Vorbild für Best Practices. Wendy's-Manager aus dem ganzen Land pilgern nach Darien, um sich fortzubilden. Dort überwachen beispielsweise

Stoppuhren mit mehreren über die Drive-Through-Spur verteilten Sensoren beinahe jede Phase des Verkaufsvorgangs. Sobald der Prozess irgendwo stockt, geht ein Pieper los und zeigt, wo das Problem liegt. Zuletzt lag die Gesamtdauer eines Verkaufsvorgangs bei unter zwei Minuten, mehr als dreißig Sekunden schneller als der Durchschnittswert bei Wendy's – und wenn Sie diese Zeilen lesen, geht es bestimmt noch schneller.

Die Beispiele Wendy's und McDonald's zeigen, dass das *Fast* in Fastfood nicht von alleine kommt: Zuerst muss Leistung richtig definiert werden, dann braucht man die passenden Leistungsmaße (z.B. Dauer des Verkaufsvorgangs am Autoschalter), und dann kann man sich an die Arbeit machen, immer neue Verfahren auszuprobieren. Was funktioniert, wird übernommen, was nicht klappt, wird verworfen. Nur so ist eine kontinuierliche und systematische Verbesserung möglich.

Es mag unglamourös erscheinen, die Zeit von der Bestellung bis zur Lieferung einer Portion Fritten um ein paar Sekunden zu verkürzen. Doch die Methode der Best Practice lässt sich ebenso gut auf noblere Ziele anwenden, zum Beispiel auf die Rettung von Menschenleben. 1994 machte sich Dr. Kim Bateman von Intermountain Health Care (IHC) daran, die Best Practice für die Behandlung von ambulant erworbener Pneumonie zu ermitteln, einer einfachen Lungenentzündung, die aber eine der häufigsten Todesursachen in Amerika ist. Völlig verblüfft stellte Bateman in seiner Untersuchung fest, dass es keine Standard-Behandlungsmethode gab. Er studierte 101 Krankenakten und fand 68 verschiedene Kombinationen von Antibiotika, die angewendet worden waren. Gleichzeitig stellte er fest, dass in fast allen Fällen eine bestimmte Methode die beste gewesen wäre. Heute verwendet IHC diese Methode als Standardverfahren, und Bateman schätzt, dass dadurch pro Jahr bis zu 50 Menschenleben gerettet werden.

Auf ähnliche Weise hat die Northern New England Collaborative, ein Krankenhauskonsortium, eine der niedrigsten Sterblichkeitsraten bei Bypass-Operationen in ganz Amerika erreicht. Alles begann mit einer Studie, die sehr unterschiedliche Sterblichkeitsraten bei Herzoperationen in den verschiedenen Krankenhäusern einer Region aufzeigte. Anstatt die Ergebnisse dieser Untersuchung in der Schublade verschwinden zu lassen (wie etliche Ärzte vorschlugen, die das Ergebnis einfach nicht glauben wollten), entschieden die Mitglieder des Konsortiums, Informationen über Methoden und Ergebnisse auszutauschen.

Bill Nugent, leitender Herzchirurg am Dartmouth-Hitchcock Medical Center in New Hampshire, reagierte auf die Zahlen »mit Entsetzen«. Er fürchtete, bloßgestellt zu werden, und hatte das Gefühl, den Problemen ohnmächtig gegenüber zu stehen. Doch schon bald identifizierten und übernahmen er und seine Kollegen im Konsortium eine Reihe von Best Practices. Für jeden Schritt der Operation wurde die beste Vorgehensweise ermittelt – von der Vorbereitung der Patienten über die Art und Weise, wie während des Eingriffs Blut übertragen wird, bis hin zur Weitergabe des Patienten an die Intensivstation. In ihrer Gesamtheit führten die eingeführten Veränderungen zu einer Senkung der Sterblichkeitsrate um 24 Prozent. Mit anderen Worten: Der Einsatz von Best Practices verhindert ein Viertel aller Todesfälle bei Bypass-Operationen.

Im gesamten Gesundheitsbereich wächst das Interesse an Best Practices, weil sie helfen, die Versorgung zu verbessern oder die Kosten zu dämpfen. Minnesota gehört schon lange zu den Pionieren bei der Entwicklung von systematischen Management-Ansätzen im Gesundheitswesen. Im Jahr 2001 tat man einen weiteren riesigen Schritt nach vorne, als die fünf führenden Krankenversicherungen ankündigten, einen Richtlinienkatalog für die Behandlung von 50 häufig auftretenden Krankheiten zu unterstützen. Die Richtlinien, »Protokolle« genannt, wurden von Ärzten an Krankenhäusern und in medizinischen Zentren im ganzen Staat erstellt und werden jederzeit aktualisiert, wenn neue Arzneien auf den Markt kommen oder neue Methoden sich bewähren.

So führt angewandtes Managementwissen zu Resultaten; gleichzeitig dient das Beispiel als Illustration für Dinge, die wir in den vorangegangenen Kapiteln erörtert haben: Man benötigt Zahlen, um zu wissen, wo man überhaupt steht, doch Zahlen allein führen noch nicht zu einer Leistungssteigerung. Letztlich kommt es immer darauf an, was Leute aus den Zahlen machen. Man muss (wie der Herzchirurg Bill Nugent) seine eigene Abwehrhaltung aufgeben und anderen Menschen vertrauen. Man muss den Mut aufbringen, der Wirklichkeit ins Auge zu sehen. Man braucht die Neugier zu fragen, warum Dinge so sind, wie sie sind. Man muss dafür offen sein, innovative Methoden überall dort zu suchen, wo sie möglicherweise zu finden sind. All das gehört unbedingt dazu, will man echte Resultate erzielen. Doch ohne Vertrauen, ohne einen sozialen Kontext von Grundwerten geht überhaupt nichts. Davon handelt das nächste Kapitel.

Kapitel 9
Menschenführung: Auf welche Grundwerte es ankommt und warum

Irgendjemand hat einmal gesagt, dass man auf drei Qualitäten achtet, wenn man sich Bewerber auf einen Job ansieht: Integrität, Intelligenz und Energie. Denn wenn ein Beschäftigter nicht integer ist, richten Intelligenz und Energie nur Schaden an. Denken Sie darüber nach: Wenn Sie einen unaufrichtigen Menschen einstellen, werden Sie sich wünschen, dass er dumm und faul ist.

Warren Buffett

Das Thema »Menschen« behandeln wir erst in diesem letzten Kapitel; man könnte sagen, wir hätten uns das Beste für den Schluss aufgehoben. Wenn man es recht besieht, haben wir aber von Anfang an über nichts anderes geschrieben als Menschen: Wir begannen mit der Betrachtung, dass Menschen sich nur deswegen in Organisationen zusammenfinden, um einen Zweck zu verfolgen. Dann haben wir untersucht, mit welchen Methoden das Management gelernt hat, diesen Zweck in Leistung umzumünzen. All die Methoden, die wir besprochen haben – von der Schaffung einer gemeinsamen Realität bis zur Allokation von Ressourcen – tragen dazu bei, die speziellen Beiträge von Individuen zu der gemeinsamen Gesamtleistung einer Organisation zusammen zu fügen.

Studenten und Professoren der Betriebswirtschaftslehre tendieren dazu, die Welt in zwei getrennte Bereiche zu teilen: in die Welt der Zahlen und die der Menschen. Da gibt es »präzise« Fächer wie betriebliche Finanzierung und »Wischiwaschi-Fächer« wie Menschenführung oder Organizational Behavior (Verhalten von Organisationen). Dieser Bruch zieht sich durch die Geschichte der Managementtheorie: auf der einen Seite gibt es Taylor und seine Nachfahren und ihre »wissenschaftliche Betriebsführung«, auf der anderen Seite findet man die Vertreter der »Social-Relations-Schule«, als ob sich die beiden Denkansätze widersprächen.

Nur in der Universität scheint diese Zweiteilung sinnvoll. Denn alle guten Manager wissen, dass die zentrale Herausforderung darin besteht, beide Aspekte nahtlos zu einem funktionierenden Ganzen zu fügen. Unternehmen sind ökonomische Maschinen und gleichzeitig soziale Systeme. Maschinen tun, was man ihnen »befiehlt«, tagein, tagaus. Sie müssen ihre Arbeit nicht mögen, sie müssen nicht an ihren Sinn glauben oder sich für sie interessieren. Maschinen schalten keinen Gang zurück, wenn sie sich verkannt fühlen. Aber andererseits vollbringen Maschinen auch keine Wunder, wenn man sie begeistert. Soziale Systeme sind da komplizierter, so kompliziert wie die Individuen, aus denen sie bestehen.

Manager, denen es vor allem auf Kontrolle ankommt, fanden diese Tatsache schon immer frustrierend. Henry Ford, der das Prinzip von Befehl und Gehorsam bis zum Extrem führte, bildete sich ein, er könne das Denken für die gesamte Firma übernehmen. Wiederholt hat er sich beschwert: »Wie kommt es nur, dass jedes Mal, wenn ich nur ein paar kräftige Arme einstellen will, gleich noch ein Hirn mitgeliefert wird?« Peter Drucker hat diese Frage endgültig geklärt. Er schrieb, man könne nicht einfach starke Arme einstellen, sondern immer nur eine ganze Person. Punkt.

Und hier liegt das Problem: Die ganze Person, ohne die überhaupt nichts geschehen würde, macht es oft verdammt schwer, irgendetwas zu vollbringen. In unsere eigenen Egos verstrickt, kommen wir uns ständig selbst und gegenseitig in die Quere. Ebenso problematisch ist, dass die meisten Leute es – zurecht – hassen, gemanagt zu werden. Und das ist die eigentliche Erkenntnis: Die beste Art, Menschen zu führen, besteht darin, sie nicht zu führen. Am meisten leisten nämlich diejenigen, die sich selbst managen (vorausgesetzt, sie haben das notwendige Wissen und ein Interesse am Erfolg eines Unternehmens). Dieses Kapitel erläutert, was daraus für Manager und Nicht-Manager folgt. Es handelt davon, dass jede Führungskraft die Verantwortung hat, einen Kontext von Werten zu erstellen, innerhalb dessen sich die Individuen selbst managen. Darüber hinaus beleuchtet es, was es für Individuen bedeutet, Verantwortung für ihre eigene Leistung zu übernehmen.

Früher, als Arbeit noch primär körperliche Arbeit bedeutete, konnte die Arbeit selbst gemanagt werden – die Leistung des Einzelnen ließ sich genau spezifizieren, organisieren und analysieren. Die Arbeiter führten idealerweise einfach aus, was ihnen gesagt wurde, und ein Vorarbeiter passte auf, dass sie nicht aus der Reihe tanzten. Und obwohl der Manager heute kaum mehr Aufseher-Funktionen erfüllt, setzen wir hierarchische Überordnung noch immer mit Überwachung gleich. Doch es besteht ein Riesenunterschied zwischen den beiden Dingen: Als Vorgesetzter hat man zwar die Macht, einen Untergebenen zu belohnen oder zu bestrafen, aber das heißt nicht unbedingt, dass man auch die Leistung des Untergebenen überwachen kann. Oft erleben Leute, die erstmals in eine Führungsposition befördert werden, eine böse Überraschung. Sie bilden sich ein, sie übernähmen endlich die Kontrolle – und merken, dass sie zu Gefangenen geworden sind. Entsetzt erkennen sie, dass sie mehr denn je von der Leistung anderer Leute abhängig sind. Denn Management bewirkt Dinge *durch andere Menschen*. Ohne die freiwillige Mitarbeit Anderer bringt eine Führungskraft kaum etwas zustande.

Bis zu einem gewissen Grad war das schon immer so, doch im modernen Wirtschaftsleben wird die Leistung von Mitarbeitern immer schlechter erfassbar, vor allem im Dienstleistungssektor und in den Bereichen, wo es auf das einzigartige Wissen der Mitarbeiter ankommt. Die wichtigsten Quellen von Wert befinden sich in den Köpfen und Herzen der Menschen. Man kann keinen Ingenieur so überwachen, dass er bessere Software schreibt. Kopfarbeiter, die sich per definitionem besser in ihrem Job auskennen als ihre Vorgesetzten, empfinden es als die pure Folter, von Vorgesetzten herumkommandiert zu werden. Das gleiche gilt für alle Leute, die *emotionale Arbeit* verrichten. Niemand kann einer Krankenschwester befehlen, ihre Patienten zu mögen. (Der Begriff der emotionalen Arbeit stammt von dem Soziologen Arlie Hochschild und bezeichnet Tätigkeiten, bei denen Leute netter sein müssen als normal (z.B. die Arbeit von Flugbegleitern) oder fieser (etwa beim Schuldeneintreiben). Das 1983 veröffentlichte Buch Hochschilds hieß sehr passend *The Managed Heart* (dt.: Das gekaufte Herz).)

Der Umstand, dass sich heutzutage die Leistung der meisten Mitarbeiter nicht mehr direkt überwachen und beeinflussen lässt, stellt das Management vor eine gigantische Herausforderung. Einerseits hängt die Gesamtleistung von den Beiträgen einzelner Individuen ab, von denen jeder eben das ist: individuell. Jeder Einzelne braucht das Gefühl, geschätzt zu werden. Andererseits: Auch wenn Individuen, und vor allem die besten unter ihnen, unverzichtbar sind, stehen doch die Organisation und ihr Zweck an erster Stelle. Die Gesamtleistung ergibt sich erst aus der Zusammenarbeit, dem Teamwork von Leuten, die ihr Talent und ihr Engagement in etwas einbringen, das größer ist als sie selbst. Deshalb ist es die zentrale Aufgabe jeder Führungskraft, diese Spannung zwischen Individuum und dem Unternehmen als Ganzem aufzulösen. Dies geschieht in immer stärkerem Maß durch Grundwerte – gemeinsame Wertvorstellungen, die jedem Individuum in einer Organisation mitteilen, was die Organisation für erstrebenswert hält. Gemeinsame Werte vermitteln ein Urvertrauen, das die Initiative der Menschen befreit, und signalisieren den Individuen, dass deren einzigartiger Beitrag zum Ganzen auch geschätzt wird.

Pflege der Unternehmenskultur: die soziale Dimension

Im Jahr 1992 trafen sich die Spitzenmanager von GE zu einer Klausurtagung in Boca Raton. Hinter ihnen lag ein großartiges Jahr, und alle waren in Feierstimmung. Dann sprach Jack Welch: »Seht euch um: Fünf Manager, die letztes Jahr noch unter uns saßen, fehlen heute. Einer flog wegen der Zahlen, vier flogen wegen der Grundwerte.«

Welch führte diesen Punkt weiter aus und unterteilte seine Manager in vier Typen. Typ I, sagte er, sei für alle der Star. Dieser Typ erfülle alle Zielvorgaben, finanzieller oder anderer Art, und teile die Wertvorstellungen des Unternehmens. Typ II sei das Gegenteil: »Diese Leute schaffen ihre Ziele nicht und haben auch andere Wertvorstellungen als wir bei GE. Dieser Typ wird bei GE nicht alt.« Typ III strenge sich an, erfülle einige seiner Vorgaben und verfehle andere, arbeite aber gut mit Leuten zusammen und teile die Wertvorstellungen von GE. Dieser Typ verdiene eine weitere Chance. Typ IV schaffe zwar alle gesteckten Ziele, dies aber, indem er seine Mitarbeiter zermürbt. Welch meint dazu: »Das sind die typischen Großkotze, die Tyrannen, diejenigen Leute, die ihr liebend gerne loswerden würdet – wenn da nicht die Ergebnisse wären!« Später – 1997 – blickte Welch auf dieses Treffen zurück und schrieb in seinem Brief an die Aktionäre: »Die Entscheidung, die Typen IV loszuwerden, stellte eine Wasserscheide in unserer Geschichte dar. Doch wir mussten das tun, wenn wir wollten, dass GE-Leute sich offen äußern, den Mund aufmachen, sich austauschen.«

Von welchen Grundwerten redete Welch da? Von der Liebe zur Beschleunigung, vom Hass auf Bürokratien, von der Bereitschaft zur Veränderung. Dies sind die Grundwerte, die GE hochhält. Mit universellen ethischen Prinzipien oder gängigen Moralvorstellungen hat das nichts zu tun. Nein, die Grundwerte von Unternehmen können fast beliebig gewählt werden. In ihrer Gesamtheit machen sie die spezielle Kultur jedes Unternehmens aus. Hinter den Grundwerten von GE steht eine Reihe von Annahmen darüber, »wie wir es bei GE halten« und »wer wir sind«. Die Grundwerte eines Unternehmens sind Vorstellungen, an die man fest glauben kann, über die sich aus ethischer Perspektive aber durchaus streiten lässt. Dabei stellt sich nicht die Frage, ob die Grundwerte eines Unternehmens vielleicht besser seien als die eines anderen, sondern, ob diese Werte eher dazu beitragen, dass das Ziel der Organisation erreicht wird. Allein daran misst sich, ob Werte »gut« (also geeignet) sind.

Betrachten Sie einmal Southwest Airlines. Mit seinen unglaublichen Wachstumsraten und Gewinnen war Southwest über die letzten drei Jahrzehnte der große Überflieger in der Luftverkehrsbranche. Von Anfang an verfolgte Southwest eine Strategie, die das Unternehmen von den anderen Fluglinien abgrenzte. Die meisten Airlines bringen den Passagier von jedem Punkt A an jeden Punkt B, fliegen die großen Flughäfen an, servieren Mahlzeiten und teilen Sitzplätze zu. Meistens muss man unterwegs aber umsteigen. Im Gegensatz dazu beschränkt sich Southwest auf wenige Strecken, auf denen das Unternehmen aber Direktflüge anbietet. Southwest meidet die teuren und überlasteten Großflughäfen und verzichtet beim Service auf jeglichen Schnickschnack. Indem Southwest gar nicht erst versucht, es allen möglichen Passagieren Recht zu machen, kann die Airline zu niedrigeren Kosten arbeiten als fast alle Konkurrenten. Dies ermöglicht es Southwest (wie Dell oder Wal*Mart), niedrigere Preise zu verlangen und trotzdem Gewinn zu machen. Die günstige Kostenstruktur ist der Schlüssel zu Southwests Erfolg. So weit die Strategie.

Nun zur Umsetzung: Der Kostenvorteil der Airline beruht nicht allein auf der begrenzten Produktpalette, sondern auch auf einer hochmotivierten, hochproduktiven Belegschaft. Der gewerkschaftliche Organisationsgrad der Arbeiter liegt bei Southwest sehr hoch, doch aufgrund der guten Beziehungen zwischen Arbeitern und Management erlaubt die Gewerkschaft dem Unternehmen, Beschäftigte auch außerhalb ihrer eigentlichen Arbeitsbereiche einzusetzen, wenn gerade Not am Mann ist. Das senkt die Personalkosten und hilft dabei, die Flugzeuge nach einer Landung schnell wieder in die Luft zu bringen, mit zahlenden Passagieren an Bord. Oft wird die Turnaround Time (die Zeit zwischen der Ankunft eines Flugzeugs am Gate und dem nächsten Start) als Beispiel für Southwests Vorsprung bei der Arbeitsproduktivität angeführt. Sechs Leute Bodenpersonal schaffen bei Southwest regelmäßig in 15 Minuten, wofür bei anderen Airlines zwölfköpfige Teams 35 Minuten brauchen.

Southwest differenziert sich nicht nur über die Preise, sondern auch den Service von der Konkurrenz. Im Einklang mit der Niedrigkosten-Strategie definiert Southwest »Service« anders als die Konkurrenten: Service heißt, die Kunden freundlich zu behandeln, nicht, ihnen teuren Luxus wie edle Mahlzeiten auf Porzellan zu bieten. Herb Kelleher, der vielbewunderte Gründungs-CEO von Southwest, vertritt die Ansicht, dass man nur dann einen freundlichen Service sicherstellen könne, wenn die Beschäftigten an erster Stelle stehen. »Wenn die Mitarbeiter glücklich, zufrieden, entschlossen und voller Energie sind, kümmern sie sich richtig gut um die Kunden. Sind die Kunden zufrieden, kommen sie zurück. Und das macht die Aktionäre glücklich.« Bei Southwest stehen die Zufriedenheit der Beschäftigten und die Gewinne explizit miteinander in Verbindung. Jedem Beschäftigten wird klar gemacht, warum das Unternehmen die letzten 25 Jahre regelmäßig Gewinne eingeflogen hat – eine Leistung, die keiner anderen großen Airline gelungen ist.

Und wer soll dafür sorgen, dass alle Beschäftigten glücklich sind, zufrieden, entschlossen und voller Energie? Die Unternehmenskultur. Einer der zentralen Glaubenssätze bei Southwest besagt, dass Arbeit Spaß machen soll. Ein anderer besagt, dass man jeden Beschäftigten respektvoll behandeln soll, denn es komme auf jeden einzelnen an. Solche Maximen lassen sich leicht verkünden, doch nur wenigen Unternehmen gelingt es, ihre Sonntagsreden auch in die Praxis umzusetzen. Southwest ist da anders.

Die Airline gibt sich große Mühe, ihre Wertvorstellungen auch tatsächlich umzusetzen. Zum Beispiel bietet sie den Beschäftigten eine Weiterbildung an der unternehmenseigenen University of People an, bezahlt sie überdurchschnittlich, richtet innerbetriebliche Wettbewerbe aus, Parties und Feiern aller Art. Flugbegleiter werden aktiv ermutigt, ihren Einfallsreichtum spielen zu lassen, um die Passagiere zu unterhalten. Sie werden dafür gefeiert, wenn sie mit so schrägen Ideen daherkommen wie dem Wettbewerb »Welcher Fluggast hat das größte Loch in der Socke?«. Wir könnten hier ein Dutzend Maßnahmen aufzählen, mit denen Southwest seine Beschäftigten motiviert, aber das ist nicht der Punkt. Erst die Gesamtheit der Maßnahmen, die sich zu einem konsistenten Ganzen fügen, macht die Unternehmenskultur aus.

Um diese Kultur zu pflegen, bedarf es unablässiger Bemühungen. Als beispielsweise ein Konkurrent Pleite ging, schickte Southwest eine Abordnung seiner Beschäftigten nach Chicago. Dort führten sie Bewerbungsgespräche mit den Leuten, die ihren Job verloren hatten. Die meisten Unternehmen hätten diese Gelegenheit kaltblütig genutzt, um neue Mitarbeiter anzuwerben. Für Southwest stellte die Pleite eine Gelegenheit dar, die Sonntagsreden vom respektvollen Umgang mit Menschen in die Praxis umzusetzen. Ein Team von Bewerbungshelfern unterstützte die Arbeitslosen dabei, Lebensläufe zu erstellen – und zwar auch die Bewerber, die Southwest sicher nicht einstellen würde. Southwest lud jeden Bewerber zu einem Gespräch ein und legte die Termine so, dass die Leute nicht lange warten mussten. Im Gegensatz dazu ließ United Airlines die Bewerber zwei Stunden Schlange stehen, um sie dann lediglich ein Formular ausfüllen zu lassen.

Albert Einstein soll einmal gesagt haben: »Ein Beispiel zu geben ist nicht die wichtigste Art, wie man andere beeinflusst. Es ist die einzige.« Große Führungspersönlichkeiten wie Sam Walton und Herb Kelleher drücken den Organisationen, die sie schaffen, sicherlich ihren eigenen Stempel auf. Sie leben die Grundwerte vor, die alle anderen auch übernehmen sollen. Kelleher beispielsweise ist für seinen überbordenden Humor bekannt. Einmal trat er gegen den Chef einer Konkurrenzairline im Armdrücken an, um den Streit um die Rechte an dem Werbeslogan »Just Plane Smart« zu entscheiden. Ein andermal posierte er in einer Anzeigenkampagne als Elvis. Schillernde Führungspersönlichkeiten machen sich in den Medien gut – und nähren die Fehleinschätzung, dass Persönlichkeiten die Unternehmenskultur prägten. Doch es gibt massenweise charismatische Personen, die keine effektiven Organisationen hinterlassen, und umgekehrt. Einzelpersonen kommen und gehen, doch nur wenn die Führungsspitze eine ausgeprägte Kultur schafft, entsteht ein dauerhafter Wertekanon, der die Beschäftigten anleitet und motiviert.

Wie man Grundwerte mit Leben erfüllt

Die Schaffung einer Unternehmenskultur ist harte Arbeit. Man benötigt dafür Kommunikation, Kommunikation und nochmals Kommunikation. Kulturen entstehen durch die ständige Wiederholung einfacher Slogans. (Jack Welch kann das, wie gesehen, besonders gut.) Dabei sind Übertreibungen und große Gesten, die man noch von der hintersten Reihe sieht, durchaus hilfreich. Darüber hinaus braucht man ein Gefühl für Symbolik und das Talent zum Geschichtenerzählen. Weiter oben haben wir gezeigt, wie geeignete Kennzahlen die Mission einer Organisation in etwas Greifbares übersetzen. Auf die gleiche Weise helfen Geschichten, Rituale und Symbole, die Grundwerte eines Unternehmens greifbar zu machen.

Werte sind etwas Abstraktes. Erst im Zusammenhang mit einer Geschichte erwachen sie zum Leben, und die Geschichten werden zu Parabeln dafür, wie man sich richtig verhält. Geschichten prägen sich nicht nur leicht ein, sondern verfügen über die Macht, Menschen zu inspirieren. In Geschichten werden normale Menschen wie du und ich zu Helden. Eine der berühmtesten Geschichten handelt von der Geschäftspolitik Nordstroms, bereitwillig alle Ware zurückzunehmen, die von Kunden zurückgegeben wird, selbst ohne Kaufbeleg. Der Held dieser Geschichte, die den Trainees wieder und wieder erzählt wird, ist ein Verkäufer, der einen stark verschlissenen Satz Reifen zurücknahm – obwohl Nordstrom überhaupt keine Reifen führt. Dadurch, dass die Geschichte das Prinzip der Geschäftspolitik auf seine absurde Spitze treibt, vermittelt sie eine Moral, die jeder versteht: Nordstrom tut alles für die Zufriedenheit des Kunden. Und die Geschichte verdeutlicht, wie weit das Unternehmen zu gehen bereit ist, um dieses Ziel zu erreichen.

Andere Unternehmen erzählen andere Geschichten, die auf die jeweilige Mission und Strategie zugeschnitten sind. Bei 3M beispielsweise feiern die Geschichten den Erfindergeist und die Neugier. Da gibt es etwa die Geschichte von dem Wissenschaftler, der im Chor sang und sich darüber ärgerte, dass ständig die Merkzettel aus dem Liedbuch fielen. Als Abhilfe erfand er die Post-its, die (heute allgegenwärtigen) gelben Klebezettel. Bei Southwest kreisen die Geschichten um heroische Initiativen einzelner Beschäftigter. Zum Beispiel erzählen sie von dem Schalterangestellten, dessen schneller Verstand und großes Herz den Urlaub eines Passagiers retteten. Ein Passagier war mit seinem Hund im Schlepptau am Eincheckschalter aufgekreuzt, doch an Bord waren Haustiere verboten. Kurzerhand nahm der Angestellte den Hund zwei Wochen lang bei sich auf, um dem Kunden die Reise zu ermöglichen.

Für City Year, die gemeinnützige Institution, bei der Jugendliche ein Jahr lang Sozialdienst leisten können, stellt es sich ganz besonders schwierig dar, den »Beschäftigten« die Grundwerte der Organisation einzuimpfen und eine kohärente Kultur zu schaffen. Denn die »Belegschaft« wechselt systembedingt jedes Jahr komplett, so dass die Organisation regelmäßig neu erfunden werden muss. Ebenfalls systembedingt stammen die Freiwilligen aus den verschiedensten Schichten und Ethnien und haben sehr unterschiedliche Bildungsniveaus. Wie bereits erwähnt, lautet die Mission der Institution, den Jugendlichen beizubringen, wie man sich als Bürger in einer vielschichtigen Gesellschaft verhält.

Das Ziel heißt also Bürger heranzuziehen, keine Soldaten. Dennoch hat City Year beim Militär abgekupfert, wie man Symbole und Rituale einsetzt, um die einzelnen Gruppenmitglieder schnell zu einem Team zusammen zu schweißen. City Year verteilt die Jugendlichen auf Teams von zehn bis zwölf Mitgliedern und setzt sie einer starken Kultur aus, die großen Wert auf Corpsgeist, Teamarbeit und Führungsstärke legt. Die Organisationskultur von City Year pickt sich die besten Aspekte verschiedener Kulturen heraus: den Corpsgeist borgt sie sich von militärischen Eliteeinheiten, die Eigenverantwortung von Unternehmen, die Zielstrebigkeit von Wahlkampforganisationen und die gegenseitige Achtung von Familien.

Bei City Year gehören sowohl Disziplin als auch Tatendrang zu den zentralen Grundwerten, die untrennbar mit der Theorie der Veränderung verbunden sind. Beides wird durch die farbigen Uniformen und das Ritual der morgendlichen Freiübungen symbolisiert. Eine ganze Reihe von inspirierenden Geschichten spiegelt den Idealismus innerhalb der Organisation wider, ein gemeinsames Vokabular schafft ein Gefühl von Gruppenidentität. Zum Beispiel werden Mitglieder dazu aufgefordert, ihre Ideen zu »mokkasinieren« (in Anspielung an das Indianer-Motto »Mach, dass ich meinen Bruder nicht kritisiere, bevor ich eine Meile in seinen Mokkasins gelaufen bin.«).

Grundwerte, die von einer Kultur ausgedrückt werden, verbreiten die Erkenntnis, dass es ein gemeinsames Ziel gibt, für dessen Erreichung es sich lohnt, sich anzustrengen. Solche Ziele haben eine ungeheure Kraft, Leute zu motivieren. In der Vergangenheit haben Organisationen sich hauptsächlich auf Vorschriften und finanzielle Anreize gestützt, und diese beiden Mechanismen werden immer eine gewisse Rolle spielen. Menschen brauchen Klarheit darüber, welche Rollen sie und andere spielen, wer welche Vollmacht hat und wer wofür verantwortlich ist. Darüber hinaus verlangen sie für ihren Einsatz eine angemessene Bezahlung. Wir wollen diese Anforderungen als *Faktoren der Grundhygiene* bezeichnen, womit aber nicht behauptet sein soll, dass alle Organisationen diese Minimalanforderungen auch erfüllen.

Doch der Wandel zur Dienstleistungsgesellschaft und zur Wissensökonomie stellt Führungskräfte vor weitere Herausforderungen. Wie könnte man beispielsweise – durch Strukturen, Prozesse oder finanzielle Anreize – Verhalten ermutigen, wie es der Southwest-Angestellte am Abfertigungsschalter gegenüber dem Hundebesitzer gezeigt hat? Das geht kaum – und doch hängt in der modernen Wirtschaft Leistung immer mehr von solchem Verhalten ab.

Bei Southwest sind Grundwerte viel wichtiger als Regeln. Um 1990 beschloss die Fluglinie, ihr 300 Seiten starkes Unternehmens-Handbuch abzuschaffen und die Personalabteilung in »People Department« umzubenennen. Ann Rhoades, damals Personalchefin, wollte durch die Namensänderung signalisieren, dass die Abteilung nicht dafür da ist, Beschäftigte zu überwachen (wie in so vielen anderen Organisationen). Um die Botschaft zu unterstreichen, propagierte Colleen Barrett, Southwests Präsidentin und Geschäftsführerin, folgendes Motto: »Kein Beschäftigter wird je dafür bestraft, wenn er beim

Versuch, einen Kunden zufrieden zu stellen, sein Urteilsvermögen und seinen gesunden Menschenverstand einsetzt – auch wenn er dabei einige unserer Regeln bricht.«

Die Goldene Regel des Managements: Vertrauen

Schon als Kindern wird uns beigebracht, der Goldenen Regel zu folgen: Was du nicht willst, das man dir tu, das füg auch keinem andern zu. Implizit fordert sie uns auf, unsere Mitmenschen freundlich und respektvoll zu behandeln. Gäbe es eine eigene Goldene Regel für Manager, würde sie lauten: Vertraue anderen, wie du willst, dass sie dir vertrauen. Implizit bedeutet das, dass man seine Versprechen erfüllen muss.

Es gibt übrigens sogar eine wissenschaftliche Erklärung, warum es sich auszahlt, seine Versprechen zu erfüllen. Die Wirtschaftswissenschaft entwickelt sich zunehmend zu einer quantitativen Disziplin, zu einem mathematisch orientierten Fach. Doch die Aufgabe bestand schon immer darin, menschliches Verhalten zu erklären. Im 18. Jahrhundert studierten die Pioniere der Wirtschaftswissenschaft Ethik und Moralphilosophie. Adam Smith bemerkte: Von allen Völkern in Europa »halten sich die Holländer – das geschäftstüchtigste Volk – am penibelsten an ihre Versprechen«. Das habe aber nichts mit nationalen Eigenheiten zu tun, sondern mit Eigennutz: »Es ist zu beobachten, dass Leute, die nur selten miteinander Geschäfte machen, einen gewissen Hang zu Schummeleien an den Tag legen. Denn der Profit, den sie aus einer Rosstäuscherei schlagen können, übersteigt den Schaden, den sie an ihrem Charakter nehmen.« Was Adam Smith damals beobachtet hat, stimmt noch heute – überlegen Sie doch einmal, mit wie viel Misstrauen Sie einem anonymen Händler im Internet oder einem fliegenden Händler von nachgemachten Rolex-Uhren begegnen.

Moderne Verhaltensökonomen erklären das Phänomen des

ehrlichen Händlers mit mehr als nur dem Eigennutz des Händlers. Matthew Rabin, dem 2001 die angesehene John Bates Clark-Medaille verliehen wurde, hat nachgewiesen, dass Leute sich für Fairness revanchieren. Sie verhalten sich anderen gegenüber so, wie sie sich selbst behandelt fühlen, auch wenn sie dadurch nicht ihren Gewinn oder Nutzen maximieren.

Im Geschäftsleben ist ein guter Ruf äußerst wichtig, sei es der Ruf eines Unternehmens, einer Marke oder einer Person. Und einen guten Ruf erwirbt man sich durch Ehrlichkeit. Sind Sie, was Sie zu sein vorgeben? Kann man sich auf Ihr Wort verlassen? Was in der merkantilen Welt Adam Smiths galt, gilt heute sogar in noch stärkerem Ausmaß. Weil Informationen immer schneller fließen und schwieriger zu unterdrücken sind, geht ein guter Ruf schnell verloren. Scott McNealy, CEO von Sun Microsystems, meint, dass deswegen Vertrauen wertvoller sei denn je. Er sagt: »Versprechen sind nur leere Worte, bis jemand sie tatsächlich erfüllt. Darauf beruht ein guter Ruf. Im Geschäftsleben zählt, wie im wirklichen Leben auch, der Charakter. Der Charakter ist etwas Reales. Ehrlichkeit auch. Man sieht Ehrlichkeit zwar nicht, und sie kann eine Zeitlang geheuchelt werden, aber das macht sie um nichts weniger real.«

Organisationen und Individuen, deren Worte und Taten nicht zusammenpassen, können zwar eine Zeitlang Ehrlichkeit vorspiegeln, aber etwas Großes erreichen sie wahrscheinlich nie. Beschäftigte, die ihrem Management nicht über den Weg trauen, behalten ihre guten Ideen für sich und strengen sich nicht übermäßig an. Selbst die eigenen Mitglieder halten ihre Organisation für unglaubwürdig, wenn es keine Vertrauensgrundlage gibt. Das Gleiche gilt für den Einzelnen: Solange ihm seine Kollegen nicht über den Weg trauen, gibt es weder Zusammen- noch Teamarbeit. In anderen Worten: Ohne Vertrauen läuft nichts.

Ein Vertrauensverlust kann sich auf die verschiedensten Weisen zeigen. Im Sommer 2000 trat die Fernmeldegewerkschaft in einen achtzehntägigen Streik gegen die Telefongesellschaft Verizon. Hauptsächlich drehte sich der Arbeitskampf um Stress, und ein Hauptauslöser für den Stress war die Vorschrift bei Verizon, dass jeder Kundenbetreuer Wort für Wort einem festgelegten Protokoll folgen müsse. Jeder Anruf musste mit einem »Habe ich Ihnen heute eine außergewöhnliche Leistung geboten?« enden. Mit solch strikten Regeln vermittelte Verizon seinen Leuten die Botschaft: Wir trauen euch nicht zu, selbständig nachzudenken und angemessen zu reagieren.

Das Problem mit den vorgegebenen Texten bestand darin, dass sie »aufgesetzt klangen«, so ein Gewerkschaftsvertreter und erfahrener Kundenbetreuer. Dadurch wirkte der Sprecher unglaubwürdig und kam sich, wie eine Kundenbetreuerin es ausdrückte, »wie ein totaler Idiot« vor. Einmal hatte sie gerade geschafft, einen wütenden Kunden zu besänftigen. »Sie sind die netteste Betreuerin, mit der ich je gesprochen habe«, lobte der Kunde. Die Betreuerin hätte am liebsten einfach »Danke und auf Wiederhören« gesagt, doch sie wusste, dass möglicherweise ein Vorgesetzter den Anruf mithörte. Also spulte sie widerstrebend und wider besseres Wissen die vorgegebene Formel runter – was den Kunden auf 180 brachte.

Schlimmer noch: Die Leute von Verizon hielten in der einen Hand die vorgegebenen Texte, in der anderen die offiziellen Verlautbarungen darüber, welche Grundwerte im Unternehmen hochgehalten würden: Integrität, Respekt, Einfallsreichtum, Leidenschaft und die Bereitschaft, anderen zu dienen. Der Widerspruch zwischen dem offiziellen Wertekatalog und dem tatsächlichen Verhalten von Verizon entging den Beschäftigten nicht. Gegenüber der Öffentlichkeit verlautbarte Verizon, die Unternehmenswerte seien vom Buch *Built to Last* inspiriert worden, einer einflussreichen Studie darüber, was herausragende Unternehmen besonders macht. Leider kapierte Verizon den wichtigsten Punkt nicht, den die Autoren Jim Collins und Jerry

Porras über Grundwerte machten: Die zentralen Werte, die ein Unternehmen beseelen, müssen vor allem authentisch sein.

Leute außerhalb der Organisation brauchen diese Grundwerte nicht zu teilen – bedenken Sie nur, wie viele Leute mit der Philosophie von Phillip Morris oder der National Rifle Association nichts anfangen können. Aber wenn die Grundwerte widerspiegeln, was den Angehörigen einer Organisation wirklich wichtig ist, und zum Geschäftsmodell und zur Strategie passen, dann tragen sie dazu bei, die Leistung zu steigern. Denn sie geben den Angehörigen Leitlinien vor und inspirieren sie. Öffentlich propagierte Grundwerte helfen Leuten dabei, denjenigen Organisationen beizutreten, in denen sie sich am wahrscheinlichsten wohl fühlen, in denen ihre Energien sich am ehesten mit den Zwecken der Organisation verweben. Deswegen haben herausragende Organisationen oft etwas »Kultiges«. Sie bieten ganz außergewöhnliche Arbeitsplätze – wenn man zu der Organisation passt. Wenn nicht, wird man, wie Jack Welch es ausdrückte, dort nicht alt.

Im Gegensatz dazu ist das Gemeinschaftsgefühl bei mittelmäßigen Organisationen nur vorgetäuscht; die Mitglieder wissen, dass sie sich zu Grundwerten bekennen müssen, an die keiner wirklich glaubt und an die sich niemand hält. Es herrscht blanker Zynismus, es gibt nur Überlebende, keine Gewinner. Diese Stressquelle in der modernen Arbeitswelt ist der Stoff, aus dem der Zeichner Scott Adams seine Dilbert-Cartoons macht. Lachen hilft zwar, wenn man das eigene Unternehmen in den Cartoons wiedererkennt, doch noch lieber wäre den Leuten, in einem Unternehmen zu arbeiten, das ihre Loyalität und ihr Vertrauen verdient.

Am lautesten verkünden sämtliche Unternehmen, dass man alle Individuen respektiere. Wie die Parolen »Wir schaffen Wert« oder »Denkt über die Box hinaus!« lässt auch diese Phrase die meisten Leute zusammenzucken, weil sie so oft unaufrichtig dahergeschwätzt wird. Trotzdem gehört Respekt vor den Mitarbeitern – ebenso wie Vertrauen – zu den Grundvoraussetzungen der Menschenführung. Ohne Respekt vor den Mitarbeitern gibt es keine Leistung. Denn der Manager kann nur den Rahmen setzen, innerhalb dessen Leistung möglich ist. Die Leistung selbst wird von Individuen erbracht. Ebenso, wie die Demokratie auf dem Glaubenssatz beruht, dass alle Menschen gleich geschaffen sind, beruht effektives Management auf dem Respekt vor dem Individuum. Die Tatsache, dass es mit dem Respekt oft nicht weit her ist, macht ihn nicht weniger wichtig.

Doch was bedeutet »Respekt vor dem Individuum« und wie setzt man diese Vorgabe im Managementalltag um? Zuerst einmal drückt sie aus, dass alle Menschen verschieden sind und deswegen unterschiedliche Dinge gut können. Wir alle haben verschiedene Begabungen, Talente, Einstellungen, Denkweisen. Entscheidend für den Erfolg ist daher, den richtigen Menschen mit einer gegebenen Aufgabe zu betreuen. Die Aufgabe des Managers besteht darin, Talente zu erkennen – und sie dort einzusetzen, wo sie etwas zum Gesamtergebnis beitragen. Deshalb gehört es zu den wichtigsten Verantwortungsbereichen des Managers, die richtigen Leute einzustellen.

Diese Idee ist nicht neu: Schon vor über hundert Jahren sah Frederick Winslow Taylor es als die zentrale Aufgabe des wissenschaftlichen Managements an, die richtigen Leute einzustellen. Bei Bethlehem Steel beobachtete er 75 Roheisen-Arbeiter und stellte fest, dass gerade einmal jeder Achte die physischen Voraussetzungen für den Job mitbrachte. Bei seiner Arbeit in einer Kugellagerfabrik für Fahrräder stieß er auf mehrere Möglichkeiten, die Produktivität zu erhöhen. Das wichtigste jedoch sei, sagte er, die »richtigen Mädchen« auszuwählen – in diesem Fall welche mit schnellen Reflexen.

Die richtigen Leute einzustellen und sie dann an den richtigen Stellen einzusetzen: Darin besteht die Kunst der Ressourcenallokation im Bereich Arbeit. Erinnern Sie sich an Jack Welchs Aussage, seine Aufgabe sei, »die besten Leute auf die größten Chancen anzusetzen«. Um diesen Job effektiv erledigen zu können, machte er sich die Mühe, alle 500 Topmanager von GE persönlich kennen zu lernen. Jede ihrer Beförderungen zeichnete er persönlich ab. Mit allen Leuten, die von außerhalb des Unternehmens auf eine dieser 500 Stellen kamen, unterhielt Welch sich ausführlich.

Betrachten Sie jede beliebige Organisation, die außergewöhnliche Leistungen erbringt, und Sie werden robuste Verfahren für die Einstellung, Beförderung und Entlassung von Leuten finden. Southwest bietet hierfür ein gutes Beispiel. In den späten 1990er Jahren sah sich die Fluglinie jährlich etwa 200 000 Bewerbungen an, lud 35 000 Bewerber zu einem Gespräch ein und stellte 4000 Leute ein. Die Gespräche wurden dabei nicht von Leuten aus der Personalabteilung geführt, sondern von Angehörigen der jeweiligen Berufsgruppe. Piloten rekrutierten also neue Piloten, Gepäckbeförderer neue Gepäckbeförderer. Der Auswahlprozess fand nach strengen Regeln statt (auch wenn bei Southwest Spaß großgeschrieben wird, heißt das also noch lange nicht, dass es keine Disziplin gibt). So ermittelte die Personalabteilung etwa die 35 besten Piloten und untersuchte, welche Eigenschaften die 35 gemeinsam hatten. Es zeigte sich beispielsweise, dass es auf Teamfähigkeit ankam – und deswegen fragt Southwest jeden zukünftigen Piloten, wie er sich Teamarbeit konkret vorstellt. Sagt ein Bewerber ständig »ich«, fasst die Fluglinie das als wichtiges Warnsignal auf. Einmal lehnte Southwest einen Bewerber ab, der zwar ein hervorragender Flieger war, aber während des Bewerbungsprozesses grob mit einer Rezeptionistin umgesprungen war.

Vor allen Dingen, so Herb Kelleher, »heuern wir Leute mit einer tollen Einstellung an. Wenn sie die nicht mitbringen, interessieren sie uns nicht, egal, wie gut sie ihren Job beherrschen. Berufliche Fähigkeiten lassen sich durch Weiterbildung verbessern. Doch Einstellungen können wir nicht verändern.« Das Wort »Einstellung« bezieht sich hier auf die Grundwerte von Southwest, also »Spaß an der Arbeit« und »Respekt vor den Menschen«. Diese Werte fördern Teamarbeit. Und darauf kommt es an, nicht weil das jetzt der neuesten Managementmode entspräche, sondern weil Teamarbeit die Kosten niedrig hält und den Unternehmensgeist nährt, der Fliegen mit Southwest zu etwas Besonderem macht. Die »tolle Einstellung«, von der Kelleher spricht, trägt einen entscheidenden Teil zum Erfolg der Airline bei.

Wie alle guten Manager versteht Kelleher, dass alle Menschen verschieden sind. Darüber hinaus sind gute Führungskräfte so klug zu wissen, was man jemandem beibringen kann und was nicht. Ein guter Manager hilft Leuten dabei, ihre Stärken zu entdecken, und bringt sie dazu, die Dinge, die sie ohnehin schon gut machen, noch besser zu tun. Doch niemand kann den Charakter einer Person ändern. Versuchen Sie es gar nicht erst! Die meisten Organisationen verwenden zu wenig Zeit darauf, die richtigen Leute einzustellen und deren Talente zu erkunden, während viel zu viel Zeit und Energie darauf vergeudet werden, die irreparablen Schwächen zu reparieren.

All das gehört zum Management-Grundwissen – und doch wird es im täglichen Berufsleben ständig missachtet. So grundlegende Wahrheiten wie diese werden regelmäßig wiederentdeckt und als die neueste Erkenntnis angepriesen. Doch die wahre Einsicht lautet: Es ist entmutigend schwer, diese Erkenntnis auch in die Praxis umzusetzen. Wenn das ganz einfach und automatisch ginge, würden wir es alle tun.

Wenn dieser Prozess automatisch abliefe, würden wir auch alle mehr Verständnis für die Tatsache aufbringen, dass Manager Leute feuern müssen, die ihren Job nicht erledigen. Die Unfähigkeit, sich von Leuten zu trennen, schlägt sich immer negativ in der Leistung des Unternehmens nieder. Und je länger man mit dem Rausschmiss wartet, desto mehr schadet das der Organisation als Ganzes und vielleicht sogar dem betroffenen Beschäftigten. Denn der Beschäftigte sitzt ja auf einem Posten, der für ihn der falsche ist, in dem er nie Erfolg haben wird. Southwest wählt seine neuen Mitarbeiter zwar ganz genau aus, weiß aber trotzdem, dass hin und wieder die falschen eingestellt werden. Deswegen, so Colleen Barrett, »überwachen wir die Leistung der Neuen während der Probezeit wie die Schießhunde. Das scheint zwar unserem Wunsch nach einem guten Betriebsklima zu widersprechen, aber wenn wir Probleme bei der Teamarbeit oder mit der Einstellung bemerken, dann weisen wir den Betreffenden ein, zwei Mal harsch zurecht.«

Das Problem, wie lange man abwarten soll, bis man einen inkompetenten Beschäftigten aus seinem Job entfernt, zieht sich durch alle Organisationen und Hierarchieebenen. Besonders knifflig ist es für gemeinnützige Institutionen zu lösen, weil diese nicht dem Druck von außen unterliegen, Gewinne zu machen. Es scheint also nichts auszumachen, wenn jemand keine Leistung bringt. Doch das täuscht. Zwar sinken weder Quartalsgewinn noch Aktienkurs, doch es leidet die Fähigkeit der Organisation, ihre Mission zu erfüllen. Und das ist eine ernste Konsequenz. Als William Bratton Mitte der 1990er die Polizei von New York umkrempelte, führte er nicht nur eine neue Philosophie ein, sondern ersetzte auch drei Viertel aller Bezirksleiter.

Weil den gemeinnützigen Institutionen der Druck durch Kunden und Kapitalmärkte – durch die Außenwelt, die einem ganz schnell mitteilt, wenn die Leistung zu wünschen übrig lässt – fehlt, verlassen sie sich oft auf ihre Aufsichtsgremien.

Diese tragen unter anderem die Verantwortung dafür, dass jeder Einzelne für seine Leistung zur Rechenschaft gezogen wird. In der Realität erfüllen die Aufsichtsgremien diese Aufgabe aber nur selten. Der leitende Direktor einer Institution im Kunst-Bereich drückte das so aus: »Zwanzig Jahre lang habe ich mir große Mühe gegeben, abgebrühte Geschäftsleute in mein Aufsichtsgremium zu holen. Aber die scheinen vor Sitzungen alles an der Gardarobe abzugeben, was sie über persönliche Verantwortung wissen. In meiner Organisation billigen sie ein Verhalten und eine Leistung, die sie in ihren eigenen Unternehmen nie tolerieren würden. Sie gefallen sich so sehr darin, nobel und nett zu sein, dass sie die Leistung total außer Acht lassen.«

Selbst mit der nobelsten Mission und der weltbesten Strategie kann keine Organisation Leistung erbringen, wenn sie nicht die richtigen Leute hat. Und obwohl es so sehr auf Einstellungen und Entlassungen ankommt, widmet die Management-Ausbildung diesem Aspekt nur relativ geringe Aufmerksamkeit. Vielleicht liegt das daran, dass die wertvollsten Lektionen emotionaler Natur sind und sich in einem Hörsaal nur schwer vermitteln lassen. Ein Kurs der Harvard Business School, der vor vielen Jahren stattfand, wurde zur Legende, weil das Thema dort auf ungewöhnliche Weise behandelt wurde. Etwa 85 Studenten im ersten Jahr – Klassenkameraden, die das ganze Jahr gemeinsam verbrachten – debattierten mit dem charakteristischen Engagement, welche Möglichkeiten dem Manager in einer vorliegenden Fallstudie offen standen. Die Studenten saßen in einem halbkreisförmigen Auditorium, vor ihnen der Professor, der für seine Strenge legendär war.

»Was würden Sie tun?«, fragte der Professor.

Ein Student meldet sich: »Ihn feuern«.

Schweigen. Dann sah der Professor dem Studenten ins Auge und sagte: »Bitte verlassen Sie meinen Kurs. Nehmen Sie Ihre Bücher und verschwinden Sie.«

»Wie bitte?«, fragte der Student, sichtlich verwirrt.

»Raus hier. Sie nehmen nicht länger am Kurs teil. Ich will Sie nie mehr sehen. Verschwinden Sie einfach.«

Im Raum herrschte ungemütliches Schweigen. Der Student sammelte seine Sachen ein und machte sich auf den Weg aus dem Hörsaal.

Im letzten Moment hielt ihn der Professor auf: »Setzen Sie sich wieder hin! Jetzt wissen Sie, wie es ist, gefeuert zu werden.«

Dies war vor allem eine Lehrstunde in Sachen Empathie. Einfühlungsvermögen in die Gefühle anderer gehört zu den wichtigsten Dingen, die ein Manager lernen kann und muss. Empathie ist ein weiteres Beispiel für die Perspektive *von außen*, für den Blick auf die Welt durch die Augen eines anderen. Effektiv mit anderen Leuten zusammenarbeiten heißt, die Beschränkungen der eigenen Autorität und Perspektive anzuerkennen. Wert kann erst dann geschaffen werden, wenn man die Welt durch die Augen des Kunden betrachtet hat. Gewitzte Strategen sehen die Welt aus dem Blickwinkel ihrer Konkurrenten. Erfolgreiche Verhandler betrachten einen Vertrag durch die Augen der anderen Partei. Selbst unsere Arbeitsbeziehungen – mit Vorgesetzten, Untergebenen, Kollegen – ähneln immer mehr einem Verhandlungsprozess. Zuhören genügt nicht, man muss auch bereit sein, sich in die Lage eines anderen hinein zu fühlen. Empathie ist eine Grundvoraussetzung für den respektvollen Umgang miteinander.

Sich selbst managen: Der Blick von innen nach außen

Führungskräfte tun eine Reihe von Dingen, die es anderen Menschen ermöglichen, sich selbst zu managen. Dazu gehört zum Beispiel, eine Kultur zu schaffen, deren Grundwerte zum Zweck des Unternehmens passen. Weiter gehört dazu, die richtigen Individuen auszuwählen und sie zu ermutigen, ihre Stärken zu entwickeln. Und schließlich helfen gute Manager Leuten, sich selbst zu managen, indem sie sie anregen (oft durch persönliches Beispiel), darüber nachzudenken, was sie gut (bzw. schlecht) können, wie sie arbeiten und lernen, was sie schätzen, was sie motiviert. In anderen Worten: Gute Manager fördern die Selbsterkenntnis ihrer Leute.

»Erkenne dich selbst«, dieses Motto hielten die alten Griechen für die Basis eines gelungenen Lebens. Sie wussten, dass Selbsterkenntnis das Ergebnis lebenslangen Nachdenkens ist. Allerdings ist der Weg zur Selbsterkenntnis hart und steinig; deswegen unterliegen Unternehmen oft der Versuchung, Abkürzungen zu nehmen. Sie rufen Unternehmensberater, die mit Fragebögen und anderen Instrumenten bewaffnet zu Hilfe eilen und sofortige Selbsterkenntnis versprechen.

Michael Lewis beschreibt eine solche Maßnahme, die Mitte der 1980er bei Silicon Graphics stattfand. Der damals frisch gebackene Chef, Ed McCracken, versuchte eine Gruppe widerborstiger Ingenieure in den Griff zu bekommen, deren Ansichten und Wertvorstellungen von seinen abwichen. Natürlich hätte er sie direkt darauf ansprechen können. Stattdessen heuerte er einen Organisationspsychologen an, der eine dreitätige Klausurtagung veranstaltete. Jeder Ingenieur füllte einen Fragebogen aus; aus den Antworten erstellte der Psychologe dann eine graphische Charakterdarstellung der betreffenden Person. Danach mussten sich alle nacheinander auf einen Stuhl vor die Gruppe setzen und die Darstellung ihres Charakters begutachten lassen. Der Psychologe behauptete, dies sei lediglich eine Methode, sich untereinander besser kennen zu lernen, und betonte immer wieder: »Es gibt keine schlechten Leute und keine schlechten Charaktere.« Dann hielt einer der Ingenieure die Grafik seines Charakters hoch, und »der Seelenklempner erschrickt fast. Er sagt: ›Wau! Das ist perfekt!‹« Anscheinend gab es zu diesem Persönlichkeitstest doch richtige und falsche Antworten.

Dieses Beispiel zeigt einen doppelten Missbrauch: der Chef hat seine Macht missbraucht, der Psychologe seine Wissenschaft. Zwischen Management und Manipulation verläuft nur ein schmaler Grat. Abstrakt lässt sich kaum definieren, wo die Grenze verläuft – doch in der Praxis bemerkt jeder, wenn die Linie überschritten wird. Menschen spüren sofort, ob Psychologie korrekt eingesetzt wird, um Selbsterkenntnis zu fördern, oder ob sie als Kontrollinstrument missbraucht wird.

Es gibt einige Methoden, um die Selbsterkenntnis zu fördern. Doch letztlich ist Selbsterkenntnis – wie der Name schon sagt – etwas, zu dem jeder selbst kommen muss. Wir wissen, dass Führungskräfte uns eigentlich nicht managen können; wir müssen also selbst Verantwortung für unsere Leistung übernehmen. Wir wissen, dass Menschen verschieden sind und dass durch diese Unterschiedlichkeit Leistung entsteht. Daher müssen wir akzeptieren, dass Selbsterkenntnis der Preis für Selbstverantwortung ist. In dieser Hinsicht sitzen wir alle im selben Boot, Manager und Nicht-Manager.

Feedback hilft. Auch das ist ein alter Hut: Schon vor einem Jahrhundert führte Taylor bei Bethlehem Steel ein System ein, das den Arbeitern Feedback über ihre Leistung gab. »Jeder Arbeiter wurde als separates Individuum behandelt.« Versagte ein Beschäftigter in seinem Job, sollte ihm nach Ansicht Taylors »ein kompetenter Lehrer zur Seite gestellt werden, der ihm genau zeigt, wie die Arbeit am besten erledigt wird. Der Lehrer sollte den Arbeiter anleiten, unterstützen und ermutigen.«

Das klingt, als ob es ganz einfach wäre, Feedback und Anleitung zu geben. Doch in der Realität hapert es oft ganz gewaltig. Es fällt häufig schwer, Feedback zu geben – und zu bekommen. Denken Sie daran: Der neutrale Ausdruck Feedback verschleiert die Tatsache, dass die meisten von uns sich kritisiert fühlen, wenn unsere Arbeit kommentiert wird, auch wenn es um ganz unpersönliche Arbeitsvorgänge geht. Diese Abwehrhaltung gegen Kritik wiederum schreckt selbst den besten Vorgesetzten davon ab, ein zweites Mal Feedback zu geben. Wir durchbrechen diesen Kreis erst, wenn wir lernen, weniger defensiv zu sein – oder zumindest unsere abwehrende Haltung zu verbergen. Dies wäre ein wichtiger Schritt Richtung Selbsterkenntnis. Und Selbsterkenntnis erlaubt uns, in unserem Leben die richtigen Entscheidungen zu treffen.

Heutzutage müssen wir uns alle klarmachen, wer wir sind und was wir am besten können. Diese Selbsterforschung erfordert einige Disziplin, und meist verläuft der Prozess nicht schmerzlos. Den meisten Leuten stehen heute viel mehr Möglichkeiten offen, als ihre Großeltern je hatten, und die Arbeit der meisten Leute ist sowohl hochgradig spezialisiert als auch ein wichtiger Teil ihrer Identität. Also liegt auch die Verantwortung herauszufinden, welchen Beitrag wir leisten und wo wir ihn leisten wollen, ganz allein bei uns.

Wenn wir uns selbst managen, stellen wir uns genau die gleichen grundlegenden Fragen wie jeder Manager. Der Zweck steht über allem. Warum arbeite ich? Um Geld zu verdienen? Um etwas zu bewirken? Um mich selbst zu verwirklichen? Wie fügt sich die Arbeit in den Gesamtplan meines Lebens? (Die Analogie führt vielleicht ein bisschen weit, aber betrachten Sie mal den Gesamtplan Ihres Lebens als »Geschäftsmodell«, als schlüssige Geschichte darüber, wer Sie überhaupt sind.)

Als Individuen wenden wir das Prinzip der »Schaffung von Wert« nur zögerlich auf uns selbst an. Beharrlich definieren wir unsere Leistung darüber, wie hart wir an etwas arbeiten, anstatt über die erzielten Resultate. Diese überkommene Denkweise ist außerordentlich schwer zu durchbrechen. Bis uns das gelingt, fällt es uns schwer, strategisch darüber nachzudenken, was uns besonders macht, was wir gut können und unter welchen Bedingungen wir am effektivsten arbeiten. Die Antwort auf diese Fragen bildet das einzig dauerhafte Fundament für Leistung.

Und niemand – auch nicht Ihr Arbeitgeber – profitiert mehr von dieser Selbsterkenntnis als Sie selbst. Vielleicht finden Sie ja heraus, dass Sie besser fahren, wenn Sie sich selbständig machen. Die meisten Leute allerdings werden in dem für sie richtigen Unternehmen »anheuern« müssen – das Unternehmen, dessen Grundwerte zu den eigenen Wertvorstellungen passen und dessen Ansatz zur Schaffung von Wert die besonderen Fähigkeiten des Betreffenden produktiv macht. Und weil es bei Führungskräften riesige Qualitätsunterschiede gibt, müssen wir vor allem darauf achten, beim richtigen Boss »anzuheuern«.

Als wir zu Beginn des Buchs die Rolle des Managers beschrieben, wiesen wir auf ein Paradox der modernen Wirtschaft hin: Je besser ausgebildet und spezialisierter wir werden, desto eher empfinden wir uns als Menschen, die einen eigenständigen Beitrag leisten – und trotzdem brauchen wir in immer stärkerem Umfang den Beitrag anderer Leute, damit unser Beitrag überhaupt wertvoll wird. Wir bilden uns ein, in einer eigenen Welt zu leben und als Einzelne einen Beitrag leisten zu können, doch das ist nur möglich, weil irgendeine Form von Organisation unseren Beitrag erst produktiv macht.

Und daraus ergibt sich ein weiteres Paradox: Je mehr wir andere brauchen, um einen produktiven Beitrag zu leisten, desto besser müssen wir uns selbst verstehen.

Epilog: Die nächsten Schritte

Diskussionen in der Führungsebene enden nie mit endgültigen Beschlüssen. Stattdessen legt man sich auf die *nächsten Schritte* fest. Denn die Arbeit hört nie auf, und alles, was man heute lernt, führt zu neuen Entscheidungen und neuen Anstrengungen, noch mehr zu lernen. Wie geht es weiter?

Erstens: Fragen Sie sich, wie es Ihrem Unternehmen (oder jeder beliebigen Organisation, an der Ihnen etwas liegt) geht.

Zu Beginn des Buches schrieben wir, die Aufgabe des Managements sei, funktionierende Organisationen aufzubauen. Darin liegt letztlich der Zweck aller Management-Theorien und -Methoden. Das Ergebnis des Nachdenkens über Management hat unsere Wirtschaft und unser Leben völlig verändert. Ziel des Buches war, die abstrakte Management-Sprache und die Ausdrücke, die oft mehr ver- als enthüllen, in verständliche Konzepte zu übersetzen. Der Unterschied zwischen *Management* und einzelnen *Managern* ist Ihnen hoffentlich klar geworden. Oft verstellen uns die einzelnen Menschen den Blick auf die dahinterliegende Theorie. Und doch liefert die Theorie den besten Maßstab dafür, ob eine Organisation ihrem Potential gerecht wird oder dahinter zurückbleibt.

Das Buch begann mit einer Definition dessen, was Management *nicht* ist. Es bedeutet *nicht*, Untergebene zu überwachen, es ist *nicht* angewandte Wirtschaftswissenschaft, und es geht *nicht* darum, sich in einer Hierarchie einen privilegierten Rang zu erkämpfen. Darüber hinaus beschränkt Management sich nicht auf kommerzielle Unternehmen.

Im Verlauf des Buchs haben wir immer dann Begriffe definiert, wenn es gerade nötig wurde. Doch erst jetzt wagen wir uns an eine Definition dessen, was Management *ist*.

Management ist die Instanz, die das gemeinsame Vollbringen einer Leistung ermöglicht.

Seine Mission lautet, Wert zu schaffen, wobei Wert sich von außen definiert, aus Sicht der Kunden und Eigentümer (wenn es sich um ein Unternehmen handelt) bzw. aus Sicht der Gesellschaft allgemein (wenn es sich um Behörden und gemeinnützige Institutionen handelt).

Der Zweck steht über allem. Management beginnt mit einer Mission, die es zu erfüllen lohnt, mit einem *Wert, der geschaffen werden soll.* Die zunehmende Fähigkeit des Managements, Komplexität und Spezialisierung in Leistung zu verwandeln, erlaubt es, Aufgaben anzupacken, deren Bandbreite nur von der menschlichen Vorstellungskraft begrenzt wird. Egal, ob es um die Erforschung des menschlichen Genoms geht, um die Senkung der Analphabetenrate oder die Herstellung knuspriger Fritten: das gemeinsame Element dieser Aufgaben ist eine genau definierte Zielsetzung. Ohne klares Ziel gibt es keine Leistung. Will man die Qualität von Management beurteilen, muss man daher zunächst die Frage stellen: Hat das Management eine spezifische Vorstellung davon, was es erreichen will, und hat es dieses Ziel jedem Einzelnen im Unternehmen klar gemacht?

Die Organisation muss zum Zweck passen. Der zweite Test für die Qualität des Managements stellt die Frage: Kann es mit einer Theorie aufwarten, wie die Organisation ihren Zweck erfüllt? Jedes erfolgreiche Unternehmen beruht auf einer Erkenntnis über Wert, und jede effektive gemeinnützige Institution auf einer Theorie der Veränderung. Ein gutes *Geschäftsmodell* fügt diese Erkenntnisse in ein kohärentes System, ein funktionierendes Ganzes. Der nächste wichtige Schritt besteht darin, eine *Strategie* zu formulieren. Eine Strategie berücksichtigt die Realität des Wettbewerbsumfelds und spezifiziert, was eine Organisation anders machen will, um die Konkurrenz zu schlagen.

Diese Strategie wird unter anderem dadurch umgesetzt, dass man eine passende *Organisationsstruktur* schafft. Die Organisation definiert sich durch Grenzen: nach außen, zwischen den Geschäftsbereichen, zwischen den Verantwortungsbereichen. Die Fragen, die man für den zweiten Test des Managements stellen muss, lauten also: Dient die Organisation des Unternehmens seinem Zweck? Passt sie zur Konkurrenzlage und zu der internen Kompetenz des Unternehmens? In anderen Worten: Trägt die Organisation dazu bei, dass Wert geschaffen wird?

Die Umsetzung von Plänen – ein hartes Stück Arbeit. Kennen Sie den alten feministischen Witz über den Tänzer Fred Astaire und seine talentierte, aber viel weniger gefeierte Partnerin Ginger Rogers? Fred heimste viel mehr Ruhm ein als Ginger, obwohl sie genauso gut tanzte wie Fred – nur rückwärts und auf hohen Absätzen. Leuten, die bestehende Pläne in die Realität umsetzen, wird es vielleicht immer wie Ginger gehen: Sie bekommen nicht die Anerkennung, die sie verdienen. Strategie – das ist immer fesselnd. Trotzdem, der dritte und abschließende Test für die Qualität des Managements stellt die Frage: Liefert das Management die versprochenen Ergebnisse? Die Umsetzung geschieht dadurch, dass Ziele gesetzt werden und ihre Erreichung durch geeignete Kennzahlen überwacht wird. Darüber hinaus gehört dazu, gerade so viele Neuerungen einzuführen, dass die Ergebnisse heute und morgen sich die Balance halten. Weiter muss der Manager Prioritäten setzen und die Ressourcen entsprechend zuweisen, er muss Verantwortung delegieren und die Untergebenen zur Rechenschaft ziehen, er muss seine Leute anspornen und inspirieren, sich bei der Verfolgung der gemeinsamen Mission selbst zu managen. Wenn das Management nicht all diese Dinge gut erledigt, wird es keinen Erfolg haben.

Manager sind Menschen und machen Fehler. Will man die Leistung einer Organisation beurteilen, sollte man deshalb als erstes überprüfen, ob die Führungskräfte der Organisation die oben umrissenen Ansprüche erfüllen. Manager unterliegen einem nie nachlassenden Druck, Leistung zu bringen und Wachstum zu erzielen. Oft unterliegen sie der Versuchung, zu viele Ziele auf einmal zu verfolgen. Wenn Strategien scheitern, liegt das häufig an mangelnder Aufrichtigkeit oder Selbsterkenntnis. Mit anderen Worten: Es liegt daran, dass die Manager der Realität nicht ins Auge sehen. Der Optimismus und die »Das haben wir gleich!«-Einstellung, die man zur Führung einer Organisation braucht, degenerieren leicht zu Wunschdenken oder, schlimmer, Selbstbetrug. Schlechte Strategien beruhen oft auf Selbstüberschätzung. Nur ein Beispiel: Oft halten Manager eine gewisse Tätigkeit für die Kernkompetenz ihres Unternehmens (also die Quelle eines Wettbewerbsvorteils), obwohl andere Unternehmen diese Tätigkeit viel besser erledigen könnten. Wenn die Umsetzung von Plänen scheitert, liegt das oft an Inkonsistenzen und fehlendem Vertrauen. Oft passen die Zielvorgaben und Kennzahlen nicht zum Unternehmenszweck, es werden entweder die falschen Ziele gesetzt oder die Kennzahlen messen nicht die richtige Größe. Dann verkündet ein Unternehmen, X zu wollen, während aber das System der Leistungsanreize die Leute dazu verführt, Y zu tun.

Zweitens: Beurteilen Sie die einzelnen Manager im Zusammenhang mit dem gesamten Managementteam.

Die Leitung einer Organisation umfasst so viele Aufgaben, dass fast jeder Normalsterbliche alleine überfordert ist. Deswegen braucht man für die Leitung der meisten Organisationen ein Team von Führungskräften.

Vielleicht ist Golf unter Managern so beliebt, weil bei diesem Spiel die meisten Leute nicht einmal davon träumen, eine Runde Par zu spielen (mit der festgesetzten Anzahl von Schlägen den Ball ins Loch zu befördern). Wie Golf ist auch die Arbeit des

Managers viel schwieriger, als sie scheint. In einem Zeitalter zunehmender Spezialisierung ist das Management vielleicht die letzte Zufluchtsstätte des Generalisten. Ein Manager benötigt sowohl technisches Wissen als auch Talent im Umgang mit Menschen, er braucht die Fähigkeit, immer den Gesamtüberblick zu behalten, und das richtige Temperament, um angesichts enormer Komplexität, großer Unsicherheit und kontinuierlicher Veränderungen nie den Mut zu verlieren. Er braucht einen analytischen Verstand, Empathie, Enthusiasmus, Neugier, Entschlossenheit und Geduld. Manager sind Skeptiker, die alles hinterfragen, nichts als gegeben hinnehmen und doch darauf vertrauen, dass andere Leute die ihnen zugewiesenen Aufgaben erfüllen. Ganz schön viel verlangt, oder? Und tatsächlich sind wir wahrscheinlich deswegen so oft von den real existierenden Managern enttäuscht, weil die Messlatte so hoch liegt, dass kaum ein Mensch sie aus eigener Kraft überspringen kann.

Nur ganz selten erfüllt eine Person all diese Anforderungen mit Bravour. Intellektuell können wir das leicht nachvollziehen. Doch in der Praxis werfen wir es den Managern dann doch vor, wenn sie einzelne Dinge nicht können. Denn es genügt einfach nicht, seinen Job *teilweise* gut hin zu kriegen. Ein Jongleur könnte nicht sagen, welcher Ball der wichtigste ist: Wenn er einen fallen lässt, ist die Show vorbei. Niemand lässt sich gern von jemandem anleiten, der in die falsche Richtung läuft. Und wie ein Galeerensklave angetrieben werden will erst recht niemand. Nur im Team können Manager die doppelte Herausforderung bezwingen, einen breiten Aufgabenbereich nicht nur abzudecken, sondern auch in eine Balance zu bringen. Am besten besteht ein Führungsteam daher aus Leuten mit komplementären Talenten. Doch zwei Dinge müssen sie alle gemeinsam haben: Integrität und die Entschlossenheit, die gemeinsame Mission über das Eigeninteresse zu stellen.

Drittens: Als Bürger müssen wir entscheiden, welche Art von Wert Manager schaffen sollen.

Sowohl in der Wirtschaft als auch im öffentlichen Sektor stellen wir immer höhere Ansprüche an die Leistung von Führungskräften. Manager stehen daher vor immer neuen Herausforderungen. Dies wiederum fördert die Weiterentwicklung der Managementtheorie. Der Praktiker kann bei seiner täglichen Arbeit nicht auf neue Theorien warten. Er macht sich an die Arbeit und löst die anstehenden Probleme. Dabei geht er, wie gewohnt, nach dem Prinzip Versuch und Irrtum vor. Allmählich setzen sich dann neue Lösungsansätze als Standard durch und werden dem Wissenskanon der Managementtheorie zugeschlagen. Wir lernen also ständig dazu – doch das vorliegende Buch wird trotzdem nicht obsolet. Im Kern werden die Prinzipien, die wir hier präsentiert haben, immer gelten, denn sie erfassen die fundamentalen Realitäten des Managerlebens und die Hauptaufgaben jeder Führungskraft.

Eine der großen Debatten des 20. Jahrhunderts drehte sich um die Frage, wo die Grenzen des Managements verlaufen (auch wenn die Fragestellung anders formuliert wurde). Die Frage lautete: Könnte man die Prinzipien des Managements auch auf die Steuerung ganzer Volkswirtschaften anwenden? Der Zusammenbruch der Planwirtschaften hat uns die Antwort gezeigt: nein. Den großen ideologischen Kampf zwischen Plan und Markt hat die Marktwirtschaft souverän für sich entschieden. Volkswirtschaften als Ganzes verfolgen eine zu diffuse Mission, und das System ist zu komplex, als dass sie sich durch zentralisierte Entscheidungen effizient steuern ließen.

Heutzutage versuchen wir die Grenzen des Managements auf eine andere Weise zu erweitern: indem wir uns fragen, ob sich die Prinzipien des Managements auch im Staatssektor und in gemeinnützigen Institutionen anwenden lassen. Können die Managementprinzipien, die sich zum Hauptteil in einem Wettbewerbsumfeld herausgebildet haben, auch im Bildungswesen, in der Kultur, im Gesundheitswesen und im Sozialbereich angewandt werden?

Wie bereits gezeigt, lautet unsere Antwort darauf *ja*. Wir haben Beispiele von Organisationen angeführt, die die Prinzipien der Unternehmensführung anwenden, um auf verschiedenste Weisen Wert für die Gesellschaft zu schaffen. Habitat for Humanity und City Year fördern den Zusammenhalt der Gemeinden und den Bürgersinn. The Nature Conservancy und der Bronx Zoo tragen dazu bei, den Artenreichtum zu erhalten. Die Aravind-Augenklinik führt kostenlose Augenoperationen an Bedürftigen durch, Intermountain Health Care verbessert die ärztliche Versorgung der Versicherten, und die Polizei von New York sorgt für mehr öffentliche Sicherheit.

Könnte die Anwendung von Management-Prinzipien noch mehr zum öffentlichen Wohl beitragen? Die Antwort lautet wieder *ja* – allerdings nur, wenn wir als Bürger die Verantwortung dafür übernehmen, dass die Prinzipien klug angewendet werden. Wenn wir vom Management einer Organisation verlangen, widersprüchliche Ziele zu verfolgen, dann kann nichts Gescheites herauskommen. Wir müssen uns also vorher entscheiden, wie wir die Qualität von Bildung definieren oder ein wie gutes Gesundheitswesen zu welchen Kosten wir wünschen. Wenn das Management im öffentlichen Sektor versagt, liegt die Schuld also bei uns, nicht bei den Führungskräften. Politik ist die Kunst des Kompromisses; sie versucht, Leute mit unterschiedlichen Interessen unter einen Hut zu bringen. Im Gegensatz dazu muss der Manager sich für eine von mehreren Möglichkeiten entscheiden und die anderen verwerfen. An jeder Kreuzung kann er nur einen Weg einschlagen – denjenigen, der am ehesten zur Erfüllung des Unternehmenszwecks führt. Kompromisse gehören auf dem Feld der Politik zum Alltag, doch bei der Führung von Unternehmen haben sie nichts zu suchen. Dort schaden Kompromisse nur. Politiker *müssen* versuchen, es allen Leuten recht zu machen, doch Manager *dürfen das niemals* versuchen.

Wie wird die Gesellschaft den Wert definieren, den das Management sozialer Einrichtungen für sie schaffen soll? Halten Sie sich immer vor Augen: Gerade die Dinge, die uns am wichtigsten sind – zum Beispiel Gesundheit oder Bildung – lassen sich nur schwer messen. Außerdem sind sich die Bürger darüber uneins, wie viel Gesundheit oder Bildung sie haben wollen. Um im sozialen Bereich mit betriebswirtschaftlichen Methoden arbeiten zu können, braucht man zunächst einmal eine eindeutige Zuordnung der Verantwortung. Der notwendige nächste Schritt besteht darin, dass das Management nach Kennzahlen sucht, die – wenn auch unter Umständen nur annähernd – den Fortschritt und die Leistung einer Organisation erfassen. Dabei wird wohl kaum eine einzelne Kennzahl genügen (erinnern Sie sich, dass man auch den Gesundheitszustand eines Menschen nicht mit einem Parameter erfassen kann). Die Aufgaben, vor denen das Management im Sozialbereich steht, sind schwierig, aber nicht unlösbar.

Persönliche Verantwortung wird vielleicht zum heißesten Schlagwort des nächsten Jahrzehnts. Hoffen wir es! Denn als Bürger ringen wir mit der wichtigen Frage, wie man die wichtigsten Dinge im Leben messen soll. Dinge wie Gesundheit haben zwar keinen Preis, sind aber alles andere als kostenlos. Korrekt angewendete Management-Prinzipien machen die medizinische Versorgung erschwinglicher. Grundvoraussetzung ist aber, dass die Verantwortung für Ergebnisse exakt zugeordnet wird. Bevor wir Manager damit beauftragen, in Gebieten wie dem Gesundheits- oder dem Bildungssektor tätig zu werden, müssen wir uns darüber klar werden, worauf wir Wert legen und wie viel wir zu zahlen bereit sind. Wir werden der Realität ins Auge sehen und wir werden entscheiden müssen, auf was wir verzichten, um andere Ziele zu erreichen. Aber so funktioniert Management nun einmal.

Quellen und weiterführende Literatur

Jeweils bei der ersten Erwähnung eines Buches geben wir Erscheinungsort und -jahr an, bei jeder weiteren Nennung verwenden wir die Kurzbezeichnung. Am Schluss der Anmerkungen zu jedem Kapitel weisen wir kurz auf weiterführende Bücher oder Artikel hin, die den Leser möglicherweise interessieren könnten.

Einleitung | Die universelle Disziplin

Peter F. Druckers *Die Praxis des Management* (Düsseldorf 1956) bleibt die klassische Einführung in die allgemeine Managementlehre; *Managing the Nonprofit Organization: Practices and Principles* (New York 1990) führt in die Prinzipien des Managements von sozialen Institutionen ein. Druckers Schriften fallen in zwei Kategorien: Artikel und Bücher, die für Manager geschrieben wurden, z.B. *Die ideale Führungskraft* (Düsseldorf 1995), und allgemeine Veröffentlichungen über Wirtschaft, Politik und soziale Fragestellungen, z.B. *Die postkapitalistische Gesellschaft* (Düsseldorf 1993). Allen Leuten, die daran zweifeln, dass jemand gleichzeitig progressiv denken und dauerhaft von Managementthemen fasziniert sein kann, sei als Beweis Druckers Autobiographie empfohlen, *Schlüsseljahre. Stationen meines Lebens* (Frankfurt am Main 2001).

Kapitel 1 | So wird Wert geschaffen: Der Blick von außen nach innen

Der Dokumentarfilm *The Wizard of Photography* (Produzent James A. DeVinney) erzählt auf spannende Weise das Leben George Eastmans. Michael Lewis beschreibt den Flop von Silicon Graphics mit dem interaktiven Fernsehen in seinem Buch

Alle Macht dem Neuen (München 2000). Taylors schildert seine Experimente mit den Schaufel-Arbeitern bei Bethlehem Steel in dem Buch *Die Grundsätze wissenschaftlicher Betriebsführung* (München 1913). Dieses schmale Büchlein bietet Geschichtsinteressierten interessante Lektüre. Druckers berühmter Katechismus erschien in *Die Praxis des Managements*. Der Fall General Electric und Jack Welch werden von James C. Collins und Jerry I. Porras in *Built to Last* (New York 1994, 1997) und von Robert Slater in »*Wer führt, muss nicht managen*« (Landsberg a. L. 1999) diskutiert. Welchs provozierendste Aussprüche finden Sie in *Jack Welch hat das Wort* (Landsberg a. L. 1999) von Janet C. Lowe. Die Anekdote über Martha Stewarts Website erschien in dem Artikel »Paying Martha Stewart a Premium for Convenience« in der *New York Times* vom 2. März 2000. Habitat for Humanity ist Subjekt einer Fallstudie der Harvard Business School (Gary Loveman und Andrew Slavitt, »Habitat for Humanity International«, Nr. 9-694-038).

Eine klassische Darstellung der »Perspektive des Marketing« erschien 1975 in der *Harvard Business Review* unter dem Titel »Marketing Myopia«. Seitdem wurde dieser Artikel von Theodore Levitt immer wieder nachgedruckt. Vance Packards *Die geheimen Verführer* (Gütersloh 1970) war eine der ersten Entdeckungsreisen in das Feld der Psychologie der Werbung. Eine instruktive und fesselnde Schilderung des Übernahme-Wahns der 1980er bieten Bryan Burrough und John Heylar in *Die Nabisco-Story* (Berlin 1991). Die beiden berichteten im *Wall Street Journal* über einige der spektakulärsten Deals jener Dekade. Wenn der Ausdruck Supply Chain Management Sie zum Gähnen bringt, sollten Sie sich mal Joan Magrettas Interview mit Victor Fung durchlesen. Es erschien erstmals 1998 unter dem Titel »Fast, Global and Entrepreneurial: Supply Chain Management, Hong Kong Style« in der *Harvard Business Review* und wurde später in ihre Sammlung *Managing in the New Economy* (Boston 1999) aufgenommen.

Rita McGrath und Ian McMillan führten in ihrem Artikel »Discovery-Driven Planning« (*Harvard Business Review* 1995) unter anderem die Geschichte von EuroDisney an, um die Verbindung zwischen der erzählerischen Logik eines Geschäftsmodells und den Unternehmenszahlen zu knüpfen. American Express ist eines der Unternehmen, die Collins und Porras in *Built to Last* untersuchen. Fargos Geschichte wird in Daniel Gross' hervorragend lesbarem *Forbes: Die größten Erfolgsstories aller Zeiten* (Landsberg a. L. 1997) erzählt. Michael Bronners Geschäft mit den Gutscheinheften wurde Inhalt einer Fallstudie der Harvard Business School (»Bronner Slosberg Humphrey«, Nr. 9-598-136, von David E. Bell und Donald M. Leavitt). eBay ist seit den späten 1990ern ständig in der Presse. Das verwendete Material wurde einer weiteren Fallstudie der Harvard Business School entnommen (»Meg Whitman at eBay Inc. [A]«, Nr. 9-400-035). Viele Einsichten über das Geschäftsmodell von Dell stammen aus Joan Magrettas Interview mit Michael Dell, veröffentlicht unter »The Power of Virtual Integration« (*Harvard Business Review* 1998) und nachgedruckt in *Managing the New Economy*. Brattons Arbeit bei der Polizei von New York ist Inhalt der Harvard Business School-Fallstudie »NYPD New« (Nr. 9-396-293, von James L. Heskett). Die Gründung von Elderhostel schildert das Buch *The Story of Elderhostel* (Hanover 1993) von Eugene S. Mill. Die Entscheidungen, mit denen City Year bei seiner nationalen Expansion konfrontiert war, werden in der Harvard Business School-Fallstudie »City Year: National Expansion Strategy (A)« zusammengefasst (Nr. 9-496-001, von Nicole Sackley).

Alfred D. Chandler jun. beschrieb als erster die Bedeutung des Managements für die Entstehung von Konzernen. Sein Buch *The Visible Hand: The Managerial Revolution in American Business* (Cambridge 1977) gehört inzwischen zu den Klassikern. 3M ist dafür bekannt, spannende Geschichten zu erzählen. In dem Artikel »Strategic Stories: How 3M is Rewriting Business Planning« (*Harvard Business Review* 1998) erklären Gordon Shaw – ein Manager bei 3M – und zwei Co-Autoren, wie und warum Geschichten über das Unternehmen den Geschäftsplan viel besser vermitteln können als trockene Aufstellungen. Robert Heilbroner und Lester Thurow schrieben eine wunderbare Einführung in die Wirtschaftswissenschaft, *Economics Explained* (New York 1994); ein sehr gelungener Abschnitt behandelt Märkte und Gründe für deren Versagen. Das Buch *Online zum Erfolg: Strategien für das Internet-Business* von Carl Shapiro und Hal Varian (München 1999) erklärt präzise, wie die alten Regeln der Mikroökonomie sich auf eine Wirtschaft anwenden lassen, die zunehmend von Bits und Bytes angetrieben wird.

Kapitel 3 Strategie | Das Geheimnis überdurchschnittlich erfolgreicher Unternehmen

Die fundamentale Aussage dieses Kapitels (dass es bei Strategie darum geht, durch Andersartigkeit erfolgreich zu sein) stammt aus Michael Porters Artikel »What is Strategy?« (*Harvard Business Review* 1996). Die geschäftlichen Informationen zu Wal*Mart finden sich in der Fallstudie »Wal*Mart Stores, Inc.« der Harvard Business School (Nr. 9-794-024, von Sharon Foley [überarbeitet von Takia Mahmood]). In seinem Buch *Wal-Mart: die Geschichte von Sam Walton und seiner erfolgreichen Handelskette* (Landsberg a. L. 2001) erzählt Sam Walton (mit John Huey) die Geschichte seines Unternehmens und seines Lebens. Lesen Sie *Can Japan Compete?* (New York, 2000) von Michael Porter, Hirotaka Takeuchi und Mariko Sakakibara, um mehr über Japans wirtschaftliche Probleme in den 1990ern zu erfahren. Der scherzhafte Vergleich zwischen Holzfällern und Generälen stammt aus Avinash Dixits und Barry J. Nalebuffs *Spieltheorie für Einsteiger* (Stuttgart 1995). Dieses intelligente und witzige Buch erfasst die dynamische, interaktive Dimension von Strategie, wie sie sich im Geschäfts- und Alltagsleben zeigt. Die Grundsätze darüber, wie Spieltheorie sich auf Geschäftsstrategien anwenden lässt, beschrieben Adam Brandenburger und Barry Nalebuff in »Use Game Theory to Shape Strategy« (*Harvard Business Review* 1995). Die originale und noch immer unübertroffene Darlegung der fünf Kräfte finden Sie in Michael E. Porters berühmtem Artikel »How Competitive Forces Shape Strategy« (*Harvard Business Review* 1979). David Lawrences Diskussion des Zusammenhangs zwischen Mission und Leistung wurde in »Maintaining a Mission: Lesson from the Marketplace« (*Leader to Leader* 1999) veröffentlicht. Die Zitate von John Sawhill wurden dem Interview »Surviving Success« entnommen, erschienen 1995 in der *Harvard Business Review* (Autoren waren Alice Howard und Joan Magretta).

Jeder, der das mikroökonomische Fundament verstehen will, auf dem Strategie beruht, sollte mit Michael Porters *Wettbewerbsvorteile* (Frankfurt a. M. 1986) anfangen. Porters Artikel wurden in *Wettbewerb und Strategie* (München 1999) gesammelt; dieses Buch bietet einen breiten Überblick über Porters Arbeit auf den Gebieten Wettbewerbsstrategie, Konzernstrategie und Wettbewerbsfähigkeit von Volkswirtschaften. Einen Blick aus der ersten Reihe auf Strategie in Aktion und den Wandel von Branchen erhalten Sie in Andy Groves *Nur die Paranoiden überleben* (Frankfurt a. M. 1997). Wir behandeln in Kapitel 3 nur die Wettbewerbsstrategie, also die Strategie einzelner Geschäftsbereiche. Der nicht behandelte Bereich »Konzernstrategie« befasst sich damit, wie große Unternehmen mit vielen Geschäftsbereichen (wie GE) sich als Ganzes verhalten müssen (nämlich ganz anders). Eine gute Einführung in diesen Bereich bietet »Creating Corporate Advantage« von David Collis und Cynthia Montgomery, erschienen 1998 in der *Harvard Business Review*.

Kapitel 4 | Organisation: Wo zieht man die Grenzen?

Kurzversionen der Ford-Geschichte finden Sie in Gross' *Forbes: Die größten Erfolgsstories aller Zeiten* und in Collins' und Porras' *Built to Last*. Einer der spannendsten Berichte über die amerikanische Automobilindustrie und ihren schicksalhaften Zusammenprall mit der japanischen Konkurrenz liefert David Halberstam in *Die Abrechnung* (Frankfurt a. M. 1988). Allan Nevins schrieb die Standardbiographie von Henry Ford, nämlich *Ford: The Times, the Man, the Company* (New York 1954). Chandler illustrierte in *The Invisible Hand* den Aufstieg der dezentralisierten Konzerne anhand des Beispiels General Motors. Eine persönliche Schilderung der Entwicklung des Unternehmens finden Sie in Alfred P. Sloan jun., *Meine Jahre mit General Motors* (München, 1965). Der raketenhafte Aufstieg von Cisco wird in David Bunnells *Die Cisco-Story* behandelt (Landsberg a. L. 2001). Kasturi Rangan beschreibt die Geschichte der Aravind-Augenklinik in der Fallstudie »The Aravind Eye Hospital, Madurai, India: In Service for Sight« (Harvard Business School, Nr. 9-593-098); eine andere Schilderung finden Sie in Harriet Rubins Artikel »The Perfect Vision of Dr. V.«, erschienen 2001 in *Fast Company*.

Lesern, die tiefer in die Theorie der Organisation einsteigen wollen, empfehlen wir Paul R. Milgrom und John Roberts, *Economics, Organization and Management* (Englewood Cliffs 1992). Zugegeben, der Schmöker wiegt sieben Kilo, doch er verknüpft viele der Punkte, die wir in Teil I angesprochen haben, verständlich und umfassend. James P. Womack, Daniel T. Jones und Daniel Ross sind die Autoren einer exzellenten Studie über das schlanke Produktionssystem, das Toyota erfand. Der Titel des Buchs lautet: *Die zweite Revolution in der Automobilindustrie* (Frankfurt a. M. 1991).

Kapitel 5 | Aug' in Auge mit der wirklichen Welt: Welche Zahlen wichtig sind und warum

Die Informationen zu Six Sigma stammen aus Slater, *Wer führt, muss nicht managen*. Die Geschichte von Robert McNamara, den Whiz Kids und dem Debakel mit dem Ford Pinto wird in Andrea Gabors Buch erzählt, *The Capitalist Philosophers: The Geniuses of Modern Business – Their Lives, Times and Ideas* (New York 2000). Dieses Buch bietet eine gut geschriebene Geschichte der Entwicklung der Managementlehre sowie der Leute, die neue Ideen entwickelt und formuliert haben. Das Zitat aus John Allen Paulos stammt aus *Es war 1mal: die verborgene mathematische Logik des Alltäglichen* (Heidelberg 2000).

Leser, die sich beim Umgang mit Zahlen unwohl fühlen, finden in der Harvard Business School-Fallstudie von David Meister, »How to Avoid Getting Lost in the Numbers« (Nr. 9-682-010) ein gutes Gegengift. Die Basics zu fixen und variablen Kosten sowie die Mathematik der Marginalbetrachtung fasst Robert Dolan in der Harvard Business School-Fallstudie »Note on Low-Tech Marketing Math« zusammen (Nr. 9-599-011). In seinem Buch *Zahlenblind: mathematisches Analphabetentum und seine Konsequenzen* plädiert John Allen Paulos eindringlich und überzeugend dafür, dass alle Mitglieder einer modernen Gesellschaft Informationen, die in Zahlenform präsentiert wird, ebenso selbstverständlich interpretieren können müssen wie in Worten ausgedrückte Informationen.

Kapitel 6 | Worauf es wirklich ankommt: Mission und Kennzahlen

In der Darstellung des Dilemmas der Hershey School folgen wir dem Artikel »Mr. Hershey's Wishes« von Daniel Goldin, erschienen am 12. August 1999 im *Wall Street Journal*. Fords unkonventionelle Praktiken werden in Collins' und Porras' *Built to Last* beschrieben. Sloan berichtet von GMs Problemen mit Kennzahlen und dem Management in *Meine Jahre mit General Motors*. Greg Brennemans Bericht aus erster Hand, wie er Continental rettete, erschien 1998 in der *Harvard Business Review* unter dem Titel »Right Away and All At Once: How We Saved Continental«. Die Zitate von Ellyn McColgan von Fidelity entstammen einem unveröffentlichten Interview, das Joan Magretta geführt hat. Dells Arbeit mit Kennzahlen wurde in »The Power of Virtual Integration« beschrieben, Brattons in »NYPD New«. John Sawhill erklärt die Überarbeitung der Kennzahlen von The Nature Conservancy in »Surviving Success«.

In ihrer Gesamtheit liefern die Geschichten in *Built to Last* einen eindrucksvollen Beweis, dass außerordentliche Leistungen möglich werden, wenn das Management eines Unternehmens seine Ziele durch Aufstellung der richtigen Kennzahlen verdeutlicht.

Kapitel 7 | Wetten auf die Zukunft: Innovation und Unsicherheit

Sloans Erkenntnisse über Marketing wurden aus *Meine Jahre mit General Motors* übernommen. Andy Groves Kommentare stammen aus *Nur die Paranoiden überleben*. Die Anekdoten über 3M und Hewlett-Packard finden Sie in Collins' und Porras' *Built to Last*. Drucker bläut Managern seit über einem halben Jahrhundert ein, dass sie auch unternehmerisch denken müssen, zuletzt in *Management im 21. Jahrhundert* (München 1999). Das Material zu Schwab wurde David S. Pottrucks und Terry Pearces Buch *Clicks and Mortar: Passion-Driven Growth in an Internet-Driven World* entnommen (San Francisco 2000). Das »Klagelied des Neuerers« stand auf einem Zettel, der Peter Bernstein auf einer Konferenz gereicht wurde. Er erzählt die Geschichte in *Wider die Götter: die Geschichte von Risiko und Risikomanagement von der Antike bis heute* (München 1997). Die Xerox-Episode erschien in *Das Milliardenspiel: Xerox' Kampf um den ersten PC* (Düsseldorf 1989) von Douglas K. Smith und Robert C. Alexander. Scolnicks riskantes Vorgehen wird in Gardner Harris' »With Big Drugs Dying, Merck Didn't

Merge – It Found New Ones«, erschienen im *Wall Street Journal* vom 10. Januar 2001, beschrieben.

Mit der betrieblichen Finanzierung verhält es sich wie mit der Organisationslehre: Am besten erwirbt man das Grundwissen aus einem verständlichen, gut geschriebenen Einführungstext. Zu empfehlen ist Richard A. Brearley und Stewart C. Myers, *Principles of Corporate Finance* (Boston 2000), das mittlerweile in der 6. Auflage erscheint. Um die Herausforderungen zu verstehen, die neue Techniken etablierten Unternehmen stellen, siehe Clayton M. Christensens *The Innovator's Dilemma: When New Technologies Cause Great Firms to Fail* (Boston 1997). Eine gut lesbare und sehr praktische Anleitung darüber, wie man das Instrument der Entscheidungsanalyse im beruflichen und privaten Leben einsetzt, ist *Schnell und sicher entscheiden: die neue Methode der Harvard Business School* von John S. Hammond, Ralph L. Keeney und Howard Raiffa.

Kapitel 8 | Der Weg zum Erfolg: Am Anfang steht die Konzentration

Was Welch als CEO bei GE erreicht hat, können Sie in Slater, »*Wer führt, muss nicht managen*« nachlesen. Walton beschreibt, wie er kontinuierliche Verbesserung beurteilt und wie er das Konzept auf Wal*Mart übertragen hat, in seiner Autobiografie *Wal-Mart: Die Geschichte von Sam Walton und seiner erfolgreichen Handelskette*. Tempest erläutert in seiner Fallstudie »Meg Whitman at eBay«, wie das Internet-Auktionshaus die 80/20-Regel einsetzt. Humanas Geschichte wird in der PBS-Dokumentation *Critical Condition: Inside American Medicine* erzählt. Cindy Williams, Wissenschaftlerin am MIT, beschreibt die Budget-Praktiken des amerikanischen Verteidigungsministeriums in »Redeploy the Dollars«, erschienen in der *New York Times* vom 16. Februar 2001. Jack Greenberg wird in Jennifer Ordonez' Artikel »An Efficiency Drive: Fastfood Lanes Are Getting Even Faster« zitiert, nachzulesen im *Wall Street Jour-*

nal vom 18. Mai 2000. Die Darstellung der Best Practice-Initiative bei Intermountain Health Care und der Northern New England Collaborative folgt der Dokumentation *Critical Condition.* Was Minnesota auf dem Gebiet des Gesundheitswesens vollbracht hat, berichtete am 13. März 2001 Milt Freudenheim in der *New York Times.*

Das Buch *Schnell und sicher entscheiden* von Hammond u.a. stellt eine exzellente Einführung in die Psychologie der Entscheidungsfindung dar.

Kapitel 9 | Menschenführung: Auf welche Grundwerte es ankommt und warum

Welchs Typologie der Manager entstammt Lowes *Jack Welch hat das Wort.* Charles A. Reilly III und Jeffrey Pfeffer rollen den Southwest-Fall in *Hidden Value: How Great Companies Achieve Extraordinary Results with Ordinary People* (Boston 2000) auf. Alle Angaben zur Unternehmenskultur der Fluglinie, die in diesem Kapitel gemacht wurden, haben wir diesem Buch entnommen. Scott McNealy wurde in »it's like … businesses built on metaphors still need value« zitiert (*Forbes ASAP*, 2. Oktober 2000). Die Verizon-Geschichte schrieb Mary Williams Walsh für die *New York Times* vom 12. August 2000; der Titel: »When ›May I Help You‹ Is a Labor Issue«. Colleen Barretts Bemerkung, dass man Neueingestellten genau auf die Finger sehe, findet sich in Matthew Brelis' Artikel »Herb's Way«, *Boston Globe* vom 5. November 2000. Michael Lewis' witzigen und erschreckenden Bericht darüber, wie Silicon Graphics mit den Psychotests hereinfiel, können Sie in *Alle Macht dem Neuen* nachlesen. Taylors Ratschlag zum Leistungs-Feedback steht in *Grundsätze wissenschaftlicher Betriebsführung.*

Marcus Buckingham und Curt Coffman erfassen die wichtigen Elemente der Menschenführung in *Erfolgreiche Führung gegen alle Regeln* (Frankfurt a. M. 2001). Bei der Lektüre dieses Buchs werden Sie allerdings feststellen, dass großartige Manager nicht dadurch großartig werden, dass sie alle Regeln brechen, sondern ganz im Gegenteil dadurch, dass sie die Regeln einhalten. Eine klarsichtige Lektion darüber, was zu einer echten Mitsprache der Beschäftigten gehört, finden Sie in W. Chan Kim und Renee Mauborgne, »Fair Process: Managing in the Knowledge Economy«, *Harvard Business Review* 1997. Peter Druckers Rat, wie man sich selbst managt, erschien in *Management im 21. Jahrhundert*. Eine klassische, höchst praktische Einführung in die Kunst des Verhandelns ist das Buch *Das Harvard-Konzept: sachgerecht verhandeln – erfolgreich verhandeln* (Frankfurt a. M. 1984) von Roger Fisher, William Ury und Bruce Patton (Hrsg.).

Register